POC

CW00400345

Le Vrai Régime
anticancer

Pr DAVID KHAYAT

avec la collaboration
de Nathalie Hutter-Lardeau
et France Carp

Le Vrai Régime anticancer

Odile Jacob

poches

© Odile Jacob, 2010, mai 2012

15, rue Soufflot, 75005 Paris

www.odilejacob.fr

ISBN : 978-2-7381-2812-6

Le Code de la propriété intellectuelle n'autorisant, aux termes de l'article L. 122-5, 2° et 3°a, d'une part, que les « copies ou reproductions strictement réservées à l'usage privé du copiste et non destinées à une utilisation collective » et, d'autre part, que les analyses et les courtes citations dans un but d'exemple et d'illustration, « toute représentation ou reproduction intégrale ou partielle faite sans le consentement de l'auteur ou de ses ayants droit ou ayants cause est illicite » (art. L. 122-4). Cette représentation ou reproduction, par quelque procédé que ce soit, constituerait donc une contrefaçon sanctionnée par les articles L. 335-2 et suivants du Code de la propriété intellectuelle.

« Cependant, l'âme ne ressemble pas à la terre labourée ; l'âme, elle a besoin d'orage, de feu, de vertige. Le corps a le temps, il avance lentement, prudemment, pas à pas, sujet aux lois de la pesanteur ; l'âme, elle, nie le temps et bouscule les lois, elle veut courir, foncer de l'avant et tant pis si cela fait mal, tant pis si cela provoque l'ivresse, voire la folie ; ce n'est qu'ainsi qu'elle s'élève jusqu'à Dieu. Tu rencontreras sur ta route des gens qui s'accrochent à la raison, mais la raison chemine en tâtonnant, à l'aide de la canne blanche de l'aveugle, butant à chaque pierre et quand elle se retrouve face à un mur, elle s'arrête et s'évertue à le démolir brique par brique, sans jamais y arriver tout à fait, car une main invisible le reconstruit et y ajoute de la hauteur, de l'épaisseur. »

Elie WIESEL,
Les Portes de la forêt, 1964.

À ma mère et mon père, ils me donnaient
tant d'amour en me donnant à manger.
À ma femme et mes poulettes, combien
nos repas de famille quand nous étions
tous réunis étaient drôles ! Ils me manquent.

Merci à ceux qui m'ont aidé à écrire ce livre :
à Virginie Baffet, efficace,
à toute l'équipe d'Atlantic Santé,
magnifique, et à mon ami, Roger Mouawad,
toujours là quand j'ai besoin de lui.

À Gilbert et Michel,
À Guy S., Michel R. et Caroline, Christian C.,
Antoine W., Alain D., Georges B., Éric F.,
Yannick A., Jean-Louis P., Alain D., Pierre H.,
Hélène D., Paul B., Yves C., Dominique L. S.,
Alain S., Bernard L., Jean-Pierre V., Jean-Paul L.,
Michel C., Jacques L., Marc V., Valérie V.
et tant d'autres génies de la cuisine
que j'admire tous les jours de ma vie.

À tous mes amis qui me soutiennent
et me remontent si souvent le moral
quand le poids du cancer, dans ma vie,
devient trop lourd à porter.

À ceux qui m'ont reçu chez eux
pour que je m'isole et arrive à écrire ce livre.
À Claude et Bénédicte,
À Herbert et Catherine,
À Julien, Olivia, Romain et Julien.

AVANT-PROPOS

Au moment où j'écris ce livre, cela fait exactement trente ans que j'ai commencé à me battre contre le cancer.

J'ai débarqué dans le service de cancérologie de l'hôpital de la Pitié-Salpétrière le 1er septembre 1980.

Trente ans !

J'ai été interne des Hôpitaux de Paris, puis chef de clinique, j'ai obtenu mon doctorat de médecine puis un peu plus tard, après des recherches en Israël puis à New York, j'ai obtenu un deuxième doctorat en biologie humaine.

J'ai été successivement nommé professeur de cancérologie à l'université Pierre-et-Marie-Curie à Paris, puis à l'Université du Texas au MD Anderson Cancer Center (États-Unis), puis chef du service de cancérologie toujours à la Pitié-Salpétrière à Paris, il y a maintenant vingt ans.

J'ai été responsable, à la demande de Jacques Chirac, du Plan cancer national de 2002 à 2007.

Et, pendant toutes ces années, quels qu'aient été mon titre, mon rang ou ma responsabilité, ce qui a toujours été le fil conducteur de ma vie a été le soin aux malades atteints du cancer.

J'ai cherché depuis trente ans, par des recherches sans fin, par des échanges avec mes collègues, les plus prestigieux scientifiques partout dans le monde, par des lectures souvent jusqu'à l'épuisement, dans la confrontation d'idées ou de théories avec les plus grands esprits du monde du cancer, je n'ai jamais cessé d'essayer de mieux comprendre le cancer pour mieux le combattre et plus souvent le vaincre.

Je me suis battu aux côtés de milliers de malades, dans une proximité qui bien souvent ressemblait à une véritable amitié.

Je les ai accompagnés souvent vers la guérison, trop souvent cependant aussi vers la mort.

J'ai essayé d'empêcher par tous les moyens le cancer de se développer dans leur corps, y compris à certaines époques par des procédés tellement novateurs qu'ils semblaient complètement fous.

Dans un combat au corps à corps, malade par malade, face à tous les cancers, innombrables, mystérieux, l'un après l'autre, un peu comme un soldat qui se battrait à l'arme blanche, j'ai essayé d'amener mes malades à la victoire. À la guérison.

Combien ces combats ont été durs, combien les souffrances pour eux ont été grandes. Combien le chagrin et la frustration ont été des compagnons de tous les instants, tout au long de ma vie.

J'ai essayé, avec le Plan cancer que j'avais suggéré au président Chirac, de gagner des points face à cette maladie,

non plus en me battant malade par malade, mais en met-
tant en place des stratégies nationales de lutte contre le
cancer. En développant les dépistages, les diagnostics pré-
coces. En veillant à ce que tous les malades, où qu'ils soient
traités en France, puissent bénéficier des derniers traitements. En stimulant la recherche scientifique et le développement de nouveaux outils permettant de mieux prendre en
charge tous ces malades.

Mais voilà, le constat reste tragique. À cette étape de ma
vie, je me dois de constater que quelque chose aurait dû
être fait depuis bien longtemps. Ou, en tout cas, développé
davantage : la prévention.

C'est pourquoi j'ai voulu écrire ce livre, y mettre trente
années d'expérience et de réflexions. Donner tout mon
savoir pour le partager avec le plus grand nombre, pour
qu'ensemble nous puissions parler réellement d'espoir et
nous dire que grâce à tout cela, un jour peut-être, nos
enfants vivront dans un monde débarrassé à tout jamais de
la menace de cette « sale maladie » !

Contrairement à ceux qui voudraient tirer d'une expérience personnelle, singulière, avec le cancer, des règles
qu'ils voudraient imposer à tous, sans même la prudence
du conditionnel, propre à tout vrai chercheur, ce livre est la
somme de trente années de recherches en cancérologie,
dans les laboratoires comme au chevet des malades, en
France et aux États-Unis. Sa légitimité est indiscutable,
d'autant qu'il est le fruit d'une fructueuse collaboration
entre un cancérologue et une nutritionniste de grande
qualité.

David KHAYAT,
avril 2010.

INTRODUCTION

Les femmes japonaises ont beaucoup moins de cancers du sein que les femmes américaines. Pourquoi ?

De façon encore plus surprenante, pourquoi, lorsque des Japonaises émigrent aux États-Unis, dès la deuxième génération, leur risque de développer un cancer du sein devient-il équivalent à celui des Américaines ?

Ces Japonaises ont-elles changé subitement leur patrimoine génétique ? Absolument pas, bien entendu ! Elles continuent de ressembler à des femmes japonaises et rien, dans leur aspect extérieur, n'a changé.

Ont-elles été soumises à un traitement cancérigène quelconque ? La pollution est-elle à ce point plus importante dans les villes américaines qu'à Tokyo ou à Osaka ? Certainement pas, ni l'un ni l'autre, bien évidemment !

Alors que s'est-il passé chez ces femmes pour que, en à peine deux générations, un risque aussi important, aussi spécifique, aussi vital ait pu être modifié à ce point et explique le phénomène observé ?

En réalité, une seule chose s'est produite et qui démontre ici, de façon éclatante, le propos de ce livre.

Ces femmes, en deux générations, ont changé de comportement, et notamment de comportement alimentaire et ont pris – malheur à elles ! – les habitudes alimentaires des Américains. Ce que, d'un terme accepté mondialement, on appelle la « westernisation » de l'alimentation. Elles ont diminué leur consommation de poisson, de riz, de fruits et légumes et ont augmenté la part de viande, de gras sous toutes ses formes et de douceurs dans leur alimentation quotidienne. Elles ont souvent pris de l'embonpoint, se sont mises à boire davantage de sodas sucrés et ont ainsi augmenté leur apport calorique quotidien et, sans que l'on puisse l'expliquer tout à fait définitivement, en faisant tout cela, elles ont augmenté de façon dramatique leur tendance à développer un cancer, une tumeur maligne, dans les seins.

Quand on regarde la répartition géographique des risques de cancer, cancer par cancer, ou pays par pays, on ne peut qu'être frappé des différences parfois incroyables qui existent.

Il y a beaucoup plus de cancers de l'intestin (le côlon) en Australie et en Nouvelle-Zélande qu'en France ou en Italie. Il y a beaucoup moins de cancers de l'estomac en Allemagne qu'au Japon ou en Ouganda. Il y a une différence impressionnante de risque de cancer du sein entre l'Angleterre et la Grèce. Les cancers de la peau sont beaucoup plus fréquents en Israël qu'en Irlande.

Et l'on pourrait comme ça multiplier les exemples à l'infini !

Comment expliquer tout cela ? Bien sûr, il existe des différences génétiques entre les populations de ces différents pays et qui dit « génétique » dit « susceptibilité ». Bien sûr, certains agents infectieux, dont la fréquence de la contamination est plus grande ici ou là et qui sont potentiellement cancérigènes, peuvent expliquer là aussi telle ou telle différence.

Mais, quand on lit les études qui cherchent à élucider ces mystères, celles que l'on appelle « épidémiologiques » et sur lesquelles nous reviendrons, on ne peut qu'arriver à la conclusion que ce sont nos comportements alimentaires qui ont joué un rôle dans cette histoire de cancer et qui sont responsables de toutes ces différences, de façon isolée ou associée à d'autres facteurs de risque, de façon majeure ou au contraire parfois marginale et à la limite de la détectabilité.

Car la vérité est là : nos comportements alimentaires, pris au sens large, sont effectivement responsables de bon nombre des cancers que nous développons !

Chapitre I

LE CANCER :
LE CHOIX DE LA PRÉVENTION

Nos comportements alimentaires sont responsables de bon nombre de cancers. Ceci serait sans doute sans importance si le cancer n'était devenu, au fil des ans, le terrible fléau qu'il représente aujourd'hui pour l'humanité tout entière ! En Occident, près d'un homme sur deux est ou sera touché par le cancer, plus d'une femme sur trois. Le cancer c'était, en l'an 2000, 10 millions de nouveaux cas dans le monde entraînant 6 millions de morts par an. En 2020, dans dix ans à peine, l'Organisation mondiale de la santé (OMS) prévoit 20 millions de nouveaux cas cette année-là et 10 millions de morts[1].

Le cancer tue plus dans le monde non seulement que le sida, mais plus encore que le sida plus la tuberculose plus le paludisme réunis[2].

Le cancer, contrairement à ce que l'on pense, est la première cause de mortalité chez l'adulte, y compris dans les pays pauvres[3].

En France, si le sida tue malheureusement encore environ 300 personnes chaque année[4], le cancer tue, lui, 150 000 de nos concitoyens dans le même temps.

Tableau 1
Estimation du nombre de cas de cancer en France en 2009
d'après l'Institut national de veille sanitaire[5]

Localisation	Homme		Femme	
	Incidence	Mortalité	Incidence	Mortalité
Lèvre, cavité orale, pharynx	8 000	2 750	3 040	730
Œsophage	3 090	2 770	1 050	730
Estomac	4 210	2 860	2 280	1 660
Côlon, rectum	21 000	9 200	18 500	8 200
Foie	5 800	–	1 650	–
Pancréas	3 880	–	3 880	–
Larynx	2 790	940	520	130
Poumon	25 000	21 000	9 200	7 300
Mélanome de la peau	3 420	830	4 000	710
Sein	–	–	52 000	12 000
Col de l'utérus	–	–	2 780	970
Corps de l'utérus	–	–	6 300	1 880
Ovaire	–	–	4 440	3 120

Localisation	Homme		Femme	
	Incidence	Mortalité	Incidence	Mortalité
Prostate	71 000	8 900	–	–
Testicule	2 220	70	–	–
Vessie	8 900	3 460	1 790	1 140
Rein	6 800	2 450	3 370	1 380
Système nerveux central	2 500	1 700	1 990	1 280
Thyroïde	2 050	140	6 600	240
Lymphome	6 700	2 220	5 900	1 890
Myélome multiple	2 890	1 540	2 400	1 440
Leucémie aiguë	1 840	1 630	1 580	1 410
Leucémie lymphoïde chronique	1 990	590	1 530	460
Tous cancers	**197 500**	**85 500**	**149 000**	**62 000**

Aujourd'hui, en 2010, en France, une femme meurt encore toutes les heures du cancer du sein.

Le cancer est responsable d'un tiers de la mortalité en Europe. En France, il est devenu la première cause de mortalité depuis trois ou quatre ans.

Et arrêtons de penser que « mourir du cancer est normal, car le cancer tue les vieux et qu'il faut bien mourir un jour ». Quelle ineptie ! Le cancer est en France la première cause de mortalité prématurée chez l'homme, c'est-à-dire la mortalité qui survient avant 65 ans. Le cancer du poumon, à lui tout seul, détruit chaque année dans notre pays, environ un demi-million d'années potentielles de vie chez les moins de 65 ans[6].

Que ces années auraient été belles à vivre ! Que ces années auraient pu contribuer à la création de croissance par la production et la consommation que tous ces hommes auraient pu générer, s'ils n'étaient pas morts prématurément !

Car, sur le plan économique aussi, le cancer est un véritable fléau. Si le coût direct des soins pour la prise en charge du cancer en France représente environ 11 milliards d'euros chaque année, le coût indirect lié à ce phénomène de mort prématurée ajoute lui encore 17 milliards d'euros de plus.

Au total, le coût du cancer en France approche ainsi des 30 milliards d'euros chaque année[7], un chiffre considérable !

Et le nombre de cancers, comme l'a bien montré l'Organisation mondiale de la santé, double tous les vingt ans !

Mais où allons-nous ? Comment pouvons-nous faire face à une telle hécatombe d'hommes et de femmes encore jeunes ? Où trouverons-nous les moyens de financer le coût chaque jour plus grand de la prise en charge de leur maladie ? Si nous ne changeons rien aux déterminants de cette situation, nous fonçons à l'évidence dans le mur !

Tableau 2
Incidence du cancer en 2008 et estimation pour 2030[8]

Région	Nombre de cas en 2008 (en millions)	Estimation du nombre de cas en 2030 (sans changement du taux d'incidence)	Estimation du nombre de cas en 2030 (avec augmentation du taux d'incidence de 1 % par an)
Afrique	0,7	1,2	1,6
Europe	3,4	4,1	5,5
Région méditerranéenne	0,5	0,9	1,2
Amérique	2,6	4,8	6,4
Asie du Sud-Est	1,6	2,8	3,7
Pacifique Ouest	3,7	6,1	8,1
Monde	12,4	20	26,4

Comment réduire
le risque de cancer ?

Alors comment peut-on faire ? La réponse est simple : sauf à trouver rapidement le traitement miracle qui transformerait le cancer en un simple rhume, il n'y a pas d'autre alternative que de nous engager avec une détermination sans faille dans la meilleure façon de lutter contre le cancer, la moins chère et en même temps pourtant, la plus efficace : la prévention.

Éviter le cancer, éviter qu'il ne se développe, reste assez logiquement la stratégie la plus acceptable et la plus réaliste pour essayer d'éradiquer ce terrible fléau.

Mais comment faire ? Comment, face à un monstre aussi redoutable, aussi avide de croissance mortifère, aussi complexe et multiforme, comment pouvons-nous imaginer des processus, des mécanismes, des attitudes capables de bloquer le développement d'une tumeur maligne ?

Car son nom l'indique bien et il n'a pas été choisi au hasard : cette maladie est maligne, elle est sournoise !

Elle ne donne pas facilement les clés permettant d'accéder à des armes potentiellement efficaces contre elle. Y compris, et peut-être surtout, quand il s'agit non de la traiter quand elle apparaît au grand jour, mais de le faire quand elle est encore débutante, tapie dans un coin du corps d'un homme ou d'une femme qui ne se sent encore en rien malade. Quand elle est là, dans le sein ou la prostate, et qu'elle attend tranquillement qu'on la nourrisse pour qu'elle puisse grandir et se développer. Quand la prévention pourrait encore éviter la maladie et ses conséquences que sont les traitements éprouvants comme la chirurgie, les rayons ou la chimiothérapie, et parfois, malheureusement aussi, la mort.

Alors, afin de réfléchir à ces stratégies de prévention qui apparaissent à la fois si importantes et si difficiles à imaginer, il nous faut faire brièvement le point de ce que nous savons sur ce qui « donne le cancer ».

Plus loin dans ce livre, nous entrerons dans l'intimité d'une cellule cancéreuse et nous tâcherons ensemble de comprendre comment elle devient cette ennemie si redoutable. Nous le ferons, non pas pour partager un savoir académique complexe issu des millions d'articles scientifiques publiés chaque année, non, nous le ferons d'une façon extrêmement simplifiée afin de comprendre comment un aliment que nous ingérons, une orange ou un steak, par exemple, peut perturber un mécanisme de régulation de la vie d'une de nos cellules et la transformer en cellule cancéreuse, ou, au contraire, arriver à la protéger.

À ce stade de notre propos, ce que j'entends par faire le point sur l'origine des cancers, c'est tout bonnement reprendre ensemble les causes – les étiologies, en langage médical – de nos cancers pour voir comment l'on pourrait, en changeant tel ou tel paramètre, éviter qu'il ne se développe.

Première cause de cancer : le tabac

Il nous faut convenir que les causes des cancers sont extrêmement variées, comme le sont d'ailleurs, les types de cancers qui existent. Une chose est sûre, néanmoins, et est absolument vraie où que l'on se trouve sur notre planète : c'est que le tabac, sous toutes ses formes, quel que soit son mode d'utilisation, est de loin la première cause de cancer. Il explique 30 % des cancers dans les pays industrialisés[9].

À lui tout seul, le tabac est responsable de plus d'un tiers des cancers.

Tableau 3
Fraction de certains cancers attribuable au tabac[10]

Localisation du cancer	Fraction attribuable au tabac Homme (en %)	Fraction attribuable au tabac Femme (en %)
Cavité buccale	63	17
Pharynx	76	44
Œsophage	51	34
Estomac	31	14
Foie	38	17
Pancréas	25	17
Larynx	76	65
Poumon	83	69
Reins	26	12
Vessie	53	39
Col utérin	–	23

Qu'il soit fumé ou mâché, en cigarette ou en pipe, que l'on fume des cigarettes avec des filtres ou pas, qu'elles soient légères ou non, le tabac donne le cancer. Il donne le cancer de la lèvre, de la bouche, du larynx, des bronches, des poumons, de l'œsophage, de l'estomac, du pancréas, du rein, de la vessie... Et ce, dans des proportions qui varient d'un cancer à l'autre mais qui atteignent jusqu'à 70 % des cas pour les poumons ou la gorge. Qu'il agisse seul ou en association avec d'autres facteurs cancérigènes – nous y reviendrons –, le tabac est un terrifiant facteur de cancérisation cellulaire. Les produits de sa combustion, pénétrant par l'inhalation ou la déglutition dans notre corps, vont naturellement trouver le chemin qui les conduit à l'intérieur des plus fragiles de nos cellules et, en réagissant chimiquement avec notre ADN, c'est-à-dire nos gènes inscrits dans nos chromosomes, vont provoquer toute une panoplie de mutations qui, à leur tour, vont entraîner la transformation maligne et l'apparition d'un cancer.

Et, sachez-le, ceci est tout aussi vrai quand il s'agit des produits de la combustion d'autres types de plantes que certains peuvent être amenés à fumer, comme la marijuana par exemple.

Le fait que certaines cigarettes soient plus légères que d'autres ne change rien à ce risque. La seule chose que cela provoque est que, comme le fumeur va inhaler plus profondément sa bouffée de tabac, il va développer des cancers plus en périphérie de ses poumons, phénomène que l'on constate effectivement.

Le tabac tue chaque année 70 000 personnes en France. Ce chiffre est sur le plan mondial en croissance permanente et va poser des problèmes considérables, notamment en Chine où sont consommés plus de 2 milliards des 5,5 milliards de cigarettes fabriquées chaque année dans le monde.

Et, surtout, que ceux qui fument ne se racontent pas d'histoires en cherchant à manger « bio » ou à faire je ne sais quel régime salvateur. Quoi qu'ils fassent, comparé au poids inouï du rôle direct du tabac dans la genèse de la plupart des cancers, toute tentative parallèle de prévention tout en continuant de fumer ne pèsera rien et restera d'une efficacité illusoire !

Donc première règle que nous allons énoncer dans notre « vrai régime anticancer » : NE PAS FUMER.

Il existe aujourd'hui des consultations d'aide au sevrage tabagique dans presque tous les hôpitaux. Pour ceux qui en ont besoin, les substituts nicotiniques sont, la plupart du temps, gratuits ou remboursés. Alors que ceux qui voudraient prévenir le cancer et qui fument commencent par faire une chose simple : arrêter de fumer !

Ou mieux, et ceci s'adresse tout particulièrement aux jeunes, à nos enfants : ne jamais commencer à fumer !

Fumer est donc la première cause de cancer où que l'on soit dans le monde, responsable d'un tiers d'entre eux. À quoi sont donc dus les 70 % de cancers restants ?

L'effet cancérigène des hormones

Un autre tiers des cancers est lié à l'effet cancérigène de nos hormones naturelles, ou artificielles (comme pour les traitements substitutifs de la ménopause), sur certains organes qui y sont sensibles.

Il en est ainsi pour les œstrogènes, hormone féminine, des cancers du sein et de l'utérus, et pour l'homme, avec la testostérone, hormone masculine, des cancers de la prostate.

En France, ces cancers sont respectivement les plus fréquents chez la femme (cancer du sein) et chez l'homme (cancer de la prostate) et entraînent chacun environ 10 000 à 12 000 morts chaque année encore.

Peut-on y faire quelque chose en termes de prévention ? En fait, oui et non !

Il faut savoir que, chez la femme, le risque est d'autant plus grand :

• Qu'il existe un cancer du sein chez la mère ou une sœur.

- Que la puberté est précoce.
- Que l'âge de la première grossesse est plus tardif.
- Que le nombre d'enfants est plus faible.
- Qu'il n'y a pas d'allaitement.
- Que la ménopause est plus tardive.
- Que l'on a pris longtemps un traitement hormonal subs-titutif à la ménopause (THS).

Alors, on le voit immédiatement, à part se passer de THS quand la ménopause naturelle est normale, il n'y a pas grand-chose à faire. On ne peut décider de l'âge de sa puberté ou de sa ménopause. On n'est pas responsable des maladies qu'ont pu développer nos parents, on ne peut pas obliger les femmes à faire plus d'enfants et à commencer plus tôt ! Donc, *a priori*, à la question : « Peut-on prévenir ces cancers en agissant sur les hormones ? », la réponse est non. Mais, pour autant, on le verra plus loin, il existe aujourd'hui assez de données scientifiques qui permettent de garder l'espoir et, en réalité, de répondre à cette ques-tion : oui, c'est en partie possible en travaillant sur notre alimentation. Celle-ci a nécessairement un lien avec notre statut hormonal. Et il en est de même pour le cancer de la prostate chez l'homme.

Ainsi, voilà. Nous en sommes à 60 %, moitié pour le tabac, moitié pour les hormones. Il nous reste donc 40 % des cancers à expliquer.

Les causes infectieuses et les causes environnementales des cancers

Pour moitié, c'est-à-dire pour 20 % des cas, les causes de cancers vont être dues à la fois à toute une variété de facteurs étiologiques et, d'autre part, selon une grande variabilité d'un endroit à l'autre de la planète.

Il en est ainsi des cancers dus à l'action cancérigène de certains agents infectieux.

Peu de gens le savent, mais de nombreux cancers sont directement liés à l'infection d'un organe par certaines bactéries ou certains virus.

Il en est ainsi du cancer du col de l'utérus, du foie, de l'estomac, de la bouche, du pénis, de l'anus, de la vessie, des ganglions… En réalité, plus notre capacité à détecter la présence de virus dans les tumeurs s'améliore, plus nous découvrons de nouveaux cancers qui leur sont liés.

Si l'on sait depuis longtemps déjà que les cancers du foie sont dus au virus de l'hépatite, ce n'est que très récemment, à la fin 2006, que l'on a découvert que la majorité des cancers de la bouche étaient dus, eux aussi, à un virus, le papillomavirus ou HPV, le même qui donne les cancers du col de l'utérus et que l'on attrape dès les premiers rapports oro-sexuels.

L'hypothèse d'une origine virale ou, en tout cas, infectieuse (bactérie, virus, parasite…) des cancers redevient de plus en plus populaire auprès des cancérologues et pourrait expliquer par exemple l'augmentation foudroyante des cancers des poumons chez la femme non fumeuse (+ 250 % en quinze ans !). Ou l'apparition récente d'une augmentation d'un certain type de cancer (adénocarcinome) de l'œso-phage jusque-là rarissime dans cet organe.

Un certain nombre de ces agents infectieux cancérigènes vont nous contaminer *via* l'alimentation et notamment, *via* ce que nous buvons. Il y a donc là aussi un lien évident entre alimentation et cancer. Nous y reviendrons.

Je ne serais pas étonné que, dans les années à venir, la proportion de cancers causés par des agents infectieux passe de 5 % aujourd'hui à 20 ou 30 %.

La pollution, et nous en parlerons plus loin aussi bien sûr, compte pour près de 5 %. Il s'agit tout autant des pol-luants agricoles, qui expliquent les leucémies et certains cancers très fréquents chez les paysans et que nous allons retrouver, nous, consommateurs urbains, dans les fruits et les légumes que nous consommons comme des polluants industriels.

Notre contact avec ceux-ci peut se faire pour des raisons professionnelles : il en est ainsi pour les ouvriers de l'indus-trie des plastiques, des colorants, du pétrole, de l'amiante, de l'énergie atomique, mais aussi du bois et des solvants. Ces polluants industriels induisent alors des cancers profes-sionnels et le scandale de l'amiante, dont on n'a pas voulu prendre la véritable mesure à temps, en est sans doute le plus bel exemple. Mais ces polluants industriels peuvent aussi se retrouver dans l'eau (mers, rivières, lacs, eaux minérales ou du robinet, nappes phréatiques) ou dans la chaîne alimentaire. Il en est ainsi des métaux lourds (mer-cure, plomb...), des polychlorobiphényles (PCB) ou des parabènes.

Nous les retrouverons tout au long de cet ouvrage car ils interfèrent chaque jour davantage avec notre alimentation et expliquent, eux aussi, en partie, l'effet potentiellement cancérigène de ce que nous ingérons.

Facteurs physiques et facteurs d'hérédité

À peu près 5 % des cancers sont dus à une autre forme de facteur environnemental : les facteurs physiques. Il s'agit des radiations qui sont soit liées au soleil (les UV, par exemple), soit liées à la radioactivité naturelle de la Terre (il s'agit des rayonnements liés au radon présent dans l'écorce terrestre). Aux États-Unis, les maisons doivent avoir un certificat indiquant si elles sont soumises (ou non !) à une forte irradiation au radon. La radioactivité liée à l'action de l'homme (explosions nucléaires, accidents de centrales...) dont la présence dans l'atmosphère puis, par la pluie et le ruissellement, dans la terre et ce qu'elle produit (le lait, les champignons, les baies sauvages...) peut durer de très nombreuses années. On le voit, là aussi, une partie de l'effet cancérigène va passer par l'alimentation.

Enfin, 5 % sont dus à de vrais facteurs d'hérédité.

En effet, si tous les cancers sont toujours, de façon ultime, liés à une altération du patrimoine génétique d'une de nos cellules (*cf. Les Chemins de l'espoir*[11]), dans l'immense majorité des cas (95 %), cette altération se produit dans le courant de la vie d'un individu, celui-ci ayant reçu de ses parents des gènes parfaitement sains et normaux. En revanche, dans de rares cas (5 %), des individus peuvent réellement hériter de leurs parents des gènes déjà altérés, déjà porteurs de mutations susceptibles d'entraîner l'apparition d'un cancer. Ces cancers seront véritablement « héréditaires ». Même si ces individus ont une vie parfaitement saine, ils auront une probabilité gigantesque de développer un cancer dans le courant de leur vie, le plus souvent, d'ailleurs, à un âge relativement jeune.

Ainsi, rappelons-nous cette phrase qui dit que si le cancer est toujours une maladie génétique, au sens où elle résulte de l'effet d'un gène anormal, elle n'est que rarement (5 %), héréditaire, au sens où ces gènes anormaux auraient été hérités de nos parents.

Eh bien voilà ! Nous en sommes à 80 % des causes de cancers : tabac, hormones, agents infectieux, pollution, facteurs physiques, hérédité.

Il nous reste 20 % des causes de cancers à élucider. Et c'est là que l'alimentation intervient directement.

Tableau 4
Part des différentes causes dans le risque de cancer

Cause de cancer	Part d'explication estimée
Tabac	30 %
Hormones	30 %
Agents infectieux	5 %
Facteurs physiques	5 %
Facteurs d'hérédité	5 %
Pollution	5 %
Alimentation	20 %

Le cancer dans l'assiette

Ainsi donc, s'alimenter, c'est-à-dire manger et boire, pourrait être responsable de 20 % des cancers ?

En fait, bien plus que cela probablement et nous l'avons déjà simplement évoqué en parlant de pollution, de radiations ou encore d'agents infectieux contenus dans nos aliments. Sans grand risque de se tromper, on peut en réalité affirmer qu'un bon tiers des cancers est directement ou indirectement lié à notre alimentation.

Il y a donc là un formidable réservoir d'actions préventives possibles !

Malheureusement, et après avoir lu ce livre, nous devrons en convenir, ces actions ne sont ni si évidentes ni si simples que cela à mettre en place.

En effet, pour de multiples raisons, et contrairement à ce que certains voudraient nous faire croire, il n'est absolument pas possible d'isoler l'effet de tel ou tel produit alimentaire. D'affirmer avec arrogance que la suppression totale de tel produit ou l'augmentation de tel autre dans notre alimentation pourrait éviter, chez chacun d'entre nous, tel ou tel cancer ! Quelle foutaise ! À part pour le tabac, ceci est absolument faux.

Si les choses étaient si simples, ne croyez-vous pas que, depuis le temps que le cancer vient emporter autour de nous tous ceux qui nous sont chers, depuis aussi longtemps que l'humanité existe, l'homme aurait développé progressivement des attitudes salvatrices ou, à l'inverse, se serait débarrassé de ses comportements à l'évidence cancérigènes ?

Réfléchissez un instant : sans être prix Nobel de médecine, comment pouvez-vous imaginer que, alors qu'il existe une si grande variabilité entre les êtres humains, un produit puisse être bon pour tous ? Que les quantités recommandées de certains aliments soient les mêmes chez un enfant de 15 kg et chez un homme de 90 kg ? Chez une femme qui risque surtout un cancer du sein et chez un homme qui, lui, a une prostate susceptible de développer un cancer ?

Quelles que soient nos connaissances médicales, nous savons tous que nous ne digérons pas tous les aliments de la même manière. Ou que nous n'avons pas tous le même métabolisme expliquant pourquoi avec le même régime certains maigrissent et d'autres non.

Quand une étude montre que tel aliment est cancérigène, avons-nous pris le soin de vérifier si, chez nous en France, cet aliment est produit de la même manière, s'il est ensuite préparé selon les mêmes modes de cuisson ?...

Évidemment que non !

Certains voudraient nous faire prendre pour argent comptant ce type d'information par trop simplifié et, du coup, dénué de toute vérité pour nous.

Car, nous le verrons, quand on parle de viande rouge, par exemple, on ne peut pas, si l'on est honnête et si l'on veut en tout cas être efficace en matière de prévention, escamoter toutes les questions qui tiennent à l'origine de cette viande, à la façon dont les animaux ont été nourris ou élevés, à la façon dont la viande a été cuite, à la quantité que l'on mange dans une portion. En tenant compte aussi de notre âge et donc de nos besoins. Et de notre sexe et, par là, de notre métabolisme, c'est-à-dire, de ce que nous faisons d'un produit une fois ingéré.

Enfin et surtout, il existe plus de 25 000 composés bioactifs dans les aliments consommés par l'espèce humaine. Déjà, plus de 500 de ces composés ont été identifiés comme des modulateurs possibles des processus de cancérisation[12].

Or nous n'avalons jamais un seul produit. Comme tous les omnivores, notre alimentation est toujours relativement diversifiée. Diversifiée, non seulement tout au long des jours de notre vie, mais aussi au cours d'un même repas. Pratiquement, jamais nous ne mangeons un repas composé d'un seul aliment.

Nous mangeons la viande avec du sel, du pain, des légumes. Nous la précédons d'un hors-d'œuvre et la faisons parfois suivre d'un fromage ou d'un dessert. Nous utilisons des condiments, des épices ou de la moutarde. Nous buvons quelque chose au cours du repas...

Alors, bien sûr que tous ces biocomposés présents dans tous ces aliments vont interagir entre eux et vont entraîner des combinaisons d'une extraordinaire complexité et diversité, et dont les effets sur notre santé vont être eux aussi complexes et variables. Arrêtons de penser que le risque cancérigène d'un repas n'est que la somme arithmétique du risque de chacun des aliments de ce repas ! Ce serait bien trop simple !

De même, ces biocomposés vont se modifier chimiquement en fonction des modes de préparation, de cuisson notamment. Sommes-nous sûrs qu'un steak grillé produira le même effet sur notre organisme qu'un steak tartare ? Ou qu'une viande mijotée ?

Rien n'est moins sûr et l'intuition est bien là, chaque fois, pour nous le suggérer.

Sachez donc, et ce livre va reprendre le plus possible tous ces points, qu'il existe non seulement des éléments de bon sens, mais aussi des preuves scientifiques pour confirmer que ce que notre intuition nous suggérait est souvent vrai. Si nous voulons approcher la vérité sur le lien entre alimentation et cancer, nous devrons aborder ensemble tout ce qui peut conditionner les rapports complexes entre ces biocomposés et notre organisme.

Pour comprendre ce que nous devons faire, nous ne nous appuierons pas sur une étude faite chez une population qui ne possède pas les mêmes caractéristiques et habitudes que nous et qui donc n'a pas tout à fait le même patrimoine enzymatique que nous. Quand un produit testé n'a rien à voir avec un produit portant le même nom mais dont la composition nutritionnelle est différente en passant d'un pays à un autre, nous ne nous servirons pas de ces conclusions pour en tirer des recommandations nous concernant.

Et puis, chaque fois que possible, nous ferons appel au bon sens, celui de nos mères et de nos grands-mères. Celui qui leur a, des siècles durant, indiqué ce qu'elles devaient donner à manger à leurs enfants pour qu'ils soient en bonne santé.

Ces comportements qui ont permis à l'humanité, dans le respect et les limites d'un biotope donné, c'est-à-dire d'un certain environnement, de croître, de se multiplier, de se développer, de s'adapter, de vivre en bonne santé et avec beaucoup moins de cancers qu'aujourd'hui.

Les données scientifiques et le bon sens général

D'où nous viennent toutes ces informations dont nous allons discuter plus loin dans cet ouvrage ?

Comment savons-nous si tel ou tel aliment possède des vertus préventives vis-à-vis du cancer ?

En réalité, il existe trois grands types de méthodes permettant d'appréhender ce type d'informations : les *études épidémiologiques*, les *études expérimentales* et les *études d'intervention chez l'homme*[13].

Mais, avant d'aborder ces aspects méthodologiques, je voudrais libérer certains d'entre vous : il n'est pas nécessaire de lire ces quelques pages pour comprendre le « vrai régime anticancer ». Si vous voulez cependant comprendre pourquoi je propose telle ou telle conclusion concernant le rôle de certains aliments, alors il est bon que, en lisant ce chapitre, vous puissiez acquérir les connaissances suffisantes pour parvenir, avec moi, aux mêmes affirmations.

Alors, parlons d'abord des *études épidémiologiques*.

> » *LES ÉTUDES ÉPIDÉMIOLOGIQUES :*
> « *CAS TÉMOINS* » *ET* « *ÉTUDES DE COHORTE* »

Il en existe, en matière de lien entre alimentation et cancer, deux types différents, chacune d'entre elles ayant ses propres limites. Il s'agit des études dites « cas témoins » et des études de « cohorte ».

Les études cas témoins, de loin les plus fréquentes, car les plus faciles à réaliser et les moins coûteuses, consistent à demander à un groupe de malades atteints de cancer, ce qu'ils ont mangé pendant une période donnée, et ensuite de comparer ces données aux réponses obtenues chez un groupe d'individus comparables mais indemnes de cancer. Ainsi, s'il y a une différence nette sur un aliment par exemple, c'est sans doute que celui-ci porte une responsabilité dans le développement de la maladie étudiée.

Il n'est pas nécessaire de sortir de Saint-Cyr pour avoir immédiatement l'intuition des immenses limites de ce type d'études.

Les sujets malades (les « cas ») comme les sujets servant de contrôle (les « témoins ») peuvent se tromper quand ils essaient de se souvenir de ce qu'ils ont mangé à tel moment de leur vie, surtout s'il s'agit d'aliments consommés de façon intermittente ou irrégulière. Ils peuvent négliger de reporter tel ou tel autre aliment associé (et l'on a vu que cela pouvait tout changer).

Par ailleurs, la notion d'individus comparables est, en soi, extrêmement critiquable. En effet, ce qui nous intéresse n'est pas, bien évidemment, le produit tel qu'il peut exister dans la nature mais bien son devenir après avoir été ingéré, absorbé, métabolisé, distribué dans l'organisme et son excrétion dans les urines ou dans les selles. Tous ces éléments sont susceptibles d'influencer le caractère cancérigène d'un biocomposé ; ce qui compte, en effet, c'est la quantité de la forme encore active de ce biocomposé qui atteint la cible cellulaire et est susceptible d'induire son action en transformant une cellule saine en cellule cancéreuse. Et cela dépend bien évidemment de ces phénomènes d'absorption, métabolisme, distribution et excrétion.

Or ces phénomènes sont sous la dépendance du patrimoine enzymatique des individus, éminemment variable d'un individu à l'autre.

Prenez, par exemple, un aliment pouvant être cancérigène s'il reste plus de deux heures en contact avec la muqueuse de tel organe. Si un individu en absorbe, le métabolise très rapidement et le rejette dans ses excréments, il y a peu de chances que cet aliment provoque un cancer chez lui.

Imaginez, maintenant, que vous soyez presque dépourvu génétiquement des enzymes responsables du métabolisme et de l'excrétion de cet aliment. Si vous l'absorbez, il va persister durablement dans votre corps et il aura tout le temps de produire son effet délétère.

On le voit, ce type de variabilité peut complètement changer le lien entre un aliment et le cancer. Or, dans ces études « cas témoins », on ne cherche jamais à savoir si les deux groupes sont bien comparables de ce point de vue, si leur métabolisme est identique.

Prenons un autre exemple pour montrer comment un simple oubli d'un aliment apparemment mineur peut changer complètement le résultat d'une étude.

On sait que la « vitamine D3 » que l'on trouve dans les produits laitiers peut, expérimentalement, ralentir la croissance de cellules humaines de cancer (on y reviendra).

On sait également que ceci est vrai aussi pour la génistéine que l'on trouve dans le soja et dans les pistaches de Sicile. Bien !

Mais, si vous mélangez les deux dans l'expérience, l'effet devient considérablement plus efficace[14]. Il suffit donc, en théorie au moins, que des individus dans des groupes parlent bien de leur consommation de produits laitiers mais oublient de dire qu'ils mangeaient des pistaches à l'apéritif, pour que les comparaisons visant à démontrer, chez l'homme, l'effet du lait sur la prévention du cancer soient totalement erronées.

Il peut également arriver que l'on ne connaisse pas l'existence d'un facteur de risque particulier pour un cancer sans aucun rapport avec l'alimentation, au moment où une étude est faite. Si on ne le connaît pas encore, on ne peut pas, bien sûr, veiller à ce que ce facteur soit bien équilibré, c'est-à-dire présent avec une fréquence comparable dans les deux groupes, les témoins et les cas.

Imaginez qu'une fois qu'on a fait une étude sur le rôle de tel ou tel aliment et que l'on a établi les conclusions sur son lien avec le cancer en question, on découvre par ailleurs l'existence d'un facteur potentiellement responsable de ce cancer dont on n'a absolument pas tenu compte dans la comparaison car on en ignorait l'existence. Alors, cette étude devient caduque, obsolète. Il n'y a pas d'autre choix : il convient de la recommencer en tenant compte, cette fois, de ce nouvel élément.

C'est ce qui s'est passé récemment dans l'étude sur le rôle du vin dans les cancers de la bouche. Au moment où toutes les études sur le lien entre la consommation de vin et les cancers buccaux ont été réalisées, on ignorait totalement qu'une grande majorité des cancers de la bouche étaient dus à un virus, le papillomavirus. Il s'ensuit que dans la mesure où aucun chercheur, dans aucune étude « cas témoins », n'avait vérifié si les deux groupes comparés étaient bien équivalents en termes de taux d'infection buccale par ce papillomavirus, ces études s'avéraient définitivement inutilisables et incapables d'affirmer le moindre résultat.

Encore une fois, imaginez deux secondes que, par le fruit du hasard, il y ait eu plus de personnes porteuses sans le savoir de ce virus dans le groupe des grands buveurs de vin. Ce n'est plus alors la consommation excessive de vin qui peut être tenue pour responsable du plus grand nombre de cancers de la bouche dans ce groupe, mais bien plutôt la plus grande fréquence de cette infection virale.

On le voit donc, pour de multiples raisons, ces études, de loin les plus nombreuses, sont à considérer avec beaucoup de précaution et doivent toujours voir leurs conclusions être prudemment passées au filtre du bon sens clinique.

Le deuxième type d'études épidémiologiques est appelé *études de cohorte*.

Elles sont plus rares car elles nécessitent un investissement d'argent et de temps bien plus important. Elles consistent à suivre un groupe important d'individus apparemment sains, et à leur demander de remplir régulièrement un carnet dans lequel ils vont indiquer ce qu'ils mangent. Il faut suivre ces individus (une « cohorte ») pendant quinze à vingt ans pour voir si ceux d'entre eux qui développent tel ou tel cancer avaient des habitudes alimentaires différentes de ceux qui sont restés bien portants. Là aussi, les critiques concernant la précision du recueil d'informations et l'apparition en cours de suivi ou après la fin de l'étude d'un facteur cancérigène *nouveau* peuvent être évoquées et sont susceptibles d'être des biais importants dans l'analyse des résultats.

Par exemple, imaginez, cette fois, qu'au début de la « cohorte », il y a vingt ans, on n'ait eu aucune idée du rôle possible du curcuma dans la prévention des cancers de l'estomac et qu'on ait omis de poser, dans le document à remplir régulièrement, des questions sur ce produit. Non seulement, on n'aurait jamais su le rôle éventuel du curcuma mais, si les individus qui finalement ont développé un cancer de l'estomac en consommaient moins que les autres, on aurait risqué d'imputer à un autre facteur le fait que ces personnes avaient développé ce cancer et pas les autres. Alors qu'en fait, la raison simple était qu'ils ne consommaient pas assez de curcuma !

» *LES ÉTUDES EXPÉRIMENTALES*

Ces études sont beaucoup, beaucoup plus intéressantes !

Elles consistent à tester tel ou tel produit sur des cellules en culture ou chez des animaux.

Elles permettent en plus d'élucider les mécanismes grâce auxquels tel biocomposé exerce son action, qu'elle soit cancérigène ou préventive car, bien évidemment, il y a des expériences que l'on peut faire sur des cellules cultivées dans un laboratoire qu'on ne pourrait pas faire s'il s'agissait d'êtres humains.

Nous nous en servirons souvent dans ce livre.

Ces études ont, elles aussi, de grandes limites dont nous essaierons de tenir compte. En effet, quand le test porte sur un produit alimentaire, elles ne tiennent généralement pas compte de la façon dont cet aliment peut être préparé ou cuisiné. Par exemple, si l'on parle d'un légume habituellement consommé après cuisson, montrera-t-il, s'il est testé cru, les mêmes effets que ce qui se produit réellement au moment où on le mange cuit ?

De la même manière, il est assez difficile d'imaginer tester toutes les combinaisons possibles d'aliments telles qu'elles se rencontrent dans nos différents régimes. Mais, si on ne le fait pas, on risque de passer à côté de l'effet particulier de l'une de ces combinaisons !

On a évoqué plus haut l'effet de l'association entre les produits riches en vitamine D et les produits présents dans le soja ou dans les pistaches. Mais on pourrait encore parler ici de l'association du curcuma et de la « pipérine » (contenue dans certains poivres) qui augmente l'effet du premier.

Ainsi, associations de produits alimentaires, mode de cuisson ou de préparation, tous ces éléments peuvent contribuer à modifier ou à masquer l'effet cancérigène ou, au contraire, préventif du cancer de certains des aliments que nous mangeons. Alors que peut-on faire ?

C'est le dernier type d'études. Ces études sont les plus compliquées et les plus chères.

Elles consistent à prendre une grande population d'individus, tous biens portants au début de l'étude. Ensuite, on sépare cette population en deux groupes parfaitement comparables (on a vu plus haut les limites de cela !). Tous ces individus vont prendre tous les jours des pilules qui semblent identiques. Seulement, pour un des deux groupes, ces pilules contiendront tel ou tel biocomposé ou mélange de biocomposés et l'autre groupe avalera en fait, sans le savoir, tous les jours, des pilules contenant un placebo, c'est-à-dire rien !

Durant un certain nombre d'années tous les individus seront suivis puis, au bout d'un certain temps, on vérifiera si le groupe prenant vraiment les vitamines ou les biocomposés testés, développe effectivement comme on l'a pensé, moins de tel ou tel cancer que les autres.

Ces études sont rares et nous les citerons dans notre livre, chaque fois qu'elles apporteront des éléments éclairant notre propos.

Alors, un régime préventif est-il possible ?

Voilà, nous avons acquis, pour ceux qui se sont accrochés et ont assimilé ce dernier sous-chapitre, les éléments méthodologiques qui nous permettront d'analyser avec un esprit critique tout ce que l'on nous propose, tout ce que l'on nous raconte.

Nous saurons nous poser les vraies questions et ne pas nous mettre à croire aveuglément ce que tel ou tel pseudo-spécialiste nous raconte. Nous saurons qu'il faut chaque fois, non seulement chercher à savoir d'où vient l'information mais aussi nous demander si l'étude était bien celle qu'il fallait faire pour démontrer cette hypothèse. Ou encore, il faudra vérifier si l'on a bien tenu compte de la façon dont un produit a été fabriqué, d'où il vient (savez-vous, par exemple, que, selon la variété de brocolis, ce légume peut contenir de 1 à 25 fois plus de glucoraphanine, qui est le produit réellement préventif en matière de cancer ?), comment il est cuisiné, avec quels autres aliments, comment nous le mangeons, nous le digérons, nous l'excrétons et enfin, tout aussi important, est-ce que cette information est valable dans mon cas, si je suis une femme ou un homme, si j'ai fumé ou pas, si je suis un enfant ou un adulte ?

On le voit, la variabilité et la complexité dans le domaine des régimes alimentaires et de leurs conséquences peuvent être énormes.

Gardons-nous de croire que toute simplification est possible, que toute généralisation ou transposition est acceptable.

Rien n'est moins vrai et c'est la raison pour laquelle il faut toujours garder en tête la notion de « bon sens ». Il a guidé sans faillir l'humanité pendant des millénaires, je veux rester persuadé qu'il nous guidera encore longtemps.

Alors, laissons-le nous guider encore, aux côtés de la science la plus pure, tout au long de ce livre de conseils.

Chapitre II

UN CANCER, QU'EST-CE QUE C'EST ?

D'où vient la vie ?

Bon ! Si nous voulons maintenant arriver à comprendre comment les aliments que nous ingérons peuvent augmenter ou diminuer le risque que nous développions un cancer, il va d'abord falloir que je vous explique comment « ça marche », un cancer[*].

Avant toute chose, il faut imaginer qu'à la base de toute forme de vie, toute matière vivante est constituée de petites briques capables de s'assembler entre elles et de se multiplier, que l'on appelle des cellules.

Qu'il s'agisse d'une plante, d'un animal ou d'un être humain, toute matière vivante sur notre bonne planète

---

[*] Si vous souhaitez plus d'informations sur ce chapitre, reportez-vous au livre *Les Chemins de l'espoir*, Paris, Odile Jacob, 2003.

Terre est constituée de cellules à l'exception unique des virus (nous y reviendrons). Les êtres les plus simples, comme les bactéries par exemple, ne sont faits que d'une seule cellule. Ils sont dits « unicellulaires ». La plupart des autres êtres vivants, qu'ils appartiennent au monde animal ou végétal, qu'ils vivent sur terre ou dans les mers, sont, eux, le résultat d'un assemblage sophistiqué et extraordinairement précis d'une multitude de cellules.

Un être humain adulte est fait d'environ un million de milliards de cellules.

Mais d'où viennent ces cellules ? En réalité, à l'origine de chaque être vivant, il y a un phénomène de fécondation d'une cellule femelle (l'ovule, l'étamine...) par une cellule mâle (le spermatozoïde, le pistil...).

Ces cellules sexuées, une mâle et une femelle, une fois réunies, vont constituer la première cellule d'un nouvel individu. (J'ai un peu simplifié ce phénomène car, en réalité, ces deux cellules sexuées ne sont que des demi-cellules, mais cela ne change rien à notre propos et le savoir ou savoir d'abord comment cela est possible n'apporte rien à ce que je vais vous expliquer.)

Donc, à ce stade, dans l'utérus de votre maman, ce que vous allez devenir est simplement réduit à une seule cellule !

Mais cette cellule a une particularité extraordinaire, qui justifiera qu'on l'appelle cellule « souche », c'est qu'elle est immédiatement capable de faire une chose incroyable : elle est capable de faire une copie de tout ce qu'elle contient, de multiplier son matériel intracellulaire puis, dès que ceci est fait, de se diviser en deux cellules. Une cellule en donne deux !

Identiques entre elles pour l'instant.

Et, petit à petit, jour après jour, ces nouvelles cellules vont, elles aussi, à leur tour, se diviser en deux, selon un mécanisme tout à fait similaire, donnant à chaque fois naissance à deux cellules à partir d'une seule.

Ces deux cellules en donnent quatre. Ces quatre cellules en donnent huit, puis seize, trente-deux, soixante-quatre, cent vingt-huit, deux cent cinquante-six...

La matière vivante crée de la matière vivante.

Avant chaque division, chaque cellule dédouble son matériel de manière à pouvoir donner le même patrimoine, un patrimoine en tout point identique à chacune des deux cellules qu'elle va engendrer. Au fur et à mesure que ce phénomène se déroule, phénomène que l'on peut appeler « quantitatif », qui vise à augmenter la quantité de matière vivante, de cellules, un autre processus invraisemblable va se mettre en œuvre à son tour. Un processus beaucoup plus « qualitatif » cette fois !

Ces milliers, puis très vite ces millions de cellules toutes neuves, alors qu'en principe elles sont toutes identiques les unes aux autres, ces cellules vont se « différencier ». Certaines vont devenir des cellules du cœur, d'autres des cellules des reins, d'autres encore des cellules du cerveau, ou du foie, de la rate, des muscles, des intestins, des yeux, etc.

Ces cellules différenciées vont s'assembler entre elles, en fonction de leur différenciation propre, et vont constituer les organes.

À ce stade, la première cellule fécondée est devenue un embryon et l'on commence à voir se dessiner cette organisation complexe de ce qui constituera un corps humain, avec des cellules qui « s'organisent » en organes, ces organes qui apprennent à fonctionner en harmonie les uns avec les autres et, petit à petit, un fœtus puis un enfant va apparaître.

C'est le miracle de la vie !

Une première cellule, dès sa fécondation, va engendrer des millions de milliards d'autres cellules. Cette multitude de cellules va s'engager dans un processus au terme duquel chacune d'entre elles va assumer de façon exclusive une seule fonction (battre pour les cellules cardiaques, voir pour les cellules de l'œil, digérer pour les cellules de l'intestin et ainsi de suite...). Toutes les cellules assumant la même fonction vont se regrouper et constituer alors des organes. Chacun de ces organes, à l'instar de chacune des cellules qui le composent, ne va assumer qu'une seule fonction et, grâce à tous ces organes, chacun assurant pleinement et exclusivement la fonction qui est la sienne, un individu va naître, se développer et vivre.

Tout au long de la vie, ce phénomène va se poursuivre car une cellule normale, quel que soit l'organe dans lequel elle se trouve, n'est pas éternelle. Elle vit quelques jours ou quelques semaines, puis elle meurt.

Pourtant les organes restent fonctionnels. Ils assument régulièrement la tâche qui est la leur pour autant, car, juste avant de mourir, lorsque son temps de vie est écoulé, chaque cellule, tout au long des jours de notre vie, va se diviser et donner naissance à une cellule toute neuve capable de la remplacer.

Ainsi, chaque jour de notre vie, environ 70 millions de cellules meurent dans notre corps et 70 millions naissent. Chaque fois, les cellules vieillissantes, à l'exception des neurones dans notre cerveau, constatant qu'elles assument moins bien leur fonction du fait de leur sénescence, se divisent pour donner naissance à de nouvelles cellules toutes jeunes et fringantes, puis vont mourir pour leur laisser la place.

On estime, tenez-vous bien, que tout au long d'une vie, en moyenne, il se produit 10^{16} divisions cellulaires, c'est-à-dire 10 000 000 000 000 000 divisions ! Ces chiffres sont incroyables, n'est-ce pas ?

Mais, si vous avez le courage de continuer à lire ce livre, je vais tout à l'heure vous en donner d'autres, encore plus invraisemblables et qui vont vous laisser scotché sur votre fauteuil.

Mais revenons à nos explications sur le cancer. Pour l'instant, nous venons de parcourir ensemble une première étape : comprendre d'où vient la vie.

Des étapes, il y en aura trois autres.

La suivante, en effet, va nous amener à entrer davantage dans l'intimité de ces cellules pour essayer, vous de comprendre, moi d'expliquer, comment ces phénomènes quantitatifs de division et qualitatifs de différenciation sont possibles. De comprendre aussi pourquoi une cellule vit et assure sa fonction et comment elle meurt le moment venu.

Pour cela, il faut penser la cellule à une échelle encore plus petite. Entrons à l'intérieur d'une cellule.

Qu'y a-t-il à l'intérieur ? Comment fonctionne-t-elle ?

L'importance de nos gènes

En fait, à la fois sans trop trahir la réalité telle que la science nous la décrit et, en même temps, pour simplifier suffisamment l'information pour la rendre concevable à ceux d'entre vous qui n'ont pas fait d'études scientifiques, ce qu'il y a à l'intérieur d'une cellule peut se résumer de façon assez simple. Il y a, *grosso modo*, une usine pour fabriquer des protéines, un ordinateur avec les logiciels nécessaires pour fabriquer ces protéines et une centrale qui fournit l'énergie.

Ce qui va nous intéresser au premier titre dans notre envie de comprendre comment un cancer peut survenir, c'est cet « ordinateur ». Pour ce faire, il faut se dire qu'une cellule, qui est là pour assumer une fonction, ne peut l'assumer que si on lui dit comment faire. Une cellule, aussi formidable soit-elle, ne peut faire que ce que lui dit de faire son programme interne.

De la même manière, si vous n'avez pas de logiciel de traitement de texte dans votre ordinateur, il ne pourra pas vous permettre d'écrire un texte ou quoi que ce soit. *Idem* en fait pour nos cellules.

Mais alors que sont ces logiciels, ces recettes et où sont-ils écrits à l'intérieur de la cellule ? Eh bien, ils sont tout simplement écrits dans nos chromosomes.

Alors avançons encore un peu dans nos explications. Pénétrons davantage dans la cellule. Tâchons de comprendre ce que sont et comment fonctionnent nos chromosomes.

Les chromosomes représentent le matériel génétique, nos gènes, capables de nous définir en tant qu'espèce ou individu (les fameuses empreintes génétiques dans les enquêtes policières) et de donner à nos cellules toutes les recettes nécessaires à leur bon fonctionnement.

Les chromosomes, quarante-six dans l'espèce humaine, sont constitués d'une substance appelée ADN. Cet ADN est lui-même constitué d'une longue chaîne enroulée sur elle-même au repos, correspondant à l'assemblage linéaire de quatre molécules différentes que l'on appelle des bases organiques (bases, car elles sont vraiment la base de la vie) à qui l'on donne le nom de quatre lettres : ATCG. Ces quatre lettres, ces quatre bases, constituent le code génétique découvert il y a près de soixante ans par trois chercheurs français géniaux, ce qui leur vaudra de recevoir le prix Nobel, les docteurs François Jacob, Jacques Monod et André Lwoff.

Ces quatre lettres (ATCG), assemblées les unes aux autres selon un ordre bien précis écrivent donc sur notre ADN les gènes qui nous caractérisent (30 000 gènes) et qui permettent à notre million de milliards de cellules de fonctionner correctement, de se diviser, de se différencier, de produire les protéines dont nous avons besoin, de vivre et de mourir et ce faisant, d'être au total responsables de notre vie et de notre mort.

Collées les unes aux autres, ces bases, qui sont dans chacune de nos cellules d'êtres humains au nombre de 3 milliards, forment un long filament qui, accrochez-vous bien, mesure deux mètres de long et sur lequel sont écrits nos 30 000 gènes.

Reprenons, parce que cela semble complètement fou : ainsi, un corps humain est constitué d'un million de milliards de cellules réparties (ou différenciées) en 200 types différents, qui contiennent, chacune, un filament de deux mètres de long sur lequel, à l'aide de 3 milliards de molécules de base qui constituent le code génétique, sont écrits nos 30 000 gènes !

Dites-le à quelqu'un dans un dîner, vous allez voir s'il vous croit ! Et pourtant c'est la vérité !

C'est même mieux que cela : c'est ce que je viens de vous dire multiplié par deux. Car, en réalité, chacune de nos cellules contient deux filaments de deux mètres de long, l'un qui était dans l'ovule de départ et l'autre qui était dans le spermatozoïde. L'un nous apportant les gènes de notre mère, l'autre, les gènes de notre père.

Si tous ces chiffres donnent le vertige, ils permettent aussi d'imaginer combien tout ce dont nous parlons est petit, extraordinairement petit et donc, assez logiquement, fragile.

Au total, on a compris que les gènes, qui sont les recettes à partir desquelles peuvent être fabriqués tous les constituants de la vie, sont écrits avec de véritables lettres comme sur un long parchemin que l'on appelle l'ADN.

Chaque fois qu'une cellule a besoin de fabriquer une protéine qui va lui être nécessaire pour assurer sa fonction, elle déroule le parchemin et elle le lit jusqu'à ce qu'elle arrive sur le gène dont elle a besoin et, là, elle va faire une sorte de copie de ce gène et, grâce à un système très sophistiqué de transport, elle acheminera cette copie jusque dans l'« usine à protéines ». La protéine nécessaire sera alors fabriquée et déclenchera la mise en œuvre de la fonction cellulaire souhaitée.

Poussons plus loin notre envie de comprendre la matière vivante.

On l'a dit, les gènes sont les recettes, les logiciels, qui permettent à une cellule de savoir comment faire ce qu'elle doit faire. Mais, posons-nous la question : que fait une cellule ?

En réalité, deux types d'actions. Une action propre à toutes les cellules, quelles qu'elles soient, se diviser, et une action spécifique, là, à chaque type différent de cellules : participer à la fonction de l'organe auquel elle appartient.

Assez logiquement, on va avoir donc deux grands types de gènes dans notre **ADN**, dans nos chromosomes.

Des gènes qui régulent et contrôlent le phénomène de division et donc de vie et de mort de la cellule. Et des gènes qui portent l'information nécessaire à la fabrication des protéines fonctionnelles propres à chaque type de cellules. Comprenez bien cela : chaque cellule différenciée, qui appartient et constitue un organe donné, n'assume qu'une fonction : les cellules du cœur battent pour permettre la circulation du sang et les cellules du rein fabriquent de l'urine pour éliminer les toxines. Imaginez que l'une d'entre elles fasse la fonction de l'autre ! Le cœur fabriquerait de l'urine et les reins se mettraient à battre !

Acceptons ensemble un niveau supplémentaire de complexité, le dernier, je vous le promets : à côté de chacun de ces gènes, qu'il soit lié à la division ou à la fonction cellulaire, sachez enfin qu'il y a un gène dit « interrupteur » ou « promoteur ». Si on le touche, il allume le gène d'à côté, provoquant un effet soit sur la division, soit sur la fabrication d'une protéine.

Oubliez maintenant le groupe des gènes qui codent pour les protéines fonctionnelles et concentrons-nous sur les autres gènes, ceux de la division cellulaire et les promoteurs qui les contrôlent.

Eh bien voilà, nous sommes arrivés là où je voulais que nous arrivions : un cancer résulte toujours d'une altération d'un de ces gènes-là.

Comment cela est-il possible ?

Le cancer : une maladie génétique

Qu'un gène responsable de la division, de la multiplication cellulaire soit abîmé ou que ce soit le cas des gènes interrupteurs qui l'allument ou l'éteignent en situation normale, et c'est la catastrophe. La multiplication de cette cellule n'est plus contrôlée, elle n'est plus régulée : elle ne se fait plus en fonction des besoins mais de façon anarchique. Cette cellule se divise, puis se divise encore et encore. Elle s'emballe comme une voiture sans frein lancée à toute vitesse. Une cellule en donne deux, puis quatre, puis huit, seize, trente-deux, soixante-quatre, cent vingt-huit, etc. Sans que rien ne puisse plus arrêter cette prolifération, ces cellules se multiplient à l'infini, en tout cas tant qu'elles trouveront assez de nourriture pour assurer leur survie. Elles se multiplient dans une folie vite meurtrière pour l'hôte qui les héberge. Elles constituent vite une boule, une tumeur. Cette tumeur va grossir, envahir les tissus voisins, en perturber le fonctionnement. Les organes qu'elle va envahir vont souffrir puis devenir incapables d'assurer leur fonction. Mais ces cellules malignes, elles, ne s'en préoccupent pas plus que de l'an quarante. Elles continuent de se diviser, d'engendrer une descendance à chaque instant plus nombreuse jusqu'à ce que ce processus infernal ne soit plus compatible avec la vie du malade.

Sachez, pour percevoir combien ce phénomène est redoutable, qu'une tumeur d'un centimètre de diamètre contient déjà 1 milliard de cellules cancéreuses regroupées toutes les unes à côté des autres, toutes issues de la descendance de cette première cellule dont les gènes contrôlant sa capacité à se diviser se sont un jour altérés.

C'est aussi simple et aussi terrible que cela !

On peut, à la fin de cette deuxième étape que nous venons de réaliser ensemble, dire qu'un cancer résulte toujours de la multiplication incontrôlée d'une cellule dont les gènes qu'elle possède et qui, normalement permettent de réguler sa capacité à se diviser, ont été abîmés, altérés.

Allez, courage ! Plus que deux étapes et l'on parlera réellement régime.

Des gènes abîmés

La prochaine étape va nous amener à comprendre comment ces gènes en question peuvent bien s'abîmer. Je vous le dis tout de suite, c'est cette dernière étape qui nous permettra d'envisager les mécanismes moléculaires qui expliquent l'effet des aliments sur l'état de ces fameux gènes.

Au point où nous en sommes, la question posée est : comment des gènes peuvent-ils s'abîmer ?

Vous l'avez bien compris à ce stade de notre livre, nos gènes sont vraiment des textes écrits avec de véritables lettres, même si ces quatre lettres sont des molécules chimiques. Ceci constitue un véritable support organique, tangible, qui prend la forme de deux filaments enroulés en parallèle l'un sur l'autre, l'ADN, que nous avons appris à l'école à appeler les chromosomes.

Assez simplement, on peut déjà évoquer le fait que chaque fois qu'une cellule se divise en deux cellules filles, il existe un risque potentiel d'erreur dans la duplication nécessaire préalable de l'ADN.

Vous vous en souvenez : juste avant qu'une cellule ne se divise en deux, elle doit dupliquer, dédoubler son matériel intracellulaire et, au premier chef, son matériel génétique. Ce mécanisme est fondamental car il est le garant de la conservation, d'une cellule à l'autre, des caractéristiques propres à chaque espèce et, dans l'espèce, à chaque individu.

D'autre part, encore une fois, nous l'avons vu, une cellule est ce que ses gènes lui disent d'être. Elle fait ce que ses gènes lui disent de faire.

En d'autres termes, c'est une cellule humaine parce qu'elle possède, comme chacune de ses congénères les 30 000 gènes de l'espèce humaine.

Il est donc impératif, pour chaque cellule vivante, de réaliser la synthèse, la fabrication, d'une copie absolument (quand je dis absolument, je veux dire vraiment absolument) identique de son ADN, de ses gènes pour, avant de se diviser, posséder de quoi donner à chacune de ses cellules filles, des deux cellules auxquelles elle va donner naissance, exactement le même patrimoine génétique, exactement les mêmes chromosomes.

Pour mieux comprendre que ceci est véritablement crucial, prenons un exemple. Vous savez tous que la couleur des yeux ou de la peau est génétiquement déterminée, c'est-à-dire conditionnée, contrôlée par des gènes.

Imaginez maintenant que vous ayez les yeux bleus et la peau blanche mais que, division cellulaire après division cellulaire, vos cellules ne conservent pas à l'identique votre patrimoine génétique, c'est-à-dire, notamment, ne conservent pas stables les gènes qui font que votre peau est blanche et que vos yeux sont bleus. Que va-t-il se passer ? Petit à petit, par exemple, vos yeux vont changer de couleur, devenir marron, de même pour votre peau qui deviendra noire. Dans cet exemple, au bout d'un certain temps, vous ne serez plus vraiment vous-même, en tout cas si vous vous comparez à la photo et aux descriptions inscrites sur votre carte d'identité.

Cet exemple très simpliste a, je l'espère, le mérite de vous faire comprendre combien la qualité de cette copie de nos gènes, qui se produit avant chaque division, est cruciale. Si cette copie n'est pas intégrale, des changements profonds dans l'organisme peuvent survenir.

Heureusement pour nous, ce mécanisme de copie, de fabrication à l'identique, est très généralement efficace, touchant presque à la perfection. Soyez tranquille, vous ressemblerez demain à ce que vous êtes aujourd'hui.

Il n'empêche… quand il faut réitérer cet exploit 70 millions de fois par jour, c'est-à-dire plus de 800 fois par seconde, sans jamais commettre la moindre erreur, quand, au total d'une vie, nous l'avons vu plus haut, il faut ne jamais se tromper alors qu'une vie comporte 10 000 000 000 000 000 (10^{16}) occasions de se tromper…

Sans, d'ailleurs, qu'il soit nécessaire que cette erreur soit très importante quantitativement. Il pourrait simplement s'agir d'une des quatre lettres de l'alphabet génétique qui soit écrite à la place d'une autre, une sur 3 milliards de lettres que contient un de nos filaments d'ADN si petit, si fragile. Un simple T à la place d'un C ou d'un A, et, en réalité, c'est peut-être tout le sens du « mot », du « texte » qui change. Un interrupteur qui s'allume alors qu'on le voudrait éteint. Un gène qui bloque la division en situation normale, qui, là, ne la bloque plus. Ou, à l'inverse, un gène qui est censé la stimuler un tout petit peu qui se met à s'emballer et qui la stimule de façon insensée !

Une simple petite lettre à la place d'une autre. Une substitution malencontreuse ! Une erreur qui porte sur une molécule qui mesure moins d'un milliardième de millimètre et qui provoque pourtant l'émergence d'un danger mortel : une cellule qui se met à se diviser, à se reproduire, à se multiplier à l'infini, sans plus aucun contrôle, sans raison, sans que l'organisme en ait besoin, qui engendre une descendance monstrueuse, affamée, et qui va envahir l'espace dont elle a besoin, agresser les autres cellules, détruire les autres organes. La mort qui se propage, qui s'avance, aveuglée par un gène dont en réalité, tout simplement, une lettre a été mal écrite.

Soit dit en passant, heureusement que, pour nous, nos fautes d'orthographe n'engendrent pas des conséquences aussi catastrophiques.

Le cancer n'est pas inéluctable

Mais revenons à cette cellule qui, en préparant la copie de son texte pour pouvoir ensuite se diviser, vient de commettre une erreur, ce qu'on appelle une « mutation ».

On l'a bien compris, vu le nombre de divisions cellulaires, il est impossible que ce scénario catastrophe ne se produise pas des milliers de fois chez chacun d'entre nous, tout au long de notre vie.

Que se passe-t-il alors ? Un cancer apparaîtra-t-il à chaque fois ? Heureusement, non ! Sinon, nous devrions tous mourir de cette maladie.

Par chance, la nature a prévu cette hypothèse de la survenue d'une mutation de l'ADN et a conçu, pour éviter les graves conséquences qui en découleraient à chaque fois, tout un système de vérification de l'écriture de nos gènes, de lecture attentive, si vous préférez, de nos 3 milliards de bases de notre ADN et, en cas de détection d'une erreur, d'une mutation, tout un deuxième système de correction et de réparation.

Ce, d'autant que ces mutations peuvent également, en plus, survenir à d'autres moments que dans la phase de synthèse qui précède la division cellulaire.

En effet, l'ADN est aussi en permanence exposé au risque d'altération lié à l'effet de certains phénomènes chimiques ou physiques. On estime, rendez-vous compte, qu'il se produit plus de 10 000 mutations de l'ADN de chacune de nos cellules par jour !

Par exemple, on sait aujourd'hui que l'usine à protéines et la centrale énergétique de nos cellules produisent, lorsqu'elles fonctionnent, des molécules chimiques capables de réagir avec les bases de l'ADN et provoquer sur le filament d'ADN des dégâts importants. Pour ceux qui veulent en savoir plus, il s'agit par exemple du peroxyde d'hydrogène, des radicaux hydroxyles ou des dérivés très réactifs de l'oxygène. On appelle cela des radicaux libres. Normalement, ces radicaux très corrosifs pour l'ADN et qui sont produits par le métabolisme cellulaire, par la vie de la cellule, ces radicaux sont en permanence détoxifiés à l'intérieur même de la cellule, avant même qu'ils ne puissent atteindre l'ADN. Mais, comme toute chose en ce monde, il arrive là aussi que ce système de détoxification ne fonctionne pas parfaitement. Un radical libre, hyperactif, va atteindre l'ADN, réagir chimiquement avec une base (ATCG) et la détruire. Au fond, est-ce que c'est si important que cela qu'une lettre au milieu de 3 milliards de lettres soit manquante ? S'il s'agissait d'un énorme livre, un roman, de 3 milliards de lettres, vous ne vous en apercevriez probablement même pas. Mais quand on touche à quelque chose d'aussi fin, d'aussi subtil que la vie, aux gènes qui conditionnent notre vie et notre mort, cela peut être catastrophique.

Ces mutations peuvent aussi se produire du fait de facteurs externes à la cellule, comme les rayonnements qui nous touchent et parfois nous pénètrent (les UV, les rayonnements de la radioactivité...) ou les aliments qui vont interférer (on le verra plus loin) avec les mécanismes de synthèse de l'ADN. Là encore, la probabilité que cela ne se produise jamais, que les systèmes de contrôle ne laissent rien passer, que les systèmes de détoxification soient efficaces à tous moments, que les systèmes de réparation ne se trompent jamais, eux non plus, en réparant toutes ces mutations, tout ceci est bien évidemment impossible.

Ces erreurs, ces défaillances, ces accidents se produisent.

Et, à chaque fois, ils engendrent la possibilité de l'émergence d'une cellule maligne, cancéreuse. D'une cellule au milieu d'un million de milliards d'autres cellules, elles, normales. Mais la descendance de cette cellule anormale qui grossit chaque jour va finir par balayer l'harmonie de la vie et entraîner la mort.

On le voit bien, à côté du mécanisme de contrôle de la division cellulaire, les systèmes de réparation de l'ADN sont aussi cruciaux vis-à-vis des risques de cancer.

On ne va pas aborder la nature de ces mécanismes de réparation de l'ADN. Sachez simplement qu'il en existe plusieurs types qui, pour simplifier, correspondent aux différents types d'altération possibles de notre matériel génétique. S'il s'agit d'une lettre (ou d'un groupe de lettres) en trop, d'une lettre en moins ou d'une lettre écrite à la place d'une autre, les systèmes de réparation auxquels la cellule va faire appel ne seront pas nécessairement les mêmes.

Mais tous ces systèmes ont en commun un but ultime, fondamental, unique : maintenir tout au long de la vie d'une cellule et tout au long de notre vie pour chacune de nos cellules, l'intégrité, la stabilité de l'ADN !

Voilà, bravo ! Vous venez de suivre et, je l'espère, de comprendre un cours d'assez haut niveau, je dois l'avouer, de biologie moléculaire.

Si vous avez compris tout ce que je viens de vous expliquer, vous en savez pratiquement autant qu'un jeune étudiant en médecine.

Alors peut-être vaudrait-il mieux que vous posiez le livre quelques minutes pour vous détendre et penser à autre chose avant d'aborder la dernière phase de ce chapitre : le lien entre les mécanismes que je viens de vous décrire et l'alimentation.

Le lien entre alimentation et cancer : la nutrigénomique

On l'a donc bien compris, le cancer résulte toujours d'une perte d'intégrité du patrimoine génétique d'une de vos cellules, avec l'apparition d'anomalies non ou mal réparées, portées par un ou plusieurs gènes qui contrôlent et régulent en temps normal les phénomènes de division cellulaire, indispensables par ailleurs à toute forme de vie.

Ces gènes, fondamentaux à la fois à la vie et, paradoxalement, au cancer, appartiennent ici aussi à deux grands types. Pour ceux qui veulent savoir comment ils ont été découverts et comment ils fonctionnent, je leur propose de lire un de mes précédents ouvrages chez le même éditeur (*Les Chemins de l'espoir*). Ici, nous ne ferons que brièvement les indiquer car ils ne nous intéressent cette fois qu'en tant que cibles éventuelles des mécanismes procancérigènes ou anticancérigènes de nos aliments. Deux types donc : des gènes qui stimulent la division des cellules et des gènes qui l'inhibent. Les premiers, les accélérateurs, sont appelés des oncogènes car, s'ils sont activés anormalement, ils entraînent l'apparition d'une tumeur maligne. Les seconds, les freins, sont appelés antioncogènes ou gènes suppresseurs de tumeur car, à l'inverse, quand ils se mettent en marche, ils bloquent la multiplication cellulaire et donc le développement d'un cancer.

Parmi ces gènes du cancer, certains sont cependant intéressants à connaître davantage.

Tout d'abord, parmi les oncogènes. Pour stimuler ou provoquer la multiplication cellulaire, il faut savoir que la plupart d'entre eux codent, c'est-à-dire possèdent la recette, pour les « duos » de protéines que l'on appelle « facteurs de croissance » et qui agissent, comme l'indique leur nom, comme de véritables engrais. Ces duos sont composés d'un côté d'une protéine réceptrice (le récepteur) ancrée à la surface de la cellule, sur sa membrane externe, sur sa peau si vous voulez, et de l'autre côté d'une protéine messager (le facteur de croissance) qui est reléguée à l'extérieur de la cellule productrice et qui va chercher son récepteur spécifique. Si elle le trouve, elle s'encastre très précisément en lui et ce contact très complet entre le récepteur et le messager qui lui correspond va déclencher un signal à l'intérieur de la cellule sur laquelle est ancré le récepteur. Un peu comme si quelqu'un sonnait à la porte, ce signal se propage à l'intérieur de la cellule par une série de réactions en cascade et que nous connaissons bien à présent et finit par arriver sur les interrupteurs des gènes de division (ceux que nous avons vus plus haut) qui vont alors s'allumer, provoquant la multiplication cellulaire.

Pour ce qui concerne les gènes suppresseurs de tumeur (antioncogènes), il en est un qu'il faut connaître car il est le plus important d'entre eux. Il s'appelle le p53 ou le « gardien du génome ». On l'a dit plus haut, il est fondamental que le génome d'une cellule reste intègre. On a vu aussi qu'il existe un système de lecture multiple de ce génome, des deux filaments d'ADN et, en cas de détection d'une anomalie, de la mise en œuvre de processus de réparation.

L'ADN est lu et relu en permanence, comme un CD de musique que vous passeriez en boucle sur votre lecteur. Imaginez alors tout simplement que, parmi les 30 000 gènes, il en est un, le p53 dont le rôle est d'écouter cette musique. Tant qu'il entend que l'ADN est intègre (qu'il n'y a pas de fausse note dans la musique), il ne fait rien. Si, à un moment, au contraire, ce qui se produit très généralement quand la cellule vieillit et que ses systèmes de réparation ne sont plus vraiment efficaces, le p53 entend que ce qui aurait dû être une musique harmonieuse n'est plus qu'une véritable cacophonie, que les altérations génomiques ne sont plus correctement réparées, il provoque brutalement le suicide (l'apoptose) de la cellule dans laquelle il est.

Plutôt que de prendre le risque de laisser cette cellule devenir dangereuse pour les autres, il préfère la suicider en se suicidant.

On le comprend encore une fois, qu'une cellule fabrique trop de récepteurs capables de stimuler sa croissance ou des récepteurs trop sensibles, ou encore des messagers stimulants (des « facteurs de croissance » en langage médical) en trop grande quantité et un cancer sera susceptible de se produire. Que le p53 ou d'autres antioncogènes ne fonctionnent plus à cause d'une mutation par exemple, et toutes les altérations génomiques pourront se produire, y compris fatalement à un moment ou un autre, une altération propice à la multiplication cellulaire maligne.

À partir de là, que savons-nous des principes généraux qui conditionnent les liens entre gènes, cancer et nutrition ?

La science qui étudie ces liens est ce que l'on appelle la « nutrigénomique ». Elle est encore, il faut bien le reconnaître, balbutiante, mais un certain nombre de travaux commencent à être publiés qui apportent, si ce ne sont encore de véritables certitudes, du moins déjà des pistes intéressantes.

Pour comprendre pourquoi cette science est si importante et pourquoi j'ai pensé qu'il était temps pour moi d'écrire ce livre, on peut encore une fois, et très simplement, faire appel au bon sens.

On le sait maintenant, plus de 800 fois par seconde, une cellule dans notre corps doit fabriquer tout un jeu de 46 chromosomes. Pour fabriquer quelque chose, et de ce point de vue que ce soit à l'échelle infiniment petite d'une cellule ou à des échelles bien plus grandes, il faut deux choses : des matériaux et de l'énergie.

Sachez qu'il en est de même pour notre cellule qui voudrait bien se diviser mais qui doit d'abord fabriquer des chromosomes. Elle a besoin elle aussi d'énergie et de matériaux. Cette énergie, elle n'a qu'une seule façon d'en produire : elle le fait grâce à la combustion du sucre.

Elle n'a pas le choix, comme nous, d'utiliser la combustion du bois, du charbon ou du pétrole ou encore de faire appel à l'énergie hydraulique ou nucléaire.

Non, une cellule ne sait produire de l'énergie qu'en brûlant une seule chose : du sucre. Soit du sucre que l'on vient de manger, soit du sucre qu'elle a mis en réserve sous différentes formes pour faire face au risque de pénurie. Pour brûler ce sucre, elle a besoin aussi d'oxygène, oxygène qui lui est apporté en permanence par le sang frais grâce à un transporteur d'oxygène qui se trouve dans les globules rouges et qui d'ailleurs leur donne leur couleur, l'hémoglobine.

Sucre et oxygène, tels sont les éléments de base nécessaires à la production d'énergie de nos cellules. Je veux dire des cellules normales. De toutes nos cellules.

Les matériaux sont constitués des deux autres types de nutriments de base que sont les protéines et les corps gras.

Les corps gras, les lipides, sont d'ailleurs capables d'être transformés en cas de besoin en sucre et servent alors à la combustion dont nous avons parlé plus haut.

Les protéines sont donc vraiment les éléments, les matériaux de base servant à construire toutes les matières vivantes.

Imaginez que vous ayez à construire une maison, vous aurez besoin de briques (les protéines), d'énergie (les sucres) et, entre les deux, des lipides, qui servent soit à apporter de l'énergie, soit à modifier les protéines pour leur donner certaines propriétés indispensables à leur fonction.

En plus de ces trois composés basiques, pour assurer la solidité, la beauté, l'efficacité des différentes parties de la maison, pour servir de ciment, de colle, de fils électriques, il faudra utiliser d'autres composés que sont les vitamines, les oligoéléments, les métaux et des tas de molécules très simples, mais qui vont provoquer, catalyser, réguler certaines réactions indispensables au bon fonctionnement cellulaire.

Alors, je vous pose une question simple : d'où viennent tous ces produits ? Ces protéines, ces lipides, ces glucides, ces vitamines ou autres oligoéléments ?

Tout simplement des aliments que nous mangeons ! L'oxygène vient de l'air que nous respirons.

Si ce que nous mangeons n'est pas de bonne qualité, ou est déséquilibré, ou ne correspond pas à nos besoins (variables d'un individu à l'autre, nous y reviendrons), notre alimentation nous apportera de mauvais matériaux de construction et nos mécanismes de synthèse cellulaire pourront être perturbés. Nous construisons nos cellules avec ce que nous mangeons, bien sûr !

Et ce n'est pas tout. On sait maintenant, au-delà de ce que le bon sens nous aurait suggéré de toute façon, que les biocomposés contenus dans notre alimentation peuvent aussi agir directement sur les processus de réparation de l'ADN, sur les mécanismes de différenciation cellulaire ; ou sur l'état de réactivité ou au contraire d'endormissement de nos gènes ; ou encore sur la production de carcinogènes internes ou, à l'inverse, sur leur détoxification. Ou, enfin, directement sur la capacité de notre ADN à se préparer à être dupliqué dans la phase de synthèse qui précède toute division.

C'est ça, la nutrigénomique.

Tout ça !

C'est-à-dire à la fois la science des matériaux alimentaires ; mais aussi, celle de la capacité de nos aliments à stimuler, bloquer ou préparer certaines réactions chimiques, qui peuvent jouer un rôle absolument crucial dans la cancérogenèse.

UN CANCER, QU'EST-CE QUE C'EST ?   69

Les effets des biocomposés alimentaires

Avant d'aborder l'effet des différents aliments, il m'a semblé intéressant de vous donner quelques idées d'effets de certains biocomposés alimentaires sur ces différents systèmes clés dans la régulation de la prolifération cellulaire. Je veux parler respectivement des systèmes de réparation de l'ADN, d'activation de nos gènes, de promotion de la différenciation et enfin de la production de toxines cancérigènes ou de leur détoxification.

On sait par exemple que, d'une façon générale, la malnutrition diminue les capacités de réparation de l'ADN, ou qu'à l'inverse un fruit comme le kiwi ou un oligoélément comme le sélénium les augmentent. Il a même été montré assez récemment que les jus riches en lycopène amélioraient notablement l'activité de ces systèmes de réparation.

On sait également qu'un gène peut être plus ou moins facilement activable. S'il ne l'est pas du tout, on dit alors qu'il est rendu silencieux et, dans ce cas, rien ne pourra l'activer. Pour qu'un gène soit mis en silence, il suffit de coller sur les molécules qui l'entourent quelques atomes de carbone et d'hydrogène.

Ce procédé est très utilisé dans la nature pour éviter que les gènes dangereux, comme peuvent être les oncogènes, ne s'activent trop souvent. Il est sous la dépendance de deux types d'enzymes antagonistes. Les enzymes qui rendent les gènes silencieux sont des histones acétyl-transférases (HAT). Les enzymes qui font le contraire sont des histones déacétylases (HDAC).

Ainsi, on sait maintenant que certains produits vont inhiber les HDAC, diminuant ainsi le risque de cancer. Il s'agit du butyrate produit par la fermentation dans l'intestin de certains polysaccharides, de la diallyl disulphide contenue dans l'ail et du sulphoraphane contenu dans les choux[1].

En ce qui concerne les mécanismes de différenciation qui tendent à diminuer la capacité des cellules à se multiplier, on sait aujourd'hui que les dérivés de l'acide rétinoïque, que l'on trouve dans les carottes par exemple, et certains acides gras polyinsaturés particulièrement présents dans les huiles de poisson, tous ces produits peuvent la stimuler et apparaître là aussi comme de formidables agents anticancéreux[2].

Enfin, et c'est l'un des sujets les plus passionnants de la nutrigénomique, il nous faut pour finir ce chapitre de généralités, parler des mécanismes de production de toxines cancérigènes et de détoxication de ces produits.

Dans ce que nous mangeons, dans ce que nous buvons, mais aussi à l'intérieur de notre corps, du fait du fonctionnement naturel de nos organes, il y a des substances dont on sait qu'elles peuvent devenir cancérigènes sous l'effet d'une bioactivation métabolique : nous en faisons de véritables cancérigènes en quelque sorte. Les enzymes capables de les produire sont dites de « phase I ». Elles sont plus ou moins présentes d'un individu à l'autre. Elles peuvent être également plus ou moins actives.

Tout ce qui les concerne, leur présence ou non, leur degré d'activité, est génétiquement déterminé : cela veut dire que nous héritons de nos parents le fait d'avoir beaucoup ou pas de ces enzymes, ou que ces enzymes soient peu actives ou hyperactives. Ces enzymes, dont les plus connues sont les cytochromes p450, les péroxydases ou les transférases, vont expliquer pourquoi certains fumeurs par exemple vont développer un cancer du poumon et d'autres pas.

Ce sont ces enzymes qui engendrent, à partir de la fumée du tabac, des substances hautement cancérigènes[3]. Ainsi, si vous avez beaucoup de ces enzymes, même si vous fumez peu, vous allez fabriquer de grosses quantités de substances cancérigènes et avoir un risque élevé de développer un cancer du poumon. À l'inverse, si vous n'en avez pas ou peu, vous pourriez fumer probablement sans grand risque.

Ceci est vrai également, bien entendu, pour toutes les situations où l'organisme est en contact avec les hydrocarbures polycycliques, comme dans la viande trop cuite ou cuite à la flamme ou pour d'autres substances potentiellement présentes dans l'alimentation comme les aflatoxines qui peuvent, rarement, bien heureusement aujourd'hui, se trouver dans les arachides.

On a pu démontrer que le jus de pamplemousse, l'ail ou le vin rouge étaient capables d'inhiber ces enzymes de « phase I » et de diminuer ainsi le risque d'avoir un cancer[4].

Les enzymes qui, au contraire, détoxifient les produits cancérigènes et permettent de les éliminer avant qu'ils ne produisent leur effet délétère, sont dites de « phase II ». Citons-en une très répandue : la glutathion-S-transférase. Quand ces enzymes agissent, elles provoquent une véritable détoxification de la plupart des composés potentiellement cancérigènes.

Elles sont stimulées par les isothiocyanates présents dans les choux de Bruxelles et dans les choux rouges, mais pas, par exemple, dans les choux blancs et les brocolis[5].

Ainsi, au fil de ces lignes, par le simple bon sens ou par l'expérimentation scientifique, on a compris qu'il existait nécessairement un lien entre ce que nous mangeons et notre risque de développer un cancer. Nous avons vu comment et pourquoi cela se produisait.

Nous avons même déjà commencé à avoir un avant-goût de ce qu'il faut faire et de ce qu'il vaut mieux ne pas faire.

Cela, nous l'avons étudié ensemble d'une manière assez approfondie qui a pu, à ce stade, faire peur à certains d'entre vous. Alors, je veux ici vous rassurer. Tout cela a été exposé pour vous montrer que tout ce que je vais vous dire par la suite est sérieux. Mon propos est issu d'un long travail de réflexion, d'accumulation de savoir et de mise à l'épreuve du bon sens.

Toute la suite sera facile à lire, elle ne comportera plus de mots savants. Elle parlera simplement des aliments et de notre façon de mieux nous nourrir pour diminuer notre risque de développer un jour un cancer.

Elle nous permettra dans un premier temps de passer en revue les grands groupes d'aliments, puis nous finirons en donnant nos « conseils anticancer ».

Arrêtez, je vous en prie, d'écouter ceux qui vous disent qu'un régime peut aller à tout le monde, aussi bien à une femme jeune dont le corps est bourré d'hormones féminines à haut pouvoir cancérigène sur les seins, qu'à une femme ménopausée qui n'a presque plus de sécrétions hormonales dans son organisme. Ou qu'un même régime peut convenir à un gros fumeur qui doit chaque jour réparer les millions de blessures que les carcinogènes de ses cigarettes ont infligées à son ADN ou à un autre homme qui, lui, ne fume pas.

Non, avec Nathalie Hutter-Lardeau, excellente nutritionniste, nous avons cherché à vous proposer de véritables conseils anticancer « à la carte ».

Alors, faites-nous confiance et commençons sans plus tarder à regarder de plus près, ensemble, tous nos aliments.

Chapitre III

LES POISSONS, ALIMENT SANTÉ OU ALIMENT RISQUÉ ?

Commençons notre tour d'horizon des aliments par les poissons.

Comment aurait-il pu en être autrement ? Le poisson aujourd'hui symbolise par définition l'aliment « bon pour la santé ». Souvent opposé à la viande que nous verrons plus loin, il est censé posséder des valeurs nutritionnelles de grande qualité : il est riche en protéines, en oméga-3, ces huiles polyinsaturées dont on sait qu'elles luttent contre la dépression[1] et son apport énergétique est relativement faible en calories.

Tableau 5
Classification des poissons
en fonction de leur teneur en matière grasse[2]

	Taux de matière grasse	Poissons concernés
Poisson gras	> 5 %	Saumon cru ou fumé, maquereau, hareng, sardine, anchois, flétan, espadon, empereur...
Poisson semi-gras	1 à 5 %	Bar, turbot, rascasse, thon, rouget, colin...
Poisson maigre	< 1 %	Cabillaud, sole, haddock fumé, dorade, merlu, julienne, raie...

Le poisson est-il bénéfique
contre le cancer ?

Le poisson, c'est l'image d'un animal naturel, se nourrissant spontanément des aliments de la mer, sans l'intervention de l'homme, nageant dans les immenses océans tellement moins pollués que nos terres, sans notion de rendement, de manipulation génétique, de dégradation par la folie de l'homme.

D'ailleurs, nous le pensons tellement que nous sommes passés d'une consommation annuelle individuelle moyenne de 12 kg en 1950 à 26 kg en 2006. Plus du double en à peine cinquante ans ! Aujourd'hui, 2,6 milliards d'êtres humains (43 % de la population mondiale) se nourrissent essentiellement de poisson et, d'autre part, vivent peu ou prou de son exploitation[3].

Alors c'est vrai, quand on regarde sa composition, le poisson peut sembler représenter un aliment naturel d'excellente qualité. Pour autant, en consommer régulièrement prévient-il le cancer ?

Pas vraiment ou, en tout cas, pas beaucoup. Lorsque l'on analyse toutes les études qui ont cherché à mettre en évidence un bénéfice de la consommation importante de poisson vis-à-vis de certains cancers, tout au plus certaines d'entre elles nous ont-elles suggéré que cette consommation pourrait réduire de 3 ou 4 % le risque d'un cancer, celui du côlon[4].

Autant dire, pour ce qui est de l'effet bénéfique, rien que de très négligeable !

Mais, de mon point de vue, la question qui est posée aujourd'hui est bien plutôt l'inverse : n'y a-t-il pas un risque à consommer davantage de poisson comme nous avons tendance à le faire ?

Voilà en partie d'où vient la réponse. En 2006, l'Afssa publiait un rapport[5] plutôt dérangeant dans lequel cette noble et sérieuse institution, dont la mission très officielle est de veiller à la qualité et à l'innocuité de ce que nous mangeons, indiquait que les poissons et produits de la mer sont des contributeurs majeurs de l'exposition alimentaire aux polluants organiques persistants (les POP) : 30 % des dioxines, par exemple, ou même 75 % des PCB (polychlorobiphényls) ! Pour l'arsenic, cette exposition par les produits de la mer dépasse les 50 % en général dans le monde et pour la France, en particulier, nous avons droit à la palme d'or (ou plutôt d'arsenic !) avec 95 % de l'apport !

Dans une autre étude de l'Organisation mondiale de la santé (OMS), 99 % du méthylmercure[6], le dérivé le plus toxique du mercure, absorbé quotidiennement par la population proviennent de l'alimentation, essentiellement par l'intermédiaire de la consommation de poisson[7].

Et ceci est globalement vrai aussi pour le cadmium ou le plomb (tableau 7, p. 78).

Certains poissons, et nous verrons plus loin lesquels et pourquoi, sont tellement contaminés par ces métaux qu'on pourrait parfois les considérer comme de véritables gisements miniers !

Ceci, au fond, ne serait pas nécessairement grave si ces produits n'étaient pas classés comme « cancérigènes prouvés » chez l'homme par le Centre de recherche international sur le cancer de l'OMS[8] (tableau 6, p. 77).

Les concentrations en produits cancérigènes dans certains produits de la mer frisent parfois l'inconcevable : on a ainsi trouvé 4 200 µg d'arsenic par 100 g dans un échantillon de poulpe pêché dans la région de Toulon[10] !

En fait, bien souvent aujourd'hui, si vous n'y prenez pas garde, quand vous pensez manger du poisson, vous avalez en réalité des quantités dramatiques de métaux lourds.

Mais, heureusement, ces contaminations varient d'une espèce de poisson à l'autre, d'une région de provenance à l'autre[11] (tableau 9, p. 84) et il suffit de faire le bon choix, d'avoir les bons réflexes pour éviter d'être contaminé ou de contaminer ses enfants.

Les polluants de la mer

Mais, d'abord, regardons ensemble quels sont ces contaminants cancérigènes. On les a cités pour la plupart : il s'agit du mercure, du plomb, du cadmium, de la dioxine, des PCB et de l'arsenic.

Tableau 6
Classification de différents éléments
selon le CIRC (liste non exhaustive)[9]

Classification IARC	Élément impliqué
Cancérigène pour l'homme (groupe 1)	Arsenic, amiante, cadmium, *H. pylori*, aflatoxines, poissons salés, tabac, benzène, benzo-a-pyrène, chromium [VI], traitement hormonal substitutif de la ménopause, œstrogènes non stéroïdaux, éthanol, virus de l'hépatite B, virus de l'hépatite C, papillomavirus humain, radon, radiations solaires, bétel, goudron, combustion ménagère de charbon.
Probablement cancérigène pour l'homme (groupe 2A)	Acrylamide, plomb inorganique, PCB, friture à haute température, maté brûlant, androgènes, 5-méthoxypsoralène, nitrates et nitrites, radiation UV A, B et C, insecticides sans arsenic.
Peut-être cancérigène pour l'homme (groupe 2B)	Café, herbicides chlorophénoxiques, plomb, nickel, condiments vinaigrés (pickles).
Non classifié comme cancérigène pour l'homme (groupe 3)	Acroléine, bleu Evans, caféine, carraghénane naturel, cholestérol, eau de boisson chlorée, laine de verre d'isolation, mercure et ses composés minéraux, paracétamol, quercétine, saccharine, sulfites, thé.
Probablement non cancérigène pour l'homme	Caprolactame.

Tableau 7
Détail de la contamination de différents poissons[12]

Poisson	Arsenic (µg/ 100 g)	Méthyl- mercure (µg/ 100 g)	Cadmium (µg/ 100 g)	Plomb (µg/ 100 g)	PCB (µg/ 100 g)
Anchois	94	2	3	0,8	0,4
Anguille	71	31,5	0,3	2,1	0,5
Bar/loup	190	14,9	0,1	1,2	1,1
Cabillaud/ morue	525	5,9	0,04	0,2	0,3
Dorade	330	9,8	0,02	0,1	0,5
Espadon	100	94,4	6,7	0,02	1,9
Flétan	569	8,2	3,4	10	2,3
Maquereau	241	7,2	0,02	0,2	0,9
Raie	218	9,7	3,9	2,7	0,3
Rouget	161	13	0,1	0,4	0,1
Sardine	602	9,9	0,2	1,9	0,6
Saumon	166	3,8	0,02	0,1	0,6
Saumonette	343	23,2	41,8	1,1	0,6
Sole	143	12,6	0,1	0,4	0,2
Thon germon	245	33	1,3	0,04	0,7

Bien sûr, cette liste est malheureusement loin d'être exhaustive : nous polluons nos océans depuis des dizaines d'années, nos poissons sont pollués et nous nous polluons à notre tour en mangeant ces produits de la mer. Or ces polluants sont infiniment nombreux.

Le problème posé par ces polluants que nous avalons et qui s'accumulent dans notre corps est qu'ils mettent très longtemps pour disparaître.

La demi-vie biologique du cadmium, par exemple, est de trente ans[13]. Celle de la dioxine va de sept à onze ans[14], largement le temps de produire son terrible effet cancérigène[15].

Les PCB méritent une mention spéciale. Ils font leur apparition dans le monde industriel vers 1930. Jugés extrêmement nocifs, leur production s'arrête définitivement en 1987. Parce qu'ils sont ininflammables, ils ont été largement utilisés dans la fabrication de condensateurs, de transformateurs, mais aussi dans les isolants, la peinture, les soudures... Il en existe plus de 200, certains plus toxiques que d'autres[16]. Ces produits ne s'évaporent pas et ne se dissolvent pas dans l'eau car ils sont, la plupart du temps, insolubles.

En revanche, ils sont liposolubles (solubles dans les graisses), ce qui explique qu'on les retrouve accumulés dans les chairs et les graisses de poisson.

Plus les espèces sont prédatrices et donc carnivores, plus elles sont situées haut dans la chaîne alimentaire et plus elles sont susceptibles d'être contaminées[17].

Ce phénomène est d'ailleurs assez vrai pour la plupart des polluants organiques dits persistants (POP), très peu biodégradables.

On comprend donc pourquoi, parmi toutes les espèces de poissons, ce sont les saumons, les thons rouges et les espadons qui sont les plus dangereux pour notre santé.

Peut-être, comme moi gardez-vous un souvenir précis de l'histoire de la ville d'Anniston, en Alabama, aux États-Unis, ville où 32 000 tonnes de PCB ont été déposées à ciel

Tableau 8
Teneur en PCB par groupe de produits[18]

Produits	Teneur en PCB (ng/ 100 g de produit brut)
Céphalopodes	450
Coquillages	730
Crustacés	180
Moyenne de contamination pour l'ensemble des fruits de mer	420
Poissons d'eau douce (hors anguilles)	3 020
Poissons d'eau douce gras (> 2 %)	5 570
Poissons d'eau douce maigres (< 2 %)	1 960
Anguilles	24 100
Poissons d'élevage	1 120
Poissons de mer gras (> 2 %)	2 880
Poissons de mer maigres (< 2 %)	760
Moyenne de contamination pour l'ensemble des poissons	1 890

ouvert dans une décharge publique entre 1929 et 1971. Résultat : cette ville est l'une des plus polluées des États-Unis. Elle compte des cancers par milliers parmi ses habitants[19].

L'histoire récente nous donne deux autres exemples de contamination humaine massive par PCB. En 1968 au Japon et en 1979 à Taïwan, une fuite accidentelle de PCB a eu lieu dans des usines d'huile de riz. Ils ont contaminé *via* l'alimentation des milliers de personnes et ont entraîné à chaque fois une multitude de cancers[20].

Repas après repas, notre organisme s'intoxique

On le voit, quelle que soit l'origine de ces polluants, de ces métaux lourds ou de ces POP, ils sont toxiques pour notre santé et induisent une augmentation significative du risque de cancer[21].

On l'a vu également, l'essentiel de l'apport en métaux lourds et en POP résulte de notre ingestion de produits de la mer.

Ce qu'il faut bien comprendre ici, c'est qu'en dehors des cas accidentels dont nous avons évoqué quelques exemples marquants, nous avons affaire à une exposition longue et répétée, jour après jour, à chaque fois par petites doses, lorsque nous absorbons des produits cancérigènes à travers notre consommation de poisson.

Repas après repas, ces substances, très peu biodégradables, s'accumulent dans notre corps, dans notre foie, dans notre cerveau, dans nos tissus graisseux, dans notre sang.

Ingérées à répétition, il est à craindre que ces substances désorganisent nos processus métaboliques et favorisent à la longue, la promotion de cancers.

Ainsi, une étude espagnole menée en 2004 par une équipe hospitalo-universitaire de Barcelone a démontré que les PCB jouent un rôle moteur dans le processus de cancérisation des tumeurs du côlon[22].

Une autre étude, suédoise cette fois, note pour sa part que les cancers du pancréas, déjà naturellement redoutables, devenaient encore plus graves en cas d'exposition aux pyralènes (autre nom des PCB)[23].

Mais qui lit ces études ? Qui en parle ? Une autre étude m'a semblé intéressante. Réalisée par l'Asef (Association santé environnement de France), cette étude a demandé à 52 volontaires riverains du Rhône, vivant près des grandes installations industrielles particulièrement polluantes, de donner un échantillon de sang afin de mesurer sa teneur en PCB. Des taux de PCB parfois très élevés (jusqu'à 93 pg/g, ce qui est énorme !) ont été retrouvés chez les consommateurs réguliers de poissons locaux[24].

Alors, tous les poissons sont-ils à bannir ?

Certainement pas. Les études le montrent bien. Le risque de contamination dépend du lieu de pêche et de l'espèce de poisson. Ainsi, pour le lieu de pêche, par exemple, dans une étude française très sérieuse, quatre zones de pêche ont été comparées : Lorient, Le Havre, La Rochelle et Toulon[25] (tableau 9, p. 84). Il apparaît clairement que les degrés de pollution des poissons, des crustacés et des mollusques sont très différents d'une de ces zones à l'autre. Pour les poissons, c'est Lorient qui est de loin la plus contaminée, notamment en matière d'arsenic. Par contre, pour les crustacés et les mollusques, c'est surtout la région du Havre qui est la plus contaminée.

FOCUS Étude Calipso

Calipso : étude des consommations alimentaires de poissons et produits de la mer et imprégnation aux éléments traces, polluants et oméga-3.

L'étude Calipso réalisée de 2003 à 2006 par l'Afssa et l'Inra a évalué les apports en oméga-3 et en contaminants physico-chimiques chez les personnes fortement consommatrices de produits de la mer. Elle a été réalisée auprès de 1 000 adultes consommant au moins deux fois par semaine poissons, mollusques ou crustacés et résidant en permanence dans quatre régions côtières françaises (Le Havre, Lorient, La Rochelle et Toulon).

Pour ce qui concerne les espèces de poissons, indépendamment des zones de pêche, ce sont généralement les poissons les plus gras qui sont les plus contaminés[26] (tableau 8, p. 80). Cela pose un problème, sachant que le gras principal des poissons est du type oméga-3.

En effet, quand certains vous diront que pour prévenir le cancer il faut manger des oméga-3, ce qui n'est d'ailleurs pas du tout prouvé en réalité, ils vous mettent désormais face à un choix apparemment difficile : manger plus de poissons riches en oméga-3 mais avaler en même temps plus de métaux ou de polluants organiques persistants hautement cancérigènes ? Ou éviter ces cancérigènes graves mais en même temps se passer d'oméga-3 !

Heureusement, une connaissance plus fine de tout cela vous permettra peut-être de passer entre les gouttes. En effet, les espèces présentant les plus fortes teneurs en mercure par exemple, on l'a dit, sont les poissons prédateurs : espadon, empereur, marlin, sirki, thon rouge, anguilles, roussette ou saumonette[27]. Évitez-les, même s'ils sont riches en ce que vous voulez par ailleurs. En revanche, il existe des espèces riches en oméga-3 et, pour autant, généralement plus faiblement concentrées en mercure. C'est le cas, par exemple, du maquereau, des anchois ou des sardines. Ceci a été parfaitement bien décrit dans le rapport de l'étude Calipso[28] (étude de consommation alimentaire de produits de la mer et imprégnation aux éléments traces, polluants et oméga-3, voir encadré ci-dessus) sous l'égide de l'Afssa et de l'Inra.

Tableau 9
Contamination moyenne des poissons,
mollusques et crustacés, par site[29]

		Arsenic (µg/ 100 g)	Méthyl-mercure (µg/ 100 g)	Cad-mium (µg/ 100 g)	Plomb (µg/ 100 g)	PCB (µg/ 100 g)
Le Havre	Poissons	767	14	8	0,6	0,8
Le Havre	Mollusques et crustacés	719	8	63	6,9	1,6
Lorient	Poissons	778	17	2	0,9	0,4
Lorient	Mollusques et crustacés	1 090	5	120	4	0,3
La Rochelle	Poissons	640	18	1	1	0,6
La Rochelle	Mollusques et crustacés	590	3,4	28	6	0,4
Toulon	Poissons	829	22	1,3	2	0,8
Toulon	Mollusques et crustacés	836	5	12	5	0,4

Alors soyez attentifs, regardez d'où viennent vos poissons ou vos crustacés, sachez choisir ceux qui vous pollueront le moins. Protégez votre santé en sélectionnant beaucoup plus que par le passé les produits de la mer que vous achetez. D'ailleurs l'Afssa ne s'y trompe pas, qui, dans sa dernière recommandation officielle sur ce sujet, a préconisé de ne pas dépasser, pour ce qui concerne les poissons prédateurs, une portion par semaine de 150 g pour les femmes enceintes et de 60 g par semaine pour les enfants de moins de 2 ans et demi[30].

Alors je vous le dis, si ce n'est pas bon pour les femmes enceintes ou les jeunes enfants, je ne vois pas pourquoi cela serait bon pour nous !

Poisson d'élevage et poisson sauvage

Le 9 janvier 2004, les résultats d'une étude scientifique très sérieuse, menée par le professeur Ronald A. Hites, sont publiés dans la revue *Science*, l'une des revues scientifiques les plus indiscutables au monde[31]. Elle va provoquer un tollé mondial.

Les chercheurs ont analysé 700 échantillons de saumons d'élevage et sauvages achetés en quarante lieux différents sur la planète, dont trois achetés à Paris. Ils parviennent à la conclusion que la chair du poisson est tellement contaminée qu'elle ne devrait être consommée qu'occasionnellement, soit, selon leurs recommandations, une seule fois par mois !

L'Afssa a dû reconnaître que les chiffres de contamination publiés dans cette étude étaient pratiquement les mêmes que ceux qu'elle possédait pour la France (un peu plus de dioxine

en France et un peu moins de PCB) confirmant ainsi les données. Elle n'a pu, par contre, donner son avis contradictoire
sur la contamination décrite dans l'article de *Science* des saumons par un pesticide tellement toxique qu'il a été retiré du
marché mondial, le toxaphène, car ce pesticide n'a jamais été
recherché dans la chair de poisson en France[32]. Alors chacun
y est allé de ses recommandations, notamment assez logiquement, les institutions anglaises et canadiennes. La FDA
américaine n'a pas hésité à la critiquer en indiquant que les
échantillons analysés dans l'étude étaient crus et que la peau
n'avait pas été enlevée. D'indiquer même que la retirer et
faire griller la chair éliminerait une grande partie des toxines
qui s'accumulent dans le gras des poissons[33].

Dites-le donc à tous les mangeurs de sushi ou de sashimi
de saumon ou de maki à la peau de saumon grillée !

Finalement un avis a été commandé par le Parlement
européen auprès de l'EFSA[34]. Cet avis porte sur les poissons
tels que le saumon, la truite, la carpe, le hareng, les
anchois, le thon, le maquereau et la sardine[35].

Sans revenir sur ce long avis, dans un de ses chapitres, il
indiquait qu'au vu de l'avancement des recherches sur la
question, les différences entre poissons d'élevage et sauvages sont « réduites ». De cet avis d'ailleurs, on a retenu également que c'est le thon capturé dans le milieu sauvage qui
contient le plus de mercure. En ce qui concerne les PCB, ce
sont les harengs sauvages de la Baltique et les saumons
d'élevage qui en contiennent le plus. Mais, au total, l'étude
a conclu qu'en ce qui concerne la sécurité du consommateur, il n'existe, à grande échelle, aucune différence entre le
poisson sauvage et le poisson d'élevage.

Et, encore une fois, le bon sens nous confirme bien cela car
ce qui est le vecteur de la contamination des produits de la

mer, c'est essentiellement la mer elle-même, et il n'y a donc pas de raison logique à ce que sauvage ou d'élevage, cette contamination soit bien différente d'un poisson à l'autre.

Alors, pas de poisson ?

Encore une fois, certainement pas !

Je suis moi-même un mangeur gourmand de poissons. Ces poissons sont malgré tout des sources de phosphore, d'iode, de fluor, de zinc, de cuivre, de sélénium, de fer, de vitamines du groupe B et de vitamine D[36]. Tous produits extrêmement importants dans notre équilibre nutritionnel et notre prévention des grandes maladies dégénératives qui nous menacent, y compris du cancer. J'aime le poisson mais pas n'importe quel poisson.

Tableau 10
Mes recommandations de consommation

	À éviter	À privilégier
Poissons	Espadon Empereur Marlin Sirki Thon rouge Anguilles Roussette Saumonette	Maquereau Anchois Sardines Dorade Bar Sole
Crustacés et fruits de mer	Bulots Araignées	Crevettes Coques

J'évite d'abord totalement le thon, autant parce qu'il est particulièrement contaminé que parce qu'il est devenu une espèce en voie de disparition. Je fais de même pour l'espadon. J'évite, le plus souvent possible, le saumon, la saumonette et, si je mange des anguilles, je fais attention à vérifier qu'elles ne proviennent pas du Rhône, en tout cas dans sa portion très polluée.

Je préfère les crevettes ou les coques, peu contaminées aux bulots ou aux araignées de mer trop souvent pollués[37].

Si je mange un délicieux poisson de lac, j'essaie de vérifier sa provenance. Je donne toujours ma préférence aux poissons de mer maigres, généralement encore parfaitement sains.

Ainsi voilà, nous avons compris que, si le poisson est certainement bon pour la santé, le poisson pollué, lui, est hautement dangereux !

Nous avons évoqué ensemble les raisons de cette contamination et les dangers sur la santé humaine.

Nous avons également appris à mieux comprendre ce qu'est le poisson, comment mieux le choisir, comment veiller à ce qu'il ne nous entraîne pas à absorber des substances cancérigènes qui vont contaminer pendant des dizaines et des dizaines d'années notre organisme.

Dans une folie insensée, comme autistes à tous les signes prémonitoires, nous avons des années durant, pollué la mer. Elle nous renvoie aujourd'hui notre pollution à la figure !

Retrouvons la sagesse et sachons cesser de dégrader notre environnement : un jour les thons rouges et les espadons redeviendront mangeables, même pour nos petits-enfants.

En attendant, veillons à notre capital santé et faisons les bons choix. Nous les détaillerons plus avant dans le dernier chapitre : celui sur les « vrais conseils anticancer ».

Chapitre IV

LES VIANDES :
HALTE À LA DIABOLISATION

Les viandes : en manger ou non ?

S'il y a un sujet qui fait débat, c'est bien la viande rouge !

Les scandales sanitaires qui lui ont été associés ces dernières années, le sentiment finalement que nous avons que la qualité, l'origine, les conditions d'élevage des viandes que l'on nous propose aujourd'hui ne sont plus là pour vraiment nous rassurer. Il nous semble que nous sommes en droit d'avoir des doutes légitimes.

Effectivement, notre consommation de viande rouge ne cesse de diminuer passant, en France, de 52 g par jour par personne en moyenne en 2004 à 46 g par jour en 2007[1].

INCA 2
Étude individuelle nationale
sur les consommations alimentaires 2006-2007

Menées par l'Afssa, les études INCA portent sur les consommations alimentaires d'un groupe d'individus de 3 ans et
plus, représentatifs de la population française. Une première
étude a été menée en 1999 (INCA 1) et une seconde en 2006
(INCA 2), permettant ainsi de suivre l'évolution des consommations et d'évaluer les risques et bénéfices sanitaires liés à
l'alimentation. L'étude INCA 2 regroupe les données de plus
de 4 000 participants, adultes et enfants, habitant en France
métropolitaine.

Une tendance initiée il y a déjà de nombreuses années et
qui, comme on le constate, continue de façon nette
aujourd'hui.

Les raisons de ce comportement, on l'a entrevu, se sont
accentuées ces dernières années avec la crise de la « vache
folle » et le début d'épidémie d'encéphalopathie spongi-
forme qui s'est ensuivie.

Cette crise sanitaire dramatique fut, heureusement, un
véritable électrochoc pour tous les consommateurs et, au-
delà, pour les producteurs et les administrations en charge
de veiller sur notre sécurité alimentaire. Elle a abouti, de
façon très claire et sans ambiguïté je crois, aujourd'hui, à
un retour à des modes d'élevage, de préparation et de distribution de la viande qui nous assurent une sécurité, de ce
point de vue, probablement totale.

Et, pour autant, une nouvelle attaque, en grande partie
illégitime cette fois, est venue récemment mettre à mal ce
sentiment de sécurité retrouvée : selon certains experts, la

consommation de viande rouge augmenterait de manière importante le risque de cancer du côlon[2].

Cette affirmation, pour ce qui nous concerne, nous, Français, est complètement infondée et je vais vous le démontrer.

De quoi s'agit-il ?

Qu'est-ce que ce rapport, repris sans critique par la presse il y a quelques mois, disait concernant le risque de cancer du côlon et son lien avec la consommation de viande rouge ?

Sans que personne n'ait eu le bon sens d'analyser ce qu'impliquaient ces informations ! Voilà donc les chiffres ! En mélangeant les résultats des 7 études publiées entre 1990 et 2004, dont 6 indiquaient qu'il n'y avait aucun lien statistique sérieux entre le fait de consommer de la viande rouge et le risque de cancer du côlon et une, datant de 1994, qui affirmait le contraire, des chercheurs sont arrivés à la conclusion que le fait de manger souvent de la viande rouge augmentait de 43 % le risque de cancer du côlon par rapport au fait d'en manger rarement[3]. Cela pour la fréquence de consommation. Maintenant, avec le même esprit que toutes ces manipulations de chiffres ne choquent pas, ces chercheurs ont regardé ce qui se passait en fonction, non de la fréquence, mais de la quantité consommée. Là encore, ils ont pris 3 études dont deux négatives, c'est-à-dire, encore une fois, des études dont les résultats montraient qu'il était impossible, scientifiquement, d'affirmer qu'il y avait un lien entre quantité de viande rouge consommée et risque de cancer du côlon ; et en mélangeant ces deux études négatives à une troisième positive (mais uniquement positive chez la femme, pas chez l'homme), ils sont arrivés à la conclusion, tenez-vous bien, que manger

100 g de viande rouge par jour en moyenne augmentait de 29 % notre risque de cancer du côlon[4].

Mais alors, si cela était vrai, nous aurions tous des cancers du côlon ! Qui pourrait y échapper ? Les stricts végétariens peut-être, me direz-vous ? En fait, même pas ! On le verra plus loin, même eux ne sont pas à l'abri du cancer !

Alors que croire ? Comment cela est-il possible ? Avons-nous vraiment une telle augmentation de la probabilité d'avoir un cancer du côlon si nous mangeons quelques tranches de jambon et cinq ou six petites portions de viande par semaine ?

Évidemment non !

Mais, pour autant, qu'on se rassure, on ne va quand même pas en arriver à dire que le poisson peut être toxique d'un côté et dire que tout va bien pour la viande. Non, certainement pas.

Bien. Voyons un par un les éléments de ce vaste problème et essayons de nous y retrouver.

Comment peut-on expliquer que certains en soient arrivés à de telles conclusions, et en quoi ces conclusions sont-elles fausses pour ce qui nous concerne ?

Ceci tient en fait à de nombreux points.

Parlons un peu de toutes ces études pour commencer

À chaque fois, il existe des études dites « cas témoins » et des études de « cohorte » (*cf.* p. 38).

Vous le savez à présent, les études cas témoins sont beaucoup moins fiables et, dans la mesure où, pour ce qui concerne le lien « cancer du côlon-consommation de viande rouge », il existe un nombre plus que suffisant d'études de très grandes cohortes tout à fait fiables, je vous propose de les analyser directement.

L'une des plus connues est la *Nurse's Health Study* (NHS), une étude d'une cohorte de près de 90 000 femmes infirmières suivies depuis 1980.

Dans un premier rapport préliminaire (aïe, il n'est jamais bon de se fier aux rapports préliminaires…), en 1990, avec à peine dix ans de recul donc, les responsables scientifiques de cette étude ont cru pouvoir affirmer que les femmes qui mangeaient de la viande tous les jours avaient un risque de cancer du côlon multiplié par 2,5 environ[5] (encore une fois, les femmes seulement).

Oui, mais… Voilà, la même cohorte, avec les mêmes près de 90 000 infirmières mais étudiées avec un peu plus de recul dans un rapport final publié en 2004, montre cette fois que cette augmentation du risque était une erreur[6] ! Une erreur, vous vous rendez compte ! Et que le fait que ces femmes mangent de la viande rouge *moins de trois fois par mois* ou *cinq fois ou plus par semaine* ne changeait absolument rien à leur risque de développer un cancer du côlon.

Nous allons voir les autres études les unes après les autres, mais, je vous le dis déjà, les résultats seront toujours plus ou moins les mêmes. Alors, pour ceux qui ne veulent pas s'embêter avec ces détails, passez directement à la page 96.

La deuxième très grande cohorte est la *Health Professionals Follow-up Study* (HPFS). Elle consiste en une cohorte d'un peu plus de 46 000 hommes travaillant dans les métiers de la santé et qui ont accepté d'être suivis à partir de 1986. Là encore, le rapport final, en 2004, montre que le fait de manger de la viande rouge souvent – encore une fois, la comparaison porte entre ceux qui en mangent *moins de trois fois par mois* et ceux qui en mangent *cinq fois ou plus par semaine* – n'augmente en rien le risque d'avoir un cancer du côlon[7].

La troisième cohorte a été mise en place aux Pays-Bas à partir de 1986 et a inclus 120 852 hommes et femmes, âgés à l'époque de 55 à 69 ans. Dans leur rapport final, les investigateurs responsables confirment qu'il n'y a aucun lien entre consommation de viande rouge (cette fois, non pas en fréquence de consommation, mais en quantité totale en grammes par jour) et risque de cancer du côlon[8].

La quatrième est finlandaise. C'est une cohorte de 9 990 hommes et femmes âgés de 15 à 99 ans et suivis à partir de 1972. La conclusion, ici aussi, est qu'il n'existe pas de lien avec le cancer du côlon[9]. (Par contre, il existe dans cette étude une tendance qui montre que les femmes *qui mangent de la viande frite* [!] augmentent leur risque de cancer du sein mais il est là difficile de faire la part de ce qui revient à la viande et de ce qui revient à la friture que nous étudierons plus loin. En plus, franchement, qui mange de la viande « frite » en France ?)

La cinquième est norvégienne. Elle a consisté à suivre pendant 11,4 ans un peu plus de 50 000 personnes. La conclusion de leur étude est que *la fréquence de consommation de viande en général, de plats mijotés à base de viande, de rôtis, de boulettes de viande n'était en rien associée à une augmentation du risque de cancer du côlon*[10].

Enfin, la dernière et la plus importante est la cohorte appelée EPIC (pour European Prospective Investigation into Cancer and Nutrition). Elle a concerné 478 040 hommes et femmes de dix pays européens (mais que des femmes pour la France), recrutés entre 1992 et 1998 et suivis en moyenne pendant cinq ans. Dans leur rapport final, en juin 2005, les auteurs montrent, à la page 911 de leur article publié dans le *Journal of National Cancer Institute*, qu'il n'existe aucune preuve formelle que la consommation de viande rouge (étudiée là en termes de quantité par jour) augmente le risque de cancer colorectal[11].

Alors, franchement, ça commence à faire beaucoup d'études très sérieuses, importantes, internationales, négatives pour continuer de penser qu'il existe un lien sérieux entre viande rouge et cancer du côlon.

Une autre façon de voir si un tel lien existe est de regarder ce qui se passe chez les végétariens.

Cinq études prospectives ont cherché à étudier ce point en comparant soit des végétariens avant et après qu'ils le sont devenus, soit des végétariens comparés à des témoins « équivalents » non végétariens. Deux de ces études ont concerné des Adventistes du septième jour de Californie, qui est une Église américaine qui demande une stricte alimentation végétarienne et sans une goutte d'alcool à ses pratiquants. Deux autres étaient anglaises et la cinquième allemande. Au total, ces cinq groupes ont inclus 76 000 volontaires. S'il est vrai que les stricts végétariens ont eu moins d'infarctus du myocarde, leur risque de mourir d'un cancer du côlon s'est avéré strictement le même, au pour-cent près, que celui des non-végétariens[12].

Donc, voilà, vous en savez autant qu'un spécialiste sur ce que nous disent les études scientifiques sur le sujet : pas de risque augmenté, c'est clair.

Pourtant, ici ou là, on continue de faire comme si ces études disaient le contraire.

Bon ! Alors, faisons nous aussi « comme si... », comme me diraient mes filles. Supposons que ces études finlandaises (avec leur viande « frite »), américaines, néerlandaises, norvégiennes n'aient pas été négatives. Est-ce que, pour autant, elles sont pertinentes au regard de notre risque à nous, Français, avec nos propres habitudes alimentaires ?

Nous ne sommes pas américains

Ces études, qu'elles soient de cohorte (nous venons de les voir) ou cas témoins innombrables, aussi bien la multitude qui s'est révélée négative que les quelques rares qui ont trouvé un lien entre viande rouge et cancer du côlon, ont été réalisées, pour l'immense majorité d'entre elles, aux États-Unis[13].

Il en est ainsi, par exemple, de l'une des principales études sur le lien entre quantité de viande et cancer du côlon[14]. Cette étude regroupait elle-même, en fait, 19 études dont 9 américaines, une japonaise et une australienne. Les auteurs, conscients du biais que cela pouvait représenter, ont cherché à nous rassurer, nous Européens, en indiquant que parmi les 19, il y avait aussi 8 études européennes.

Oui, mais... elles étaient finlandaises, norvégiennes, suédoises ou néerlandaises. Je vous le demande, pensez-vous vraiment que nous mangions la même chose que les Finlandais ou les Norvégiens ? Que peuvent bien avoir en commun nos régimes alimentaires ?

Franchement rien, ou pas grand-chose. Alors si, pour l'essentiel, les études dans ce domaine proviennent des

États-Unis, cela change-t-il quelque chose, encore une fois, pour nous ?

En réalité, oui.

Quand nous parlons de viande, nous et les Américains, nous ne parlons pas de la même chose. Prenez 100 g de filet de bœuf, ils contiennent 150 calories s'il vient de France[15] et 300 calories s'il est américain[16]. Notre bon beefsteak français contient 28 % de protéines[17], le même produit aux États-Unis n'en contient plus que 16 %[18]. Et c'est l'inverse bien sûr, pour les lipides, les matières grasses. Notre beef-steak contient 4 % de lipides[19] alors que le steak *made in USA* en contient 24,9 %[20], six fois plus. Cela fait toute la différence !

Quand nous mangeons de la viande, nous ne mangeons pas en réalité la même chose de part et d'autre de l'Atlantique.

Ceci est le premier point. Imaginez que ce soient les lipides de la viande qui sont nocifs, les résultats observés avec la consommation de 100 g de viande américaine hypercalorique et hypergrasse n'auraient rien à voir avec ce que l'on aurait obtenu si l'étude avait été faite en France.

Deuxième problème, cette fois pour ce qui concerne les études dont on a parlé et qui ont comparé le risque de cancer du côlon en fonction de la fréquence hebdomadaire de la consommation de viande rouge.

Quand nous, Français, mangeons un repas avec de la viande rouge, mangeons-nous la même chose que nos amis américains ? Encore une fois, pas du tout.

En moyenne, comme on l'a dit plus haut, un Français mange chaque jour un peu moins de 50 g de viande rouge[21]. Un Américain en mange lui, 140 g par jour[22]. Presque trois

Tableau 11
Différence de composition nutritionnelle de la viande
entre la France[23] et les États-Unis[24]

Morceau		Pays	Valeur énergétique (Kcal)	Protéines (g)	Lipides	Dont			
						Glucides (g)	AGMi* (g)	AGPi** (g)	Cholestérol (mg)
Bœuf	Bifteck	États-Unis	295	17	25	10	11	1	70
		France	148	28	4	2	2	1	55
	Rôti	États-Unis	297	17	25	10	11	1	70
		France	134	28	2	0,6	0,7	0,3	50
Porc	Côte	États-Unis	282	16	24	9	11	2	81
		France	175	19	11	4	5	1	54
Veau	Épaule (jarret)	États-Unis	132	19	5	2	2	0,4	82
		France	134	19	7	3	3	0,3	81
Poulet	Blanc	États-Unis	114	23	2	0,4	0,4	0,4	58
		France	118	22	3	0,8	1	0,6	61
	Cuisse	États-Unis	187	18	12	3	5	3	83
		France	231	26	14	4	6	3	122

* AGMi : acides gras monoinsaturés
** AGPi : acides gras polyinsaturés

fois plus ! Nos portions n'ont encore rien à voir. Nous mangeons moins de viande qu'eux par portion, et une viande beaucoup moins grasse et moins calorique.

Tableau 12
Taille moyenne des portions
en France[25] et aux États-Unis[26]

Pays	Taille des portions moyennes
France	Viande : 49,7 g/jour Volaille et gibier : 31,9 g/jour
États-Unis	Viande : 140 g/jour Volaille : 82 g/jour

Et ce n'est pas fini !

Est-ce que nous utilisons les mêmes modes de cuisson ?

Pas du tout, encore une fois. Les Américains privilégient la cuisson au grill ou au barbecue, cuisson qui noircit la surface de la viande en provoquant l'apparition d'hydrocarbures polycycliques, fortement cancérigènes. Ce d'autant que, traditionnellement, ils mangent la viande à point, voire cuite encore davantage, ce qui provoque la même augmentation de production de carcinogènes !

D'un autre côté, nous, nous mettons un peu de matières grasses dans le fond d'une poêle qui va s'interposer entre le métal brûlant et la viande et provoquer une cuisson plus douce avec moins de charbons cancérigènes à la surface de la viande, d'autant plus que nous mangeons nos viandes beaucoup moins cuites. Comme le montrent les enquêtes de consommation, nous mangeons d'ailleurs la viande souvent crue, soit en tartare, soit en carpaccio.

Nous la mangeons également mijotée (pot-au-feu, bour-guignon...), souvent d'ailleurs en dégraissant le jus de cuis-son. On le voit, nos modes de cuisson sont beaucoup plus diversifiés et souvent plus sains vis-à-vis du cancer.

Enfin, et peut-être surtout, on l'a largement évoqué dans notre introduction, même quand on mange de la viande, on ne mange jamais que de la viande.

Est-ce que ce qui accompagne notre beefsteak, au moment où nous passons à table ne risque pas, pensez-vous, de modifier l'effet biologique, métabolique, des diffé-rents composés alimentaires que nous allons manger ?

Bien sûr que si !

Je vous donne un exemple.

Dans une étude nationale récente, il a été démontré que 20 % de la population mange plus de 70 g de viande rouge par jour, soit plus de 500 g par semaine (et, à l'inverse, 56 % des Français en mangent moins de 45 g par jour[27]).

Il s'agit là, pour les premiers, de très gros consomma-teurs de viande rouge et, comme avec tout excès, il n'est pas impossible que, là, nous ayons affaire à un comportement à risque de cancer. Pourquoi ?

Regardez attentivement autour de vous et observez ces gros mangeurs de viande, vous comprendrez immédiate-ment qu'ils accumulent les habitudes nocives qui pour-raient promouvoir certains cancers. Et, malheureusement, aucune de ces études focalisées sur la viande n'en a jamais tenu compte. Les gros mangeurs de viande rouge sont géné-ralement de piètres consommateurs de fibres, pourtant importantes au niveau de l'intestin. Ils ne courent pas der-rière les légumes vapeur, ou crus, et leur préfèrent souvent une bonne assiette de frites, riches en acides gras saturés, donc nocifs. Les céréales ne font pas souvent non plus partie de leur menu et leur consommation en fruits, au puissant pouvoir antioxydant, est inférieure aux apports journaliers recommandés.

Comme on le verra souvent dans ce livre, et en ceci nous ne faisons que préconiser nos modes alimentaires d'antan qui n'étaient pas si mauvais que cela, tous les excès à long terme sont à proscrire.

L'exagération n'est jamais bonne, excepté si c'est une fois de temps en temps pour se faire plaisir !

Si manger une côte de bœuf grillée de temps en temps vous fait plaisir, n'hésitez pas !

Pour le reste, soyez raisonnable et, nous le verrons de façon pratique dans le chapitre sur les « conseils anticancer », pensez en mangeant de la viande, à en vérifier l'origine, choisissez de la viande française, nourrie naturellement. Ne la faites pas trop cuire si elle est faite à la poêle. Évitez la viande grillée. Diversifiez vos modes de cuisson. Dégraissez vos jus de viande et vos bouillons. Accompagnez vos viandes d'autres aliments santé, comme nous le verrons plus loin.

Depuis le début des temps, l'homme a toujours consommé de la viande. Au départ, d'ailleurs, les premiers humains ont été pendant des millénaires des chasseurs-cueilleurs, c'est-à-dire des individus vivant de la cueillette (fruits, baies, végétaux en général) et de la chasse. Ils ne connaissaient ni l'agriculture ni l'élevage. Pour autant, quand on regarde les restes humains datant de cette époque on ne constate pas plus de cancers que pour nous aujourd'hui, même à âge égal puisque leur espérance de vie, pour bien d'autres raisons que le cancer, était nettement plus courte que la nôtre. Cela n'a pas empêché ces hommes de découvrir le feu, le bronze, la roue, la charrue... Et de développer des civilisations considérables.

Mais venons-en à aujourd'hui.

La tradition au service de la prévention

J'aimerais insister sur un autre élément très préventif contre le cancer et qui concerne la viande rouge. Demandez-vous quels sont les mécanismes invoqués pour chercher avec autant d'insistance un rôle délétère de la viande sur le cancer.

Plusieurs hypothèses ont été proposées mais, de loin, la plus intéressante est celle qui incrimine l'hémoglobine contenue dans le sang de la viande rouge. En effet, cette substance qui donne au sang (en fait, aux globules rouges du sang) sa couleur rouge sert de transporteur d'oxygène des poumons, où le sang vient s'oxygéner, vers les tissus périphériques qui en ont besoin pour assurer la combustion nécessaire au métabolisme cellulaire. Rappelez-vous, nous l'avons étudié ensemble dans le deuxième chapitre.

Cette hémoglobine est composée de trois parties : l'hème, la globine et une molécule de fer.

On sait aujourd'hui que l'hème favorise la formation de composés N-nitrosés potentiellement très toxiques et cancérigènes[28] et, de son côté, le fer pourrait provoquer l'apparition de radicaux libres très réactifs susceptibles d'abîmer l'ADN et donc favoriser une mutation cancérigène[29].

De plus, le fer stimule la sécrétion de substances pro-inflammatoires[30] et favorise la fabrication de vaisseaux sanguins capables de nourrir davantage de sang frais à une éventuelle tumeur en train de se développer.

Une façon d'éviter ce risque consiste peut-être dans une pratique ancestrale chez les israélites et les musulmans : vider le sang de la viande avant de la faire cuire.

Les grands chefs d'ailleurs ne font finalement rien d'autre en laissant reposer la viande après cuisson, avant de la servir. Elle se détend après le choc thermique et, petit à petit, ce faisant, elle se vide de son sang. Voilà encore une règle dont certains d'entre vous devront se souvenir pour leur régime anticancer.

Cette théorie sur le rôle de l'hémoglobine contenue dans le sang de la viande rouge et sa responsabilité dans le développement de certains cancers a été parfaitement montrée chez de très nombreux animaux[31, 32].

Elle me semble la plus vraisemblable au vu des multiples articles scientifiques que j'ai lus à ce sujet.

Or, et c'est un point important dans la construction de nos conseils anticancer, il semble exister un moyen assez radical d'inhiber cet effet procancérigène, moyen parfaitement démontré chez l'animal : avaler après le repas un comprimé de calcium[33]. Ce geste simple peut contrecarrer l'action cancérigène du sang sur la muqueuse intestinale d'après une équipe de chercheurs français !

Alors, si vous ne voulez pas enlever le sang de votre viande, pensez-y !

Et la charcuterie, faut-il l'éviter ?

Là aussi, toutes les études qui disent qu'on augmente son risque de cancer du côlon en mangeant des charcuteries sont généralement américaines[34] ou du nord de l'Europe[35].

Avez-vous vu les charcuteries américaines ou scandinaves ? Les avez-vous goûtées ? Avez-vous lu sur leur emballage leur véritable composition ?

Je vous le dis bien clair, la plupart des charcuteries dont on parle dans ces études sont des charcuteries totalement industrielles qui ne sont qu'un mélange, certes goûteux, de graisses, de nitrites et nitrates, de sels, de colorants et d'arômes artificiels. On le sait, une grande partie de ces produits, et notamment des matières grasses, les nitrites et les nitrates, sont de véritables cancérigènes.

Mais qu'est-ce que cela a à voir avec nos produits fabriqués de façon artisanale ? Qu'y a-t-il de commun entre une tranche de jambon carrée en sachet fabriquée aux États-Unis et une tranche de nos jambons à l'os cuits au torchon ?

Rien.

Je vous l'affirme, rien !

Alors, là encore, ce qui est dit là-bas n'est pas nécessairement vrai chez nous.

Pour autant, la consommation de charcuterie est-elle recommandable vis-à-vis du cancer ?

Évidemment non, s'il s'agit d'en manger trop souvent, d'en manger qui soit de mauvaise qualité.

Mais nos artisans qui respectent leur terroir, leurs animaux, qui les élèvent dignement selon des méthodes souvent ancestrales et qui ont fait la preuve de leur relative

Tableau 13
Comparaison de la composition
de jambons américains et français

Pays	Type de charcuterie	Composition
États-Unis	Jambon cuit, tranché	Jambon, eau, sel, sirop de maïs solide, sucre, amidon modifié de maïs, phosphate de sodium, érythorbate de sodium, nitrite de sodium.
	Jambon cuit	Jambon, eau, sucre, contient 2 % ou moins de lactate de potassium, sel, phosphate de sodium, chloride de potassium, diacétate de sodium, acide ascorbique, nitrite de sodium et épices.
France	Jambon à l'os artisanal Sud-Ouest	Jambon de porc, sel, poivre.
	Jambon sans os Auvergne	Viande de porc, sel, sucres, poivre, épices et salpêtre.

innocuité, ces artisans nous proposent, si nous savons encore les choisir, des produits de qualité qui, s'ils sont consommés avec modération, ne sont pas nécessairement malsains vis-à-vis du risque de cancer.

Et les viandes blanches, les volailles ?

Moins grasses, surtout si l'on retire la peau et moins riches en hémoglobine, les viandes blanches et les volailles (porc, dinde, poulet, lapin...) ne sont retenues dans aucune étude d'aucune sorte comme d'éventuels promoteurs de cancer[36]. On ne les analysera donc pas particulièrement ici. Du point de vue du risque de cancer, elles sont neutres. Mangez-en tant que vous voulez, n'hésitez pas.

Ainsi, dans ce chapitre, nous avons appris à entendre avec un esprit critique les voix de tous ceux qui sont prêts à tous les amalgames pour pouvoir démontrer ce qu'ils pensent ou ce qu'ils croient.

Il n'y a que ce que la science démontre de façon indépendante et répétée qui soit vrai.

Les mélanges invraisemblables entre les études négatives et celles qui sont positives, les amalgames entre des produits qui ne sont en rien identiques ni même comparables, l'oubli du bon sens et des traditions qui ont accompagné l'humanité dans un développement harmonieux, tous ces travers ne sont pas, de mon point de vue, intéressants pour guider nos comportements alimentaires.

Chapitre V

LES LAITAGES ET LES ŒUFS
SONT-ILS UTILES DANS LA PRÉVENTION ?

Parler des liens entre produits laitiers et cancer n'est pas la chose la plus facile, et de loin !

Plusieurs raisons à cela. D'abord, quand on parle de produits laitiers, on parle d'une multitude d'aliments différents allant du lait frais (qui peut être entier, demi-écrémé ou écrémé) aux fromages qui eux-mêmes peuvent avoir des effets très différents selon leur degré de fermentation, ou bien encore des yaourts. Ces derniers, eux aussi, peuvent être faits avec de très nombreux ferments (bacilles) différents dont l'action sur notre santé peut être là aussi variable. Il en est bien sûr de même, d'une façon plus générale, entre les produits faits avec du lait cru (donc avec ses ferments naturels) ou avec du lait pasteurisé (dans lequel, généralement, les industriels réensemencent certains germes).

Ensuite, on va le voir, il existe une grande inégalité génétique, souvent liée à la géographie avec un gradient Nord-Sud, entre ceux qui « digèrent » le lait et ceux qui ne le digèrent pas.

Enfin, pour expliquer la situation dans notre régime anticancer des laitages, il nous faudra faire intervenir deux nouveaux concepts que sont les prébiotiques et les probiotiques.

Alors, peut-on se contenter de dire que, depuis que l'homme a su traire les animaux mammifères et qu'il a ainsi pu se procurer du lait, le lait et ses dérivés ont aidé l'humanité à se développer, nos enfants à grandir et nous maintenir en bonne santé ?

Nous dire que, finalement, puisque ça a l'air d'être bon pour nos enfants chéris, ça devrait l'être également pour nous ?

En fait, vous allez le voir et surtout vous le comprendrez à la fin de notre livre quand nous vous donnerons nos conseils anticancer, cette simplification, lorsqu'on évoque les liens produits laitiers-cancer, n'est vraiment pas possible !

Alors commençons par expliquer les outils dont nous allons avoir besoin pour comprendre tout cela. Il y en a trois. Deux dont vous entendez souvent parler dans les médias mais que, je m'en suis souvent rendu compte, vous confondez la plupart du temps. Il s'agit des prébiotiques et des probiotiques. Le troisième outil est une enzyme qui chez certains d'entre nous est présente dans notre intestin et qui explique que le lait ne soit pas systématiquement bon pour chacun d'entre nous à l'âge adulte. Cette enzyme, c'est la galactosidase.

Commençons par les prébiotiques
et les probiotiques

Les probiotiques sont des bactéries vivantes que l'on ingère et qui sont capables de dégrader certains composés dangereux. Ils détoxifient de nombreux toxiques présents dans l'intestin[1], soit produits par la digestion, soit présents dès le départ dans nos aliments. Ils améliorent la digestion et l'absorption du lactose[2] pour les personnes souffrant d'intolérance à ce produit. Ils stimulent le système immunitaire et ont un effet antimutation et donc anticancer. Enfin, ils ont tendance à détruire les micro-organismes présents parfois dans la flore intestinale et qui sont susceptibles de produire des substances carcinogènes[3].

Si les probiotiques sont donc bons pour la santé, ils ne sont pas tous aussi efficaces dans la prévention du cancer.

Certains aliments (topinambour, ail, banane, chicorée, oignon, orge, asperge...) permettent une accélération du transit car ils contiennent des biocomposés (fibres, oligosaccharides...) non digestibles par l'intestin humain. Ce sont les prébiotiques. Dès qu'ils arrivent dans l'intestin, ils deviennent la cible privilégiée d'un processus de fermentation lié aux bactéries présentes dans le milieu et stimulent la production des ferments non pathogènes (probiotiques)[4]. Grâce à cette fermentation, il va y avoir production locale, au niveau du côlon, d'une grande quantité d'une enzyme dont on a déjà parlé, que vous connaissez bien, la glutathion-S-transférase, enzyme capable, s'il en est, de détoxifier la plupart des produits cancérigènes[5]. Cette fermentation produit également un autre composé que nous avons vu dans l'introduction, le butyrate, qui est un puissant inhibiteur de

l'activité génotoxique (toxique sur les gènes) des nitrosami-
des et du peroxyde d'hydrogène, deux terribles composés
cancérigènes[6].

Ainsi, on le voit, ces deux composés, les prébiotiques et
les probiotiques sont des éléments fondamentaux dans la
prévention du cancer du côlon, surtout lorsqu'ils sont intel-
ligemment associés[7]. On les appelle alors des composés
symbiotiques.

Et la galactosidase, enzyme protectrice

L'autre élément sur lequel il faut nous arrêter quelques
lignes est la galactosidase. Il s'agit d'une enzyme fabriquée
(quand elle est fabriquée, nous y reviendrons) dans la partie
initiale de l'intestin[8] qui est capable de digérer le lactose
(*cf.* tableau 14, ci-contre). Celui-ci est un sucre double, un
disaccharide, présent dans le lait et certains dérivés.

En présence de galactosidase, le lactose est coupé en
deux sucres simples, le glucose et le galactose, qui sont
alors absorbés par l'intestin. Une insuffisance ou une absence
de galactosidase se traduit donc par la non-digestion du
lactose. N'étant pas digéré, ce lactose traîne dans le côlon
où la flore microbienne va le transformer en acide, l'acide
lactique[9]. Cet acide va irriter, enflammer à la longue vos
cellules intestinales. Il va provoquer un stress oxydatif,
c'est-à-dire l'apparition de radicaux d'oxygène très corrosifs
pour l'ADN et donc susceptibles de provoquer toutes sortes
d'altérations sur l'écriture de vos gènes jusqu'à, parfois, en
tout cas théoriquement, entraîner l'apparition d'une cellule
cancéreuse.

Tableau 14
Teneur en lactose de certains produits laitiers[10]

Aliment	Teneur en lactose (g pour 100 g)
Camembert	0,1-1,8
Crème fraîche	2
Édam/emmental	2
Fromage de brebis	0,1
Fromage blanc	2-4
Lait écrémé	5
Yaourt nature	3
Lait de chèvre	4
Lait de brebis	5

La question de la digestion du lait

Cette enzyme, pratiquement toujours présente chez les enfants jusqu'à la puberté, a tendance à disparaître ensuite chez la plupart d'entre nous[11]. En réalité, l'intérêt vital de la digestion du lait est qu'il contient du calcium et de la vitamine D, deux substances indispensables à la croissance et dont l'absence peut entraîner une maladie grave appelée rachitisme. Mais il existe une autre alternative pour avoir de la vitamine D, vitamine responsable de notre capacité à garder le calcium dans notre organisme, notamment au niveau de nos os. C'est la peau. En effet, sous l'effet du soleil, la peau produit également de la vitamine D. Ceci a fait qu'au cours de l'évolution de l'humanité, plus les populations étaient naturellement exposées au soleil du fait de leur situation géographique, plus ce soleil était capable de leur faire fabriquer la vitamine D dont elles avaient besoin par leur peau, moins elles dépendaient du lait pour cela. Et, petit à petit, ces populations ont cessé de fabriquer cette galactosidase et ont de moins en moins consommé de lait puisqu'elles le digéraient mal. Il s'agissait bien sûr de populations du Sud. À l'inverse, les populations du Nord, disposant de beaucoup moins de possibilités d'exposition au soleil, ont, de génération en génération, gardé très active leur galactosidase sans laquelle elles auraient toutes dépéri de rachitisme. Et c'est effectivement ce que l'on voit aujourd'hui : 80 % des Belges ont de la galactosidase active, 25 à 50 % des populations du pourtour méditerranéen et à peine 20 % des Africains[12] (tableau 15, ci-contre). C'est pour ça aussi qu'on ne peut, quand on vous parle de produits laitiers, ne pas tenir compte de notre ethnicité. Et c'est pour ça aussi, comme nous n'avons cessé de le répéter, qu'il ne faut pas chercher à aller contre les us et coutumes alimentaires liés à chaque terroir.

Tableau 15
L'intolérance au lactose dans le monde :
le gradient Nord-Sud[13]

	Pourcentage d'intolérants au lactose
Asiatiques	95 à 100 %
Amérindiens	80 à 100 %
Noirs	60 à 80 %
Juifs ashkénazes	60 à 80 %
Latino-Américains	50 à 80 %
Indiens du Sud	60 à 70 %
Indiens du Nord	20 à 30 %
Centre-Européens	9 à 23 %
Américains blancs	6 à 22 %
Nord-Européens	2 à 15 %

Les produits laitiers et le risque de cancer

Venons-en maintenant au cancer.

Que nous disent les études, innombrables, sur ce qu'il faut faire ou ne pas faire avec les produits laitiers en matière de prévention du cancer ?

La consommation importante de produits laitiers augmente sensiblement et de façon assez reproductible d'une étude à l'autre, le cancer de la prostate[14] ! N'oubliez pas que c'est de loin déjà le cancer le plus fréquent chez l'homme[15] ! Alors il est peut-être inutile de prendre le risque d'aggraver cette situation, non ?

Il en est de même pour l'augmentation de la consommation de calcium provenant des produits laitiers (et non d'ailleurs pour le calcium non alimentaire ; c'est-à-dire en comprimés). Un homme qui totalise quotidiennement 2 g de calcium d'origine laitière a près de 30 % d'augmentation de son risque d'avoir un cancer de la prostate par rapport à un autre homme qui en mangerait moins de 1 g par jour[16]. Problème uniquement masculin, bien entendu !

Alors les produits laitiers sont-ils à éviter à l'âge adulte ?

En fait non, car ils pourraient aussi avoir un effet sur la prévention des cancers du côlon. Un effet donc préventif cette fois !

Ceci n'est cependant pas clair. En effet, d'une part, toutes les études ne sont pas d'accord sur ce point et, vu l'hétérogénéité à la fois des produits laitiers dans nos consommations nationales et celle des individus vis-à-vis de leur capacité à digérer le lait, il est vraisemblable qu'il ne va pas être simple d'arriver à se faire une idée générale.

D'autre part, quand on regarde la seule grande étude réalisée en France, évaluant notre risque en tant que population spécifique avec notre patrimoine enzymatique propre et avec nos produits laitiers à nous, eh bien les résultats ne sont pas vraiment probants. Cette étude, publiée fin 2005, appelée E3N-EPIC, a comparé deux populations. Une, les « cas » atteints de cancer du côlon, au nombre de 172 personnes et l'autre, les « témoins » indemnes de cancer au nombre de 67 312 personnes. Elles ont été interrogées sur leurs habitudes alimentaires, en particulier en ce qui

Tableau 16
Teneur en calcium de certains produits laitiers[17]

	Portion	Teneur en calcium (mg) pour 100 g	Quantité à consommer pour dépasser 2 g de calcium par jour
Lait de brebis entier	1 verre de 125 ml	188	11 verres, soit 1,3 l
Lait de chèvre entier	1 verre de 125 ml	120	17 verres, soit 2,1 l
Lait de vache demi-écrémé UHT	1 verre de 125 ml	115	18 verres, soit 2,3 l
Lait fermenté	1 pot de 125 g	97,3	21 pots, soit 2,6 kg
Yaourt nature au lait entier	1 pot de 125 g	126	16 pots, soit 2 kg
Petits suisses 20 % MG	2 unités	117	35 petits suisses
Fromage blanc 20 % de MG	100 g	123	17 portions de 100 g, soit 1,7 kg
Emmental	30 g	1 055	7 portions
Camembert	30 g	456	15 portions (environ 2 camemberts)
Roquefort	30 g	608	11 portions
Fromage fondu	30 g	346	20 portions

concerne leur consommation de produits laitiers. Les chercheurs, au total, n'ont pas pu démontrer de différence nette,
indiscutable : la consommation de lait n'est pas associée à
une diminution nette du risque de cancer du côlon chez
nous, même s'il semble qu'elle puisse diminuer le risque de
développer un polype (bénin) de l'intestin dont on sait qu'ils
sont souvent à l'origine des cancers. Pas simple de s'y
retrouver, je vous l'avais dit. Telle est en tout cas leur
conclusion[18].

Cependant, et toute la complexité est là, dans certaines
études américaines, les individus qui ont une consommation importante de lait par rapport à ceux qui n'en
consomment presque pas (200 à 300 ml/j au moins, contre
moins de 70 ml/j) a montré un indiscutable effet protecteur
sur le risque de cancer du côlon, même si cette réduction
reste modérée (environ 10 %). Et là encore (décidément, on
ne sait plus que comprendre) le risque n'était diminué que
pour les cancers survenant dans la partie distale du
côlon[19] !

Finalement, regardons attentivement le tableau 17. Il
montre bien l'absence de corrélation entre la consommation
nationale de produits laitiers et le risque, dans ce même
pays, de développer un cancer du côlon. Ainsi, par exemple,
la Suisse qui est dans notre tableau le plus gros consommateur moyen de produits laitiers par habitant présente une
mortalité par cancer colorectal supérieure à l'Italie (26 %
de consommation de produits laitiers en moins par habitant et par an) ou le Japon (67 % en moins).

Alors que faire ? Que penser ?

Il faut, je crois, comme à chaque fois dans des situations aussi troublantes, essayer de se poser la question

Tableau 17
Relation entre consommation de produits laitiers
et cancer du côlon[20]

Pays	Consommation de produits laitiers (kg/an)	Activité lactasique faible (%)	Mortalité par cancer colorectal (pour 100 000 habitants)	
			Hommes	Femmes
Suisse	133	10	17,8	10,5
Canada	122	6	16,9	11,2
France	116	37	17,4	10,1
Australie	110	6	20,2	13,7
Espagne	109	23	14,6	9,4
Allemagne	102	15	21,3	15,1
Italie	98	50	15,3	9,9
Japon	43	93	15,7	9,8

inverse. Avons-nous besoin de beaucoup de produits laitiers ?

Les enfants, oui, c'est indiscutable. Ils en ont besoin pour leur croissance. Il ne faut surtout pas les en priver, d'autant qu'à leur âge les problèmes de prostate ne sont franchement pas d'actualité.

Qui d'autre en a besoin, à l'âge adulte ? Les femmes, bien sûr ! Surtout après la ménopause. Car elles ont une tendance naturelle, accentuée par l'arrêt de la sécrétion hormonale à la ménopause, à développer de l'ostéoporose, c'est-à-dire une fragilisation de leurs os due à une déminéralisation osseuse. Elles ont donc particulièrement besoin,

surtout si elles sont enceintes ou allaitantes ou encore
ménopausées ou préménopausées (juste avant la ménopause) d'une grande quantité de calcium et de vitamine D
et donc, naturellement, de produits laitiers. Et, en plus, là
encore une fois, le problème de la prostate ne se pose pas
puisque, comme vous le savez, les femmes n'ont pas de
prostate.

---

3 produits laitiers par jour,
cela correspond par exemple à :

– 1 yaourt de 125 g, 1 verre de lait de 150 ml, 250 g de riz
au lait.
– 60 g de fromage blanc, 30 g de gruyère, 2 fromages frais
aux fruits glacés.
– 2 petits-suisses de 30 g, 50 g de roquefort, 150 ml de chocolat au lait.
– 1 milk-shake ou smoothie au lait de 150 ml, 1 dessert géli-
fié de type flan, 80 g de camembert.

Et les hommes alors ? Je crois qu'eux doivent être très
prudents. Il vaut mieux, sauf si c'est vraiment dans les habitudes ancestrales de votre famille, des gens de la région
d'où vous provenez, éviter le lait et chercher plutôt un
apport de calcium par les fromages qui en sont beaucoup
plus riches naturellement. Parmi les probiotiques les plus
adaptés à cette situation, il faut leur recommander les
yaourts mais il faut absolument qu'ils contiennent deux
souches de ferments dont il est prouvé qu'ils sont excellents
pour vous : le *Lactobacillus bulgaricus* ou le *Streptococcus
thermophilus*[21]. Ces bactéries restant normalement vivantes
jusqu'au dernier jour de la date limite de conservation

(DLC). S'ils consomment des produits laitiers, les hommes doivent le faire en les consommant avec de grandes quantités de prébiotiques (pourquoi pas un bon *milk-shake* à la banane ?) afin d'accélérer leur transit et de prendre, à la fin de la digestion, un repas dit « scavenger », c'est-à-dire un repas antioxydatif qui va réparer les dégradations qui ont pu se produire sur l'ADN de leurs cellules de prostate. Un repas riche en fruits et légumes, en tomates par exemple, en jus de grenade et bien sûr accompagné d'une bonne quantité de thé vert.

Les œufs

Avant de conclure, juste un mot sur les œufs. Les Anglaises les adorent, y compris leurs adorables princesses.

Ce sont des aliments extrêmement équilibrés au point de vue nutritionnel et pour lesquels nous ne disposons d'aucune étude sérieuse quant à leur éventuel lien avec notre risque de cancer[22]. Nous les classerons donc, eux aussi, parmi les aliments neutres de ce point de vue. Et donc, à recommander. Là aussi, mangez-en tant que vous voulez si vous n'avez pas de problèmes de cholestérol.

Chapitre VI

LES FRUITS ET LES LÉGUMES,
DES BÉNÉFICES MAIS PAS DE CERTITUDES

Bon, parlons à présent des fruits et légumes.

Depuis quelques années, ils font l'objet d'une campagne de promotion sans précédent autour du thème : « Les fruits et légumes vous protègent du cancer. » Le PNNS (Programme national nutrition santé) du ministère de la Santé par exemple, dans des affiches, vous dit qu'il faut manger chaque jour 400 g de fruits et légumes ou cinq portions quotidiennes[1].

L'industrie agroalimentaire s'engouffrant dans la brèche, vous sort des dizaines de produits à base de fruits et légumes, surfant sur cette nouvelle vague du « bien manger pour être en bonne santé ». Et de vous vanter, chaque jour un peu plus, les fameuses propriétés antioxydantes de ces aliments.

Alors, les fruits et légumes sont-ils la panacée ? Protègent-ils vraiment contre le cancer ?

Dans son dernier rapport de 2007, le très sérieux World Cancer Research Fund, même s'il suggère qu'il existe certaines actions préventives des fruits et légumes sur le cancer (*cf.* tableau 18) nous dit en conclusion de son chapitre sur l'effet préventif du cancer des fruits et légumes : « *D'une façon générale, les experts du WCRF doivent admettre que les résultats de toutes les études réalisées depuis 1995 sur l'effet anticancéreux des fruits et légumes permettent de conclure que la preuve qu'il existe un lien est finalement bien moins impressionnante qu'on aurait pu le penser[2].* »

Tableau 18
Résumé des conclusions du WCRF
concernant le lien entre consommation
de fruits et légumes et cancer

Facteur	Diminution du risque de cancer	Niveau de preuve
Légumes non féculents	Bouche, pharynx, larynx, œsophage, estomac.	Probable
Fruits	Bouche, pharynx, larynx, œsophage, estomac, poumon.	Probable
Aliments contenant des caroténoïdes	Bouche, pharynx, larynx, poumon.	Probable
Aliments contenant du bêta-carotène	Œsophage.	Probable
Aliments contenant du lycopène	Prostate.	Probable

Tiens donc !
Pour éviter le cancer, il faut qu'on se gave de fruits et légumes tous les jours, sans d'ailleurs bien savoir lesquels et, pourtant, les plus grands experts mondiaux nous affir-

ment qu'il est impossible de conclure de façon irréfutable que ceci sert réellement à quelque chose.

Alors, qui croire ? Pourquoi tant d'incertitudes ?

La raison est simple à mon avis. Il y a dans les fruits et légumes un peu plus de 100 000 phytocomposés, qu'il s'agisse de fibres, de micronutriments, de microconstituants ou tellement d'autres choses.

Selon la façon dont ces fruits et légumes vont être consommés crus, cuits, écrasés ou entiers, avec la peau ou épluchés, avec d'autres aliments comme des haricots verts avec un steak, à différents moments de la journée, par des hommes ou des femmes, des adultes ou des enfants, avec des résidus de pesticides dessus ou bio... Il existe encore, plus que pour les autres types d'alimentation que nous avons vus, une variabilité extrême, une complexité terrifiante qui fait que la plupart d'entre nous, sauf à être formés spécifiquement à ces problématiques de nutrition, serions incapables de nous y retrouver et de nous faire une religion quant à ce qu'il nous convient de faire vis-à-vis des fruits et légumes !

Alors, comme à chaque fois, j'ai essayé de vous simplifier l'information afin de pouvoir en déduire des règles assez simples que je vous énoncerai plus loin dans ce livre, dans le chapitre sur les conseils anticancer (p. 229). Mais d'abord, peut-être que certains d'entre vous souhaiteraient se faire un peu de culture sur les vertus de ces fameux fruits et légumes.

Voyons avec ceux-là quelques éléments de base qui vous aideront à mieux comprendre la dialectique scientifique et nutritionnelle qui y est attachée.

Quelle différence entre micronutriments et microconstituants ?

Les premiers sont des nutriments dont l'organisme a besoin en petites quantités mais dont le rôle est essentiel pour son fonctionnement et son maintien en bonne santé. Ces micronutriments doivent obligatoirement être apportés par l'alimentation car nos organismes ne peuvent les fabriquer eux-mêmes. C'est le cas, par exemple, des vitamines et minéraux.

Les microconstituants sont des composés chimiques présents en petites quantités dans les aliments. L'organisme humain n'en a pas absolument besoin pour fonctionner correctement. Il s'agit par exemple de certains antioxydants comme les polyphénols, les anthocyanines, etc.

Ces deux types d'éléments peuvent jouer un rôle clé dans la prévention des cancers et nous allons vite y revenir.

Pourquoi cette notion d'antioxydants très liée aux fruits et légumes est-elle si importante ?

C'est, d'une manière hypersimplifiée, pour réparer les dégâts causés dans notre organisme par le fait que chacune de notre million de milliards de cellules qui nous composent, respire et produit donc des radicaux libres très toxiques ! On l'a vu plus haut, chaque jour, l'ADN de chacune de nos cellules subit près de 10 000 mutations !

Notre exposition continue à l'oxygène et au soleil, indispensables à notre survie, est à l'origine de la formation à chaque instant de radicaux libres hyperréactifs vis-à-vis des constituants de nos cellules et notamment de notre ADN et donc des gènes qui y sont inscrits. Ces radicaux libres, très

Tableau 19
Top 10 des fruits et légumes les plus antioxydants

Fruits		Légumes	
Nom	Score antioxydant (ORAC/100 g)	Nom	Score antioxydant (ORAC/100 g)
Pruneaux	5 770	Chou frisé	1 770
Raisins secs	2 830	Épinards	1 260
Myrtilles	2 400	Choux de Bruxelles	980
Mûres	2 036	Pousses d'afalfa	930
Fraises	1 540	Brocoli	890
Framboises	1 220	Betterave	840
Prunes	949	Poivron rouge	710
Oranges	750	Oignon	450
Raisin rouge	739	Maïs	400
Cerises	670	Aubergine	390
Kiwi	602		
Pample-mousse rose	483		

corrosifs, capables d'abîmer en une fraction de seconde tout ce qui se trouve à l'intérieur de nos cellules, qu'il s'agisse de l'ADN ou des protéines, sont donc très toxiques pour notre santé et c'est pourquoi ils sont responsables du vieillissement et de la dégénérescence cellulaires.

Une arme à double tranchant puisque, sans oxygène, il nous est impossible de produire l'énergie indispensable à la croissance, au renouvellement et à la survie de nos cellules[3].

Heureusement, la machine humaine est particulièrement bien faite et nos organismes ont développé une stratégie géniale face à l'ennemi que sont ces radicaux libres produits par la « respiration » (le métabolisme) cellulaire : un puissant système de défense antioxydant qui contrôle en permanence les dommages oxydatifs causés par ces radicaux libres, ce que l'on appelle parfois le « stress oxydatif ». En fait, une sorte de peinture antirouille dont notre organisme badigeonnerait nos cellules, puisque la rouille qui abîme et fait vieillir toutes nos constructions métalliques n'est rien d'autre, là aussi, que le résultat de l'oxydation du fer par l'oxygène.

Dans notre corps, les antioxydants comme la vitamine C, la vitamine E, le lycopène pour n'en citer que trois, ont donc un rôle antagoniste aux radicaux libres[4], puis vient généralement le tour des enzymes qui finissent de réparer les dommages au sein des cellules évitant ainsi la transformation maligne de l'une d'entre elles.

Un système finalement très au point mais qui demande une synergie efficace entre antioxydants et enzymes.

Cet effet antioxydant peut se produire de façon directe ou indirecte. Par exemple, certains oligoéléments (comme le zinc, le sélénium et le manganèse) contenus dans vos aliments ont des propriétés antioxydantes directes, ainsi que les vitamines C et E, les caroténoïdes et les polyphénols ou encore les composés alliacés (contenus dans l'ail et l'oignon). Ils ont un effet direct sur les constituants cellulaires.

D'autres oligoéléments comme le chrome ou le magnésium vont agir, eux, de façon plus indirecte. Le premier en améliorant la sensibilité à l'insuline avec son rôle sur le poids et donc le risque de cancer (p. 211), et le second en combattant l'effet potentiellement procancérigène de l'inflammation[5]. Mais ce qu'il faut bien savoir, ici comme ailleurs, depuis que nous sommes ensemble en train de réfléchir à comment, par notre alimentation, nous pourrions diminuer notre risque, au demeurant si élevé, d'avoir un cancer, c'est que ce qui est fondamental est de ne pas avaler n'importe quoi à n'importe quel moment sous prétexte que l'on absorbe un antioxydant. Non, ce qui est important, c'est de respecter un équilibre et un dosage optimal qui nous soit adapté, de différents phytocomposés en fonction de leurs différentes propriétés antioxydantes.

Des couleurs, des propriétés protectrices

Alors, pour vous simplifier la vie, j'ai décidé de vous parler des fruits et légumes en fonction de leur couleur.

Leur couleur ?

Mais, me direz-vous, vous nous aviez dit dans votre introduction qu'il nous fallait rester vigilants par rapport à toutes sortes de bêtises, plus ou moins charlatanesques, que l'on nous raconte au sujet des aliments et du cancer et là, subitement, vous voudriez que l'on vous croie quand vous nous dites que vous allez nous parler des bienfaits des fruits et légumes en vous servant de leur couleur ?

Eh bien, oui ! Je vous le confirme et la raison en est extrêmement simple. Ces fameux phytocomposés capables de réparer nos gènes, de stabiliser notre ADN, de détoxifier des substances cancérigènes, ces composés dotés de propriétés antioxydantes, ou prométhylantes (*cf.*

plus haut sur la mise en silence des gènes dangereux, p. 69) ou antiprolifératives, ou encore ces substances qui modulent notre système immunitaire, ces substances, pour l'immense majorité d'entre elles, sont les mêmes que celles qui donnent à chaque fruit et légume sa couleur spécifique.

Ce sont généralement ces phytocomposés qui sont les pigments qui colorent nos fruits et légumes.

Tableau 20
Composés phytochimiques
contenus dans les fruits et légumes
en fonction de leur couleur[6]

Couleur	Composés phytochimiques	Principaux produits
Vert	Glucosinolates	Brocoli, chou
Orangé	Alpha et bêta-carotène	Carotte, mangue, citrouille
Rouge	Lycopène	Tomate
Rouge-violet	Anthocyanines	Raisins, mûres, framboises, airelles, myrtilles
Jaune-orangé	Flavonoïdes	Melon-miel, pêche, papaye, orange, mandarine
Jaune-vert	Lutéine et zéaxanthine	Épinards, maïs, avocat, melon
Blanc et crème	Allicine et phytœstrogènes	Ail, oignon, soja, radis

Alors, pourquoi ne pas les regrouper en fonction de leurs vertus spécifiques vis-à-vis du cancer, donc des phytocomposés qu'ils contiennent et donc, le plus souvent, de leur couleur ? Chaque couleur, finalement, a ses bénéfices.

La couleur verte

Les composés responsables de la couleur verte sont les glucosinolates. Ce sont des dérivés des aminoacides contenant du soufre[7]. Ils peuvent se transformer en isothiocyanates et en indols. On a pu établir un lien entre certaines de ces substances et la réduction du risque pour certains cancers comme ceux de la sphère orale, de l'œsophage, de l'estomac et du poumon[8].

Leur effet anticancérigène provient de l'activation d'enzymes (*cf.* p. 69), impliquées dans la détoxication d'agents cancérigènes, de l'inhibition d'enzymes qui modifient le métabolisme des hormones stéroïdes qui, comme vous le savez sont cancérigènes, et de la protection contre les dommages oxydatifs[9].

Les composés indols que l'on trouve surtout dans les choux pourraient également aider à la prévention du cancer du côlon et de l'estomac, mais aussi du cancer du poumon, de l'œsophage, du rectum ou de la vessie[10].

Tableau 21
Liste des fruits et légumes verts
apportant le plus de composés indols[11]

Fruits et légumes verts meilleures sources de composés indols
Brocolis
Chou-fleur
Chou
Choux de Bruxelles
Chou frisé
Chou chinois
Rutabaga
Cresson
Navet

Ainsi, dans une étude récente, les hommes consommant des choux au moins une fois par semaine ont vu leur risque de développer un cancer du pancréas se réduire de près de 40 %[12]. En outre, les légumes à feuilles vertes se caractérisent par une teneur élevée en acide folique et en chlorophylle[13]. La première protège contre le cancer du pancréas[14] et la seconde, qui possède une structure presque identique à l'hémoglobine contenue dans les globules rouges du sang et dont on a vu qu'elle était probablement la responsable de l'effet potentiellement cancérigène de l'excès de consommation en sang animal (boudin, viande non reposée ou non saignée...), la chlorophylle semble être dotée de propriétés détoxifiantes vis-à-vis de l'hémoglobine[15]. Assurant la photosynthèse des plantes en présence de CO_2 et de soleil, cette chlorophylle devrait toujours être consommée en même temps que la viande, surtout le soir. Ceci a été parfaitement montré par plusieurs études chez l'animal[16, 17]. Donc, pensez à manger des légumes verts avec la viande.

La couleur orangée

Les fruits et légumes orangés sont riches en caroténoïdes (alpha et bêta-carotènes) qui leur donnent cette couleur.

Tableau 22
Liste des fruits et légumes orangés,
apportant le plus de bêta-carotène[18]

Fruits et légumes orangés, meilleures sources de bêta-carotène
Mangue
Carotte
Patates douces
Abricot
Courge
Pêche
Citrouille

Il y en a entre 40 et 50 dans notre alimentation. Ils sont susceptibles de se transformer en vitamine A, qui intervient dans la différenciation cellulaire, dans la modulation du système immunitaire, dans la régulation de la prolifération cellulaire et dans la synthèse hormonale. Ce sont de puissants antioxydants[19]. Leur absorption est améliorée par la préparation en purée, par la cuisson préalable et par l'addition d'huile car ce sont des composés liposolubles[20].

Ils protègent contre les cancers de la sphère orale et du poumon, ainsi que de l'œsophage[21]. Ils pourraient jouer un rôle préventif dans le cancer du col de l'utérus pour leurs effets immunitaires sur le papillomavirus (HPV)[22] responsable de cette maladie. Ils pourraient également participer à la prévention du cancer de la prostate.

La couleur jaune-orangé

Ce sont les flavonoïdes qui, avec la bêta-cryptoxanthine, sont responsables de la couleur orangé clair tirant vers le jaune de certains fruits et légumes.

Tableau 23
Liste des fruits et légumes jaune-orangés,
apportant le plus de bioflavonoïdes[23]

Fruits et légumes jaune-orangés meilleures sources de bioflavonoïdes
Orange
Pamplemousse
Citron
Mandarine
Clémentine
Abricot
Pêche
Nectarine
Papaye
Poire
Ananas
Raisin jaune
Poivron jaune

Les flavonoïdes possèdent des propriétés antivirales, anti-inflammatoires et antioxydantes. Ils inhibent la péroxydation des lipides, hautement cancérigène, et piègent les radicaux libres.

Les flavonoïdes, qui sont des polyphénols, sont capables d'accélérer le métabolisme des substances carcinogènes[24]. L'un de ces flavonoïdes, la quercétine, que l'on trouve en grande quantité dans la livèche, les piments forts jaunes, mais aussi dans les câpres et le cacao, est un inhibiteur des cytochromes et des enzymes de phase I qui stimulent le développement des cancers (*cf.* p. 70) et a démontré de façon nette sa capacité à réduire l'effet cancérigène du tabac[25].

La couleur rouge

La couleur rouge des fruits et légumes est due au lycopène, qui appartient aussi à la famille des caroténoïdes et est donc lui aussi doté d'une puissante activité antioxydante. Il est d'ailleurs le précurseur des autres membres de cette famille des caroténoïdes que l'on peut retrouver dans notre alimentation.

Tableau 24
Liste des fruits et légumes rouges,
apportant le plus de lycopène et d'anthocyanines[26]

Fruits et légumes rouges, meilleures sources de lycopène	Fruits et légumes rouges, meilleures sources d'anthocyanines
Jus de tomate Soupe de tomate Tomate fraîche Pastèque Goyave Pamplemousse rose	Framboises Fraises Cranberries Chou rouge Haricots rouges Cerises Betteraves Pomme rouge Oignon rouge

Il ne se transforme pas en vitamine A contrairement aux autres membres de cette famille d'antioxydants[27]. Il joue un rôle important dans la communication intracellulaire qui, comme on l'a vu, est à la base des réactions cellulaires aux facteurs de croissance qui stimulent la prolifération. Le lycopène, très présent dans la tomate notamment, prévient de façon certaine le cancer de la prostate avec une réduction du risque de près de 30 %[28]. Il pourrait également réduire le risque d'autres cancers comme les cancers de la sphère orale, de l'œsophage, de l'estomac et du poumon[29].

Les produits dérivés de la tomate fraîche sont souvent plus riches en lycopène que la tomate elle-même[30].

Cela est dû à l'amélioration de l'absorption de ce phytocomposé lorsqu'il est préparé en pâte (4 fois plus) ou en jus, en sauce ou en ketchup. Cette biodisponibilité est encore améliorée quand il est consommé avec de l'huile comme dans les pâtes à la sauce ou la pizza ! Vive donc les recettes italiennes.

La couleur bleue

Ce sont les anthocyanines et les phénols qui donnent aux fruits et légumes cette couleur bleue. Ce sont eux aussi de puissants antioxydants capables de bloquer l'effet délétère des radicaux libres produits lors du métabolisme cellulaire.

Tableau 25
Liste des fruits et légumes bleus,
apportant le plus d'anthocyanines et de polyphénols[31]

Fruits et légumes violets, meilleures sources d'anthocyanines	Fruits et légumes violets, meilleures sources de polyphénols
Myrtilles Raisin rouge Mûres Cassis Baies de sureau	Pruneaux Raisin Aubergine Prunes

Ces anthocyanines sont des substances anticarcinogènes et s'opposent au développement des cancers par un effet pro-apoptotique[32], c'est-à-dire, comme on l'a vu plus haut, qui stimule le suicide des cellules dont le patrimoine génétique est abîmé.

Ils protègent également du cancer en produisant l'effet d'un véritable écran solaire. En effet, ces anthocyanines absorbent de manière très efficace les rayonnements UV solaires responsables d'un effet potentiellement cancérigène de l'exposition solaire sur la peau[33]. Mangez-en plein si vous vous exposez au soleil ou si vous avez eu un cancer de la peau.

Des études ont montré qu'ils pouvaient protéger du cancer du côlon en réduisant la prolifération des cellules de la muqueuse colique[34] et peut-être, pour l'une de ces anthocyanines, la delphinidine, pour le cancer du foie[35]. Ces molécules ont la capacité de bloquer les récepteurs des facteurs stimulant la prolifération cellulaire et notamment des récepteurs pour le facteur de croissance des cellules épidermiques (EGFR)[36].

La couleur jaune-vert

La couleur jaune-vert de certains fruits et légumes est due à la lutéine et à la zéaxanthine, deux pigments qui appartiennent à la famille des xanthophylles, qui font eux-mêmes partie des caroténoïdes[37].

Tableau 26
Liste des fruits et légumes jaune-vert
apportant le plus de lutéine[38]

Fruits et légumes jaune-vert, meilleures sources de lutéine
Chou frisé
Épinards
Laitue romaine
Brocolis
Petits pois
Melon-miel
Kiwi
Légumes feuilles (moutarde, navet)

La lutéine est capable de bloquer le cycle cellulaire et donc d'empêcher la division cellulaire, de stimuler le suicide des cellules abîmées (apoptose)[39]. Ceci a pu être démontré sur des cellules cancéreuses provenant de cancers de la peau, du pancréas ou du foie et de leucémies[40]. Cet effet a également été observé sur des cellules de cancer de la prostate humaines transplantées chez la souris[41].

La couleur blanche ou crème

Il y a dans ce groupe de fruits et légumes, trois sortes de produits. L'ail et l'oignon, les radis et la chicorée et enfin, le soja.

La consommation de soja, riche en phytoœstrogènes, semble être capable de réduire le risque de cancer du sein[42]. Ceci a été montré à plusieurs reprises dans des études humaines et semble assez logique. C'est d'ailleurs par ce mécanisme aussi que l'on explique généralement la faible incidence des cancers du sein chez les femmes japonaises dont on sait que la consommation moyenne de soja est bien plus importante que celle des femmes européennes ou américaines[43] (4 kg de tofu par personne au Japon contre 150 g par personne en Europe et aux États-Unis dans les années 1990[44]). Il semblerait également qu'une consommation élevée de soja puisse réduire le risque de cancer colorectal chez les femmes ménopausées[45]. Il pourrait y avoir un rôle protecteur sur le risque de cancer de l'estomac[46] et pour ce qui concerne le risque de cancer de la prostate, uniquement en cas de consommation de lait de soja[47]. Cet effet résulterait d'inhibiteurs d'enzymes procancérigènes (enzymes de phase I, *cf.* plus haut, p. 70). Il s'agirait des saponines et de la génistéine[48]. Ces composés pourraient également bloquer l'extension des vaisseaux sanguins nourriciers de la tumeur, privant ainsi celle-ci de tout apport en sang frais et induisant alors la mort des cellules cancéreuses[49].

Le deuxième groupe est constitué des radis, du raifort et de la chicorée. Ces produits semblent être capables de réduire le risque de cancer de l'estomac dans une proportion importante, pouvant aller jusqu'à 30 à 40 %[50]. Ils sont faibles en calories. Mangez-en !

Enfin, le troisième groupe comprend l'ail et l'oignon et leurs dérivés. Ces légumes contiennent de l'allicine qui est un puissant antioxydant, antiviral et anticarcinogène et détoxifiant[51]. Il faut peler et écraser l'ail pour qu'il dégage l'allinase qu'il contient. Si l'on chauffe l'ail sans l'avoir épluché, cette enzyme sera inactivée. Par contre, elle résiste parfaitement à la conservation dans l'ail écrasé ou coupé en tout petits bouts[52].

Ces produits jouent un rôle extrêmement important dans la prévention du risque de cancer de l'estomac, avec une réduction du risque de l'ordre de 40 % chez les gros consommateurs. Il semble que les mêmes effets puissent être atteints en ce qui concerne le risque de cancer du côlon[53]. Mettez-en partout, n'hésitez pas !

Ainsi, on l'a vu, il existe un vrai lien, extrêmement complexe, entre la consommation de fruits et légumes et le risque de tel ou tel cancer.

On peut cependant dire que globalement, les fruits et légumes sont bons en matière de prévention du cancer. Ils le sont, non seulement comme on vient de le voir, par l'intermédiaire des phytocomposés qu'ils contiennent et qui peuvent être dotés de propriétés particulières vis-à-vis des processus de cancérisation cellulaire, mais ils le sont également pour deux autres raisons.

D'une part, ce sont des aliments à faible apport calorique. Leur consommation permet donc d'éviter de grossir par effet de remplissage de l'estomac et de satiété. Riches en sucres, relativement à faible index glycémique comme le fructose, ils ne stimulent pas l'appétit par un effet rebond.

Ils préviennent donc l'embonpoint qui est, comme on le verra plus loin, un fantastique facteur de risque en cancérologie.

La deuxième raison est qu'ils sont généralement riches en fibres. Or de très nombreuses études ont montré depuis longtemps déjà que les fibres contenues dans notre alimentation réduisaient faiblement mais de façon indiscutable le risque de cancer du côlon[54].

Au total, directement ou indirectement, on pourrait semble-t-il conclure que la plupart des fruits et légumes sont bons pour la santé.

Alors, aucun problème avec les fruits et légumes ?

Mais n'y a-t-il pas un bémol dans cette histoire ? Sommes-nous bien sûrs de cette conclusion ?

Nitrates, pesticides, substances toxiques

En réalité, comme à chaque fois, il faut là encore tempérer notre enthousiasme. En effet, les fruits et légumes sont, pour la plupart d'entre nous, la source principale de cancérigènes alimentaires. À côté des métaux et PCB contenus dans certains poissons, de l'arsenic et autres joyeusetés retrouvées dans l'eau, qu'elle soit du robinet ou en bouteille, il nous faut bien admettre que c'est dans les fruits et légumes que nous trouvons le plus de produits cancérigènes, qu'il s'agisse des nitrates, nitrites, pesticides, fongicides et autres produits chimiques. Ainsi, on sait aujourd'hui que les légumes contribuent à hauteur de 70 % à la consommation alimentaire de nitrates. Sachant que 5 à 20 % de ces nitrates vont être transformés en nitrites par la flore bactérienne présente dans notre tube digestif et que ces nitrites sont ensuite transformés en N-nitroso-composés (NOC) hautement cancérigènes, on comprend pourquoi il convient tout de même d'être déjà un peu prudent[55].

Mais ce n'est pas tout.

Une étude canadienne a récemment montré qu'il existait des résidus de pesticides dans 15 % des fruits et légumes mis sur le marché[56].

Plus récemment encore, l'Environmental Working Group (EWG) a publié une étude sur le contenu en pesticides de 47 fruits et légumes, étude basée sur 87 000 tests réalisés entre 2000 et 2007. Un constat alarmant ! (*cf.* tableau 27 p. 140). En fait, une personne qui consomme les 12 fruits et légumes les plus contaminés ingurgiterait en moyenne 10 pesticides par jour. Alors que manger les 15 fruits et légumes les moins contaminés exposerait une personne à moins de 2 pesticides par jour en moyenne[57].

Tableau 27
Extrait des résultats du contrôle
des teneurs en pesticides
dans les fruits et légumes réalisé en 2004[58]

Denrée	Nombre d'échantillons testés	Échantillons > LMR* (en %)	Échantillons sans résidus (en %)
Céleri branche	11	27	45
Fraise	112	13	30
Aubergine	30	10	73
Pomme de terre	107	7	50
Orange	103	5	15
Carotte	127	2	68
Pomme	295	1	18
Poire	108	1	44
Courgette	79	1	86
Kiwi	30	0	83

*LMR : Limite maximale de résidus

En 2007, la DGCCRF, en France donc cette fois, a réalisé une onéreuse étude sur 3 742 échantillons de fruits, légumes et céréales proposés sur nos marchés. Encore une fois, le constat est terrible : 7,2 % des légumes et 8,5 % des fruits présentent des taux de pesticides supérieurs à la norme. Ceci concerne particulièrement les poivrons, tomates, poireaux, laitues, fraises, mandarines et raisins, pour un nombre impressionnant de substances potentiellement toxiques différentes[59].

Tableau 28
Résultats du plan de surveillance
et de contrôle des résidus de pesticides
dans les denrées d'origine végétale[60]

	Pas de résidus	Résidus inférieurs à la norme	Dépassement de la norme	Produits concernés par les dépassements	Produits les moins contaminés
Légumes	58,7 %	34,1 %	7,2 %	Poivrons Piments Tomates Poireaux Laitues Épinards	Carottes Pommes de terre Endives Concombres
Fruits	29,7 %	61,8 %	8,5 %	Fraises Mandarines Raisins	Pêches Bananes Pommes

Des gestes d'hygiène élémentaires

Alors que faire ?

Outre le fait de privilégier les fruits et légumes issus de l'agriculture biologique, il faut penser à laver soigneusement et longuement vos fruits et légumes, sachant que le rinçage réduit mais n'élimine pas les pesticides, à moins d'utiliser une eau de lavage avec du savon, car nombre de ces pesticides ne sont pas hydro mais liposolubles.

L'épluchage réduit nettement les risques d'exposition, mais retire souvent aux aliments bon nombre de leurs vertus nutritionnelles, vitamines et minéraux principalement[61]. En revanche, il ne faut pas hésiter à le faire avec les choux et laitues, et, en général, avec les salades en jetant les feuilles extérieures. Dans certains cas, mais bien sûr pas pour les fraises et les framboises, le brossage peut permettre d'améliorer quelque peu la situation.

Chapitre VII

LES MATIÈRES GRASSES
ET LES MODES DE CUISSON

Commençons ce chapitre particulièrement important, comme vous vous en doutez, par une devinette : les femmes chinoises vivant à Hong Kong ont l'un des taux les plus élevés au monde de cancer du poumon[1]. Cette incidence effroyable se retrouve d'ailleurs dans la plupart des grandes métropoles chinoises et chez les femmes d'origine chinoise vivant à Singapour, en Malaisie, à Hawaï ou au Japon. Or toutes les études épidémiologiques le montrent : seules 36 % des femmes atteintes de cancer du poumon à Hong Kong et 24 % à peine à Shangaï fument[2]. Comment cela est-il possible ? Y a-t-il une sorte de malédiction particulière qui poursuit et décime ainsi ces pauvres Chinoises qui, pour la plupart, sans avoir jamais fumé, se retrouvent atteintes de l'un des plus redoutables cancers ?

Bien, ne cherchez pas plus longtemps, la réponse est assez incroyable mais pourtant aujourd'hui parfaitement authentifiée : ceci résulte en fait de leur façon de faire la cuisine.

Aussi invraisemblable que cela puisse paraître, cette hécatombe n'est pas due à la cigarette ou même à la pollution urbaine. Non, pas du tout. Elle résulte de la cuisson au wok d'huiles potentiellement cancérigènes !

Nous allons bien sûr y revenir et vous donner toutes les explications sur ce phénomène inquiétant et qui vous était, pour la plupart, j'en suis sûr, totalement inconnu.

Les matières grasses et le cancer

Commençons par le commencement.

Les matières grasses contribuent-elles à augmenter ou à diminuer notre risque de développer un cancer ? Et, si oui, de quels cancers s'agit-il ? Enfin, le mode de cuisson de nos aliments intervient-il dans la cancérogenèse par la nutrition et ce, qu'il s'agisse de modes de cuisson avec ou sans matières grasses ?

Sacré défi que d'essayer de répondre à ces trois questions tant la littérature scientifique est féconde sur ce sujet et les rumeurs de tous genres sont nombreuses et trompeuses, mais essayons d'y voir plus clair ensemble.

S'il y a bien une famille d'aliments que vous connaissez mal, c'est celle des matières grasses. D'ailleurs, quand j'entends parler des matières grasses, j'ai parfois l'impression d'entendre parler d'une famille recomposée gigantesque, où l'on confond tout et tout le monde.

On vous dit de consommer des huiles avec des acides gras insaturés car elles sont meilleures pour la santé[3] et vous faites déjà une première confusion : vous comprenez qu'elles sont bonnes et qu'elles sont moins caloriques. Non !

Rien à voir : toutes ces huiles contiennent près de 100 % de matières grasses et doivent donc être consommées en quantité raisonnable. Surtout, pour éviter autant que possible d'avoir un cancer, ne négligez pas, au départ déjà, que consommer des matières grasses riches en acides gras insaturés ou pas est susceptible, à cause de l'apport calorique important, de vous faire grossir. Ce qui, on le verra plus loin, est un vrai facteur de risque en matière de cancer.

Ensuite, deuxième erreur, vous avez l'impression que tout ce qui est végétal est moins nocif pour la santé (Quelle erreur ! N'oubliez jamais que c'est dans le monde végétal que l'on trouve les plus grands poisons, et notamment le tabac !) et que les huiles végétales sont donc meilleures pour la santé que les graisses saturées que l'on trouve dans les laitages ou la viande... C'est faux aussi ! De nombreuses huiles végétales sont aussi riches en acides gras saturés que les produits issus d'animaux (tableau 29).

Tableau 29
Comparaison des apports
de différentes matières grasses[4]

Matière grasse	Apport calorique (kcal/ 100 g)	Teneur en lipides (g/ 100 g)	Dont AGS (g/ 100 g)	Dont AGMi (g/ 100 g)	Dont AGPi (g/ 100 g)	Cholestérol (mg/ 100 g)
Huile moyenne	899	99,9	12,7	57,6	27,7	0
Beurre	748	82,6	57	21,7	3,1	226
Graisse d'oie	896	99,6	27,3	57,1	11	100
Margarine	736	81,6	19,4	17	41,6	Traces
Saindoux	900	100	46,7	37,8	9	95

Alors, peut-on dire comme certains qu'il vaut mieux éviter complètement les matières grasses ? Là aussi, cette idée décidément n'est pas juste. Car certaines vitamines et autres oligoéléments, notamment certains préventifs du cancer, sont liposolubles. Sans graisses, vous ne pouvez pas en profiter ; ce qui est dommageable pour votre santé. Sachez, que pour bien faire, les lipides ou matières grasses doivent représenter environ 30 à 35 % de votre apport énergétique quotidien[5].

Soit ! Mais quels lipides ?

Sachez qu'il existe quatre types d'acides gras :

1 – Les acides gras polyinsaturés (AGPi) : on les trouve dans de nombreuses huiles végétales (soja, maïs, tournesol), les poissons gras (saumon, maquereau, éperlan, hareng et huître), les huiles de poisson, les graines de lin, de tournesol, dans le soja et certaines noix (Grenoble).

2 – Les acides gras monoinsaturés (AGMi) : il y en a dans l'huile d'olive, de canola, de tournesol à forte teneur en acide oléique, les avocats et certaines noix (cajou, pacane, amandes, arachides...).

3 – Les acides gras saturés (AGS) : huile de coco, de palme, de palmiste, graisses animales (porc, bœuf), beurre, fromage renferment une forte proportion d'acides gras saturés.

4 – Les acides gras trans (AGT) : on les trouve à l'état naturel en petites quantités dans certains aliments (produits laitiers, bœuf et agneau). Ils se forment également au cours du raffinement des huiles de canola ou de soja ainsi que lors de la transformation de l'huile liquide en graisse semi-solide comme la margarine.

Tableau 30
Composition en acides gras de différentes huiles[6]

Huile	Apport calorique (kcal/ 100 g)	Teneur en lipides (g/100 g)	Dont AGS (g/100 g)	Dont AGMi (g/100 g)	Dont AGPi (g/100 g)
Arachide	899	99,9	19,8	45,2	30,1
Olive vierge	898	99,8	15,1	77,2	7
Colza	900	100	7,6	58,9	29,7
Noix	899	99,9	9,3	17	69
Pépins de raisin	900	100	9,6	18,2	67,8
Soja	899	99,9	14,1	20,5	60,5
Tournesol	900	100	11,5	20	64,4
Mélange d'huiles commercial	899	99,9	10,5	42,4	44,9

Les produits alimentaires fabriqués avec des matières grasses ou des huiles à forte teneur en acides gras saturés ou trans présentent souvent des textures et des saveurs alléchantes.

Les huiles riches en acides gras polyinsaturés et mono-insaturés sont riches en oméga-3, en oméga-6 et en oméga-9.

Les oméga-3 en question

Bon, maintenant que ce petit tour d'horizon est fait, que vous connaissez les différentes huiles, vous allez me demander : lesquelles faut-il que je consomme ?

Alors, désolé, je sens que je vais vous faire de la peine mais laissez-moi vous dire sans autres fioritures qu'il n'existe aucune preuve que les oméga-3 (ou les 6 ou les 9 d'ailleurs non plus) protègent du cancer chez l'homme[7]. Voilà, c'est simple : aucune preuve chez l'homme, en tout cas, qui soit suffisamment convaincante du point de vue scientifique pour être mentionnée ici.

Des études indirectes sur la consommation de poissons riches en oméga-3, par exemple, peuvent avoir montré un impact sur certains cancers mais, malheureusement, d'autres études sont venues assez rapidement contredire ces effets[8] et, finalement, dans son fameux rapport de 2007, le World Cancer Research Fund ne cite pas une seule fois les oméga-3 comme de véritables composés alimentaires protecteurs vis-à-vis du cancer[9].

C'est même en fait peut-être pire. En effet, lorsqu'ils sont exposés à la lumière, les oméga-3 et les oméga-6 ont une fâcheuse tendance à se transformer en des substances beaucoup moins bonnes pour la santé. Ils se transforment en composés toxiques comme les radicaux libres et les peroxydes lipidiques, particulièrement décapants pour le matériel génétique que nos cellules contiennent[10]. Et ce, tout simplement parce que ces huiles riches en oméga-3 et 6 sont particulièrement instables à la lumière et finissent par rancir, transformant nos bons acides gras insaturés en agents cancérigènes. En fait, bien souvent, vous pensez consommer une huile saine mais, mise en contact avec la lumière, elle rancit et se charge en péroxydes lipidiques cancérigènes. Alors, un conseil, conservez ce type d'huiles à l'abri de la lumière, mettez-les dans un emballage antilumière ou consommez-les rapidement (achetez de petites bouteilles !).

Pour en revenir donc à nos oméga-3, s'il est vrai qu'il existe aujourd'hui plusieurs essais en cours chez l'homme pour essayer de démontrer un effet préventif sur certains cancers, à ce jour, aucune de ces études n'a encore permis d'arriver à la conclusion que cet effet était démontré. D'ailleurs, en 2006, dans un fameux papier publié dans la célèbre revue américaine *Journal of American Medical Association* (*JAMA*), l'un des plus grands spécialistes de la question, le professeur D. MacLean, indiquait que la consommation d'oméga-3 avait peu de chances de réduire les risques de cancer[11].

Les huiles chauffées

À part la lumière, la chaleur aussi, si elle est mal utilisée, peut être un facteur de toxicité des huiles, quelles qu'elles soient. Le principe est simple. Plus une huile est instable (comme les huiles riches en acides gras poly- ou mono-insaturés), et moins elle supporte des températures élevées. Les corps gras se modifient peu à peu à la chaleur. Ce phénomène est dû à l'action de l'oxygène et de l'air. L'huile alors se colore, devient visqueuse et il y a apparition de mousse. C'est le point de fumée (tableau 31, p. 151) et c'est précisément à ce moment que l'huile devient nocive. Le glycérol des corps gras se transforme en acroléine, l'odeur est âcre et les péroxydes lipidiques que nos cellules détestent apparaissent en masse[12]. L'huile devient alors cancérigène. Ceci est lié à l'apparition de nombreuses substances cancérigènes dans les huiles portées à haute température où l'on a pu retrouver plus de 50 composés organiques volatils, dont plusieurs sont connus pour être de puissants mutagènes (capables de provoquer des mutations sur le patrimoine génétique des cellules) et de véritables cancérigènes chez l'homme. Il s'agit de benzène, de benzo-(a)-pyrène, d'anthocène, d'acrolèïne et de formaldéhyde[13] (tableau 6, p. 77).

Même si vous n'y connaissez rien, avouez que ces noms n'ont rien pour vous rassurer. Et vous avez raison ! Ce sont de terribles cancérigènes capables, en quelques minutes, de transformer l'une de vos cellules normales en une cellule définitivement cancéreuse ! Et quand cette cellule sera apparue, ce sera trop tard généralement car, quoi que vous fassiez, cette cellule, tapie dans votre corps, commencera à se diviser, à se multiplier. Une cellule en donne deux, puis quatre, huit, seize, trente-deux, soixante-quatre, cent vingt-huit, etc. et, un jour, on s'apercevra que vous avez un cancer.

C'est pour cette raison que la cuisson avec de l'huile portée à haute température a été classée par l'Organisation mondiale de la santé comme un procédé cancérigène du groupe 2A (c'est-à-dire probable)[14] (tableau 6, p. 77). Alors cela, bien sûr, va dépendre de l'huile que vous utiliserez et de la température de cuisson. Et, bien sûr, du problème de l'utilisation itérative de la même huile pour de nombreuses cuissons. Ne croyez pas que cela soit vraiment rare. D'après la deuxième étude de la Direction générale de la concurrence, de la consommation et de la répression des fraudes (DGCCRF)[15], réalisée à partir de

Tableau 31
Points de fumée de différentes huiles[16]

Huile	Point de fumée (°C)
Amande	216
Arachide	227
Arachide vierge	160
Colza raffinée	204
Colza semi-raffinée	177
Colza vierge	107
Macadamia	199
Noisette	221
Noix vierge	160
Olive extravierge	160
Palme	240
Pépins de raisin	216
Sésame vierge	177
Soja vierge	160
Tournesol oléïque vierge	160
Tournesol vierge	107

2 358 contrôles effectués dans tous types de restaurants, une fois sur six, les huiles étaient dégradées, dangereuses et auraient depuis longtemps dû être changées pour nombre d'entre elles.

Les ustensiles de cuisson

Sachez simplement que, quand vous mettez des aliments frais dans une poêle plate avec de l'huile, les aliments vont nécessairement relâcher de l'eau qu'ils contiennent dans l'huile. Ce phénomène combiné avec le fait que la chaleur se répartit sur toute la surface plane de la poêle va empêcher la température de l'huile d'atteindre des seuils dangereux.

En revanche, lorsque, comme les Asiatiques, vous utilisez un wok, cette température va généralement monter au-delà de 240 °C au fond de l'ustensile[17] et provoquer alors l'apparition de ces amines aromatiques polycycliques hautement cancérigènes dont on a cité plus haut quelques noms des plus connues et toxiques pour l'homme.

Il y a des dizaines de preuves, non seulement expérimentales mais, comme je vous l'ai dit dans le chapitre introductif, d'études chez l'homme qui confirment ces données. On sait par exemple que c'est ce phénomène qui explique la réponse à la devinette du début de ce chapitre. On peut même mesurer le niveau de ce risque de cancer du poumon chez les femmes asiatiques en fonction du nombre de repas qu'elles cuisinent par semaine ou du nombre d'années pendant lesquelles elles ont cuisiné au wok[18]. On a pu aussi montrer récemment combien ce risque était élevé chez les cuisiniers chinois dans une étude portant sur les personnels de vingt-trois restaurants asiatiques.

Et les huiles, sont-elles toutes égales ?

L'huile, bien sûr, va également jouer un rôle. D'abord, parce que le point de fumée n'est pas le même pour toutes les huiles, on l'a vu dans le tableau 31. Ensuite aussi, en fonction de son degré de saturation. Ce problème de l'apparition d'hydrocarbures aromatiques polycycliques cancérigènes dans l'huile portée à haute température a été confirmé notamment pour l'huile de colza et les huiles de périlla et de graines de chanvre[19].

Par exemple, si l'on considère la cuisson au wok avec de l'huile de lin comme la moins dangereuse (même s'il a été parfaitement démontré que, même avec cette huile, la cuisine au wok donne le cancer du poumon), le fait de cuisiner avec de l'huile de colza augmente le risque de cancer du poumon de 65 % et, s'il s'agit de périlla ou d'huile de graines de chanvre, ce risque est alors multiplié par 325 %. Par contre, l'huile d'arachide semblerait la moins dangereuse[20].

Alors, encore une fois, il ne s'agit pas ici de bannir complètement et définitivement la cuisine au wok ou à l'huile de colza. Non. Il s'agit d'être informé pour choisir son huile en fonction de ce que l'on veut en faire et d'éviter de cumuler les risques de même nature comme fumer et cuisiner au wok, par exemple, puisque tous les deux augmentent de façon significative le risque de cancer du poumon.

D'autre part, il peut parfois exister des solutions de détoxification vis-à-vis de l'effet mutagène et cancérigène des hydrocarbures aromatiques polycycliques. En effet, très récemment, des auteurs taïwanais ont démontré qu'une bonne dose de quercétine (nous l'avons déjà vu mais surtout, nous en parlerons dans les compléments alimentaires) pourrait inhiber cet effet délétère sur notre santé, ouvrant là une piste intéressante de prévention[21].

Bon, vous êtes angoissés d'avoir appris combien les matières grasses, outre leur rôle sur l'embonpoint avec le risque que cela implique en matière de cancer, peuvent être cancérigènes si on les laisse à la lumière ou si on les chauffe à haute température.

L'acrylamide, produit de cuisson cancérigène

Malheureusement, je vais encore aggraver votre angoisse. Parce qu'il nous faut maintenant parler d'une autre substance extraordinairement cancérigène et qui apparaît du fait de la cuisson de certains aliments : l'acrylamide.

Cet acrylamide, considéré par l'Organisation mondiale de la santé comme un vrai cancérigène prouvé chez l'homme[22] (tableau 6, p. 77), commence à inquiéter nos agences sanitaires qu'il s'agisse de l'Afssa pour la France[23], du BPIC pour le Canada[24] qui vient de lancer un vaste plan d'échantillonnage ou de l'Agence européenne[25]. De quoi s'agit-il ?

En fait, sous l'effet de la température, une réaction chimique peut se produire au cours de laquelle les sucres contenus dans les aliments cuits vont s'associer avec certains acides aminés qui composent ce même aliment. En l'occurrence, cette réaction, dite « réaction de Maillard », est susceptible de produire ce fameux acrylamide hautement cancérigène quand l'acide aminé qui entre dans la réaction est l'asparagine[26]. Donc, assez logiquement, si vous chauffez à température élevée un aliment riche en asparagine, vous risquez de provoquer l'apparition d'acrylamide cancérigène.

Cette asparagine représente 40 % des acides aminés totaux des chips, 14 % dans la farine de blé et 18 % par exemple dans les produits à base de seigle, riches en protéines[27].

Récemment, l'Afssa publiait un rapport basé sur les données obtenues à partir de deux cents échantillons provenant de l'industrie agroalimentaire et que vous achetez tous les jours dans votre supermarché[28].

Tableau 32
Dosage de l'acrylamide sur des produits achetés dans le commerce ou issus des chaînes de production, par type de produits[29]

Produits	Teneur moyenne en acrylamide (µg/kg)
Boissons au café et succédanés	485
Snacks salés	428
Frites et chips	395
Biscuits et pâtisseries	191
Céréales pour petit déjeuner	127
Pain grillé, biscottes et crakers	91
Chocolat et barres chocolatées	75
Produits infantiles	41
Plats cuisinés	35
Produits laitiers	13

Pour des raisons évidentes, il n'est pas question de parler de noms de marques mais, vous allez voir, les données de ce rapport peuvent parfois faire froid dans le dos !

Si vous considérez que les échantillons provenant de produits laitiers contenaient des taux extrêmement bas d'acrylamide, de l'ordre de 10 à 35 µg/kg, en comparaison, les frites et chips pouvaient en contenir jusqu'à 2 600 µg/kg. Les céréales au miel 410 µg/kg, les produits salés frits à base de pomme de terre 850 µg/kg. Quant aux produits à base de café soluble et de chicorée, notamment ceux fabriqués en Suisse, leur teneur en acrylamide avoisinerait systématiquement les 1 000 µg/kg[30] ! Pour une substance aussi cancérigène que l'acrylamide, c'est pas mal, non ?

Tableau 33
Liste non exhaustive de produits
contenant des teneurs réduites en acrylamide[31]

Produits	Pays d'origine	Teneur moyenne en acrylamide (µg/kg)
Biscottes	France	10
Biscuit sucré à base de blé	France	< 10
Chocolat noir	Suisse	< 10
Desserts laitiers	France	< 10
Frites (produit surgelé préfrit)	France	< 50
Lasagnes	Suisse	< 20
Madeleine	France	< 10
Moelleux	France	< 10
Pâtisserie au chocolat	France	32
Produits laitiers fermentés	France	< 10

Tableau 34
Liste non exhaustive de produits
contenant des teneurs élevées en acrylamide[32]

Produits	Pays d'origine	Teneur moyenne en acrylamide (µg/kg)
Biscuit	France	550
Café instantané	Suisse	567
Céréales au miel	France	410
Chicorée	Suisse	1 300
Cracker	France	250
Croustilles légères au maïs	France	245
Frites	Suisse	2 600
Pain d'épice	France	300
Produit salé frit à base de pommes de terre	France	900
Snack extrudé salé	France	600

Nous avons envisagé le risque lié à certaines cuissons, à certaines huiles, à certains produits. Qu'en est-il pour le risque de cancer et la consommation générale en matières grasses ? Et *quid*, pour finir, des autres modes de cuisson ?

Finalement, encore une fois, en dehors du risque de prendre du poids lié aux matières grasses, toujours très caloriques, il n'y a pas d'éléments convaincants qui permettent de penser avec certitude que les autres matières grasses étudiées, et notamment le beurre, puissent avoir un effet ni positif ni négatif, par rapport au risque de cancer.

Enfin, une bonne nouvelle !

L'autre, malheureusement, est plus négative. Nous l'avons évoquée lorsque nous avons parlé des viandes. Il s'agit de la cuisson au barbecue ou, d'une façon générale, de la cuisson par grillades. C'est drôle parce que vous êtes nombreux à penser que lorsque vous voulez avoir une alimentation saine, il faut privilégier des poissons ou des steaks grillés.

En fait, ce mode de cuisson est très certainement dangereux pour la santé, en tout cas, en ce qui concerne le cancer. Le mécanisme en jeu est, comme on l'a vu, lié à l'effet des températures élevées sur les produits biologiques avec production en quantité de composés néoformés comme les amines hétérocycliques et les hydrocarbures aromatiques polycycliques, deux types de produits hautement cancérigènes. Ceci résulte du contact de la viande ou du poisson avec la flamme, ce qui correspond à des températures de plus de 500 °C. C'est pourquoi, d'ailleurs, notre chère Afssa nous recommande de réserver ce mode de cuisson à une utilisation occasionnelle et en essayant d'éviter le contact ou la proximité (moins de 10 cm) du produit alimentaire avec la flamme[33].

Alors, encore une fois, cela ne signifie pas que le barbecue doit être pour toujours banni et jeté à la poubelle. Cela signifie simplement qu'il faut l'utiliser avec parcimonie, quelques fois par an, et entre-temps éviter de manger trop souvent des grillades.

Et que, quand on peut, mieux vaut, comme 28 % de la population française, manger un steak tartare ou, comme un Français sur huit, du poisson cru (en évitant, je vous le rappelle, le thon rouge, l'espadon et le saumon)[34].

Et que, si vous faites cuire votre viande, préférez-la peu cuite comme plus de 60 % de nos concitoyens.

Chapitre VIII

LES SUCRES ET PRODUITS SUCRÉS, À NE PAS SUPPRIMER COMPLÈTEMENT

Récemment encore, un de mes amis, célèbre humoriste, m'interpellait ainsi dans un dîner : « Tu es bien d'accord que le sucre raffiné, le sucre blanc, dont le raffinement utilise un procédé à base d'os de chien, est hautement cancérigène, non ? »

Pendant un moment, j'avoue que j'ai cru que c'était une blague ! Mais quelle ne fut pas ma stupéfaction quand je m'aperçus que tous les convives autour de moi étaient parfaitement d'accord avec lui !

C'est pourquoi, à part bien sûr le fait que le raffinement du sucre n'utilise absolument pas de poudre d'os de chien, je crois qu'il est nécessaire de faire une mise au point sérieuse sur ce sujet et donc d'y consacrer un chapitre.

Ah, le sucre ! Rien qu'à dire le mot « sucre », je suis sûr qu'une bonne majorité d'entre vous voit déjà défiler devant ses yeux des bonbons, des gâteaux, du chocolat, des gourmandises de toutes sortes, alors qu'on ne rêve pas autant quand on parle de bifteck ou de chou-fleur !

Le goût du sucre nous apaise, nous fait du bien, nous donne envie d'en consommer encore une petite bouchée, et encore une... Si vous vous écoutiez et si le sucre ne faisait l'objet d'aucune restriction alimentaire, les confiseurs ne penseraient même plus à leur fameuse trêve. Ces aliments sucrés vous évoquent la nostalgie de votre enfance, les recettes inédites de confitures transgénérationnelles, la douceur du giron maternel.

Pourquoi ? Parce que le goût, l'un de nos cinq sens, est lié à des récepteurs situés sur la langue et la bouche, que ces récepteurs, au nombre de 7 000 chez le bébé et qui ne sont plus que 2 000 en moyenne à 60 ans, sont chacun spécifiques d'une saveur élémentaire : salé, sucré, acide, amer. Et que les récepteurs pour le goût sucré sont non seulement les plus nombreux mais aussi, en plus, les premiers à apparaître dès le stade de fœtus dans le ventre de sa mère[1].

Tableau 35
Pouvoir sucrant de différents produits

Produit	Pouvoir sucrant relatif
Acesulfam (E940)	130-200
Aspartame (E951)	200
Fructose	110-120
Glucose	70
Lactose	30
Miel	100
Saccharine	300-500
Saccharose (référence)	100
Sucre inverti	100-110

La consommation de sucre et le risque de cancer

Alors, cela étant dit, y a-t-il un lien quelconque entre consommation de sucres ou d'édulcorants et risque de cancer[2] ?

Une façon de vous laisser entrevoir la réponse à cette question est de vous signaler que le fameux rapport mondial sur alimentation et cancer du World Research Cancer Fund auquel nous nous sommes souvent référés dans notre livre, et qui fait plus de 600 pages, ne consacre qu'une page aux sucres et édulcorants[3] ! Une page à peine...

Mais, comme à chaque fois, je crois que ceux qui, comme vous, ont acheté notre livre sur le vrai régime anticancer ont envie d'en savoir plus, d'avoir eux-mêmes les informations les plus relevantes, de se faire par eux-mêmes une opinion étayée ou, en tout cas, pressentie comme telle après avoir lu, avoir compris, avoir réfléchi, avoir passé tout ce corpus d'informations au filtre du bon sens et, au final, en avoir tiré une conclusion et de nouvelles habitudes alimentaires pour mieux gérer votre risque de cancer et, plus encore, celui de ceux, comme vos enfants, qui vous sont chers.

Alors, commençons par les vrais produits sucrés.

Que savons-nous et comment en est-on arrivé à ce que certains pseudo-spécialistes vous affirment que le sucre est cancérigène alors même que l'instance la plus reconnue au monde, dans son volumineux rapport, en arrive à la conclusion inverse ?

En réalité, c'est tout simplement que les premiers jouent à vous faire peur en faisant un amalgame inacceptable du point de vue scientifique.

Les effets de l'insuline et de l'IGF1

Alors, que savons-nous du sucre ? Une chose – et celle-là, elle, est aujourd'hui indiscutable et nous lui consacrerons un chapitre entier très bientôt –, c'est que le surpoids ou l'obésité favorisent le cancer.

Mais comment, à partir de cette information scientifiquement vraie, certains en sont-ils arrivés à vous interdire de manger du sucre ? C'est un peu compliqué, mais je vais essayer de vous l'expliquer. Il existe dans le corps, une hormone très importante qui contrôle ce que deviennent le sucre et la graisse que nous mangeons. Cette hormone, c'est l'insuline. Cette insuline va gérer ce que notre organisme absorbe et qui contribue à notre métabolisme énergétique. Elle provoque soit le stockage du sucre quand il est relativement trop abondant (alimentation riche ou dépense énergétique faible), soit, dans les situations opposées, elle va provoquer le déstockage du sucre mis en réserve, dans le foie et les muscles principalement. Elle contribue également à créer un deuxième stock d'énergie dans notre graisse et, en cas de besoin, va chercher dans la graisse ce dont elle a besoin pour refabriquer du sucre, en cas de famine ou de régime amaigrissant par exemple.

On le voit, c'est une hormone essentielle. Il faut savoir que, en cas d'obésité, cette hormone, l'insuline, n'arrive pas bien à faire son travail. Un peu comme si elle était débordée à force de gérer toute l'énergie que nous absorbons dans notre alimentation trop riche tout en gérant le stock de graisse un peu partout dans le corps. Comme n'importe qui, si vous la surchargez de travail, elle n'y arrivera plus. Que se passe-t-il alors ?

Tableau 36
Apports glucidiques et lipidiques
de divers produits sucrés[4]

Pour 100 g	Kcal	Glucides totaux (en g)	Dont sucres (en g)	Lipides (en g)
Baba au rhum	277	28,8	23,3	13,4
Biscuit sec petit beurre	446	73,8	22,1	13,1
Bonbons (moyenne)	339	75,4	75,2	3,5
Brownie	444	47,9	40	25,3
Cake aux fruits	409	61,2	42,4	16,1
Chocolat au lait	547	57,5	56,5	32,1
Chocolat noir 70 % de cacao	545	33	26,8	42,3
Confiture (moyenne)	220	54,4	54,4	0,27
Cookie	511	62,6	34,5	25,9
Crumble aux pommes	223	32,8	23,7	9
Éclair	254	31,3	22,6	11,8
Flan pâtissier aux œufs	201	27,9	10,3	8,1
Fructose	380	95	95	0
Madeleine	441	54,3	19,2	22,2
Meringue	394	91,6	91,6	0,7
Miel	316	78,6	78,6	0
Mille-feuille	292	43,7	21,1	11,3
Pâte à tartiner chocolat noisette	510	57,1	56,5	28,9
Sucre	400	100	100	0
Tarte aux pommes	271	37,4	14,8	11,6

Eh bien, notre pancréas va sécréter d'avantage d'insuline, de plus en plus, afin d'y arriver quand même. Il y aura plein d'insuline dans votre sang, ce que l'on appelle une hyper-insulinémie.

À un certain moment, et c'est ce que l'on voit chez les personnes trop grosses, il peut y avoir débordement et l'on aboutit alors à un diabète dit du « sujet gras » (différent du diabète du jeune, où là, le pancréas s'est arrêté de fabriquer l'insuline).

Cette insuline en très grande quantité va commencer à jouer d'autres rôles que le simple rôle de gérer votre sucre, qu'il soit celui circulant dans le sang (la glycémie) ou celui stocké. L'insuline va devenir un facteur stimulant la crois-sance cellulaire ou stimulant la prolifération des cellules[5]. Des cellules quelles qu'elles soient : normales ou cancéreuses.

D'autre part, en trop grande quantité, elle va stimuler la sécrétion par le foie d'une autre substance qui stimule la prolifération des cellules et que l'on a déjà vue : l'IGF1. Elle va même, dans certains cas, l'imiter et prendre sa place en stimulant elle-même, plus fortement encore, la multiplica-tion cellulaire.

Or l'effet de l'IGF1, ou de l'insuline quand elle l'imite et prend sa place, est potentiellement très dangereux vis-à-vis du risque de cancer car cette substance facilite la transformation sous l'effet de toxiques cancérigènes d'une cellule normale en cellule cancéreuse. Elle inhibe aussi le suicide des cellules cancéreuses (l'apoptose) et enfin, elle stimule directement la capacité des cellules à se diviser et se multiplier[6].

D'une manière plus indirecte, mais tout aussi dangereuse, l'IGF1 et l'excès d'insuline vont provoquer une augmentation de la fabrication d'hormones sexuelles[7] comme les œstro-gènes, risquant aussi de stimuler la croissance d'éventuelles cellules cancéreuses cachées dans un sein. Il en est de même pour les hormones mâles et le risque de cancer de la prostate. On a donc bien ici un mécanisme parfaitement compris et identifié qui explique, comme nous le reverrons dans un autre chapitre, le lien entre obésité et risque de cancer.

Mais, et le sucre, me direz-vous ? Eh bien, du sucre, en tout cas en tant qu'aliment que nous mangeons, il n'en est absolument pas question ! Et c'est là l'amalgame fraudeleux dont je vous parlais plus haut. Du sucre aliment, il n'en est pas question une seule seconde !

L'amalgame tient au lien que nous faisons tous dans notre esprit entre insuline, diabète et sucre !

Alors, allons plus loin. Comme vous pouvez l'imaginer, de très nombreuses études ont été réalisées pour chercher quand même s'il n'existait pas un petit lien entre le sucre lui-même et certains cancers.

En fait, ces études bien sûr existent et elles ont traité de six cancers : de la prostate, du côlon, de l'ovaire, du sein, du pancréas et de l'utérus. D'une façon assez simple, disons tout de suite que pour les cancers du pancréas[8], de la prostate[9], de l'ovaire et de l'utérus[10], aucune étude sérieuse n'a pu obtenir un quelconque résultat reproductible sur le lien entre sucre mangé et cancer.

Pour le cancer du sein, deux grandes études de cohorte se sont avérées négatives. La première, portant sur plus de 60 000 femmes suédoises suivies pendant plus de quinze ans, a permis de montrer que les 2 952 femmes qui, finalement, dans le temps de suivi de la cohorte, ont développé un cancer du sein, ne mangeaient pas plus de sucre que les 57 000 autres de la cohorte qui, elles, n'ont pas eu de cancer du sein[11].

La seconde, portant aussi sur un peu plus de 60 000 femmes là aussi suivies une dizaine d'années, mais toutes ici déjà ménopausées, a montré encore une fois que c'est le surpoids ou l'existence d'un tour de taille élevé (ce qui est une façon indirecte de tenir compte du surpoids) qui était corrélé avec le risque de cancer du sein[12] mais qu'il n'y avait pas de lien entre le sucre mangé et le cancer.

Enfin, une immense étude qui fait une sorte de moyenne de toutes les études publiées sur la question jusqu'en 2008, a finalement conclu à l'absence de lien significatif entre la quantité de sucre ingurgité et le risque de développer un cancer du sein, que ce soit avant ou après la ménopause[13].

Reste le cancer du côlon. Si l'on regarde les conclusions de deux grandes études de cohorte prospectives[14], portant sur plus de 130 000 personnes suivies pendant près de vingt ans, on constate qu'il n'y a pas de lien entre cancer colorectal et consommation de sucres chez la femme. Il existerait peut-être une petite élévation du risque mais seulement en cas de forte consommation, uniquement s'il s'agit de fructose et de saccharose et, en plus, uniquement chez les hommes en surpoids !

Honnêtement, connaissant déjà le risque lié au surpoids, il est difficile de faire la part des choses et d'incriminer le sucre chez ces sujets déjà à risque élevé de cancer.

Enfin, une reprise récente de toutes les études publiées sur ce sujet a permis d'écarter définitivement l'existence d'un lien entre sucres ingérés et cancer colorectal[15].

Encore mieux, une immense étude de cohorte appelée la *Multiethnic Cohort Study*, portant sur plus de 191 000 adultes a très récemment apporté même une conclusion inverse : chez les femmes en tout cas, la consommation élevée d'hydrates de carbone semble protéger du cancer colorectal[16]. À condition, bien sûr, de rester mince !

Et les édulcorants ?

Justement, à ce propos, qu'en est-il pour finir ce chapitre, des édulcorants ? Ce que tout le monde appelle « faux sucres ». En 1996, une rumeur sur la toxicité de l'aspartame se diffuse en masse sur Internet : l'édulcorant en question serait cancérigène !

Qu'en est-il en réalité, près de quinze ans après ? L'aspartame n'est d'abord pas un produit artificiel, synthétique. Il est naturel. Découvert en 1965, il est l'addition de deux acides aminés : l'acide L-aspartique et l'acide L-phénylalanine. Sans pouvoir énergétique (zéro calorie) et, en revanche, deux cents fois plus sucrant que le sucre lui-même, il est un excellent palliatif à la consommation de sucre. Depuis 1981, il est garanti, sans restriction, d'une totale innocuité pour la santé de l'homme, garantie accordée par l'Organisation mondiale de la santé et la Food and Agriculture Organisation, plus de seize ans après sa découverte. Les deux institutions recommandent de ne pas en consommer plus de 40 mg/kg/j (aujourd'hui, la FDA a même augmenté ce taux à 50 mg/kg/j), soit pour un homme de 80 kg, un apport de 3 200 mg/j, soit plus de 150 sucrettes ! Juste par comparaison, sachez qu'un diabétique qui ne consomme que ça toute la journée n'en consomme pourtant pas plus de 10 mg/kg/j[17]. On est donc vraiment tranquille.

Quel que soit le cancer étudié chez l'homme, jamais, dans aucune étude sérieuse, l'aspartame n'a pu être incriminé comme étant potentiellement cancérigène. Je crois franchement que, en tout cas en ce qui concerne l'aspartame, nous n'avons pas d'inquiétude à nous faire.

Sirop d'agave et stévia

Enfin, qu'en est-il de certains produits sucrants tels que le sirop d'agave et la stévia ?

Pour ce qui est du premier, extrait d'un cactus mexicain servant par ailleurs à fabriquer la tequila, il a pu être dit qu'il était meilleur que le sucre. C'est vraiment n'importe quoi ! D'abord, puisque finalement tout concourt à démontrer que le sucre est sain, pourquoi remplacer un produit sain par un autre produit sain ? Ensuite, quand on regarde les propriétés antioxydantes de toute une batterie de produits sucrants, on constate que le sirop d'agave est au même niveau que le sucre[18], bien inférieur au sirop d'érable ou au miel ! Ensuite, parce que lorsque j'ai demandé à mon ami le professeur Jaime de la Garza, président de l'Institut national du cancer du Mexique, si, par hasard, les Indiens mexicains qui, par tradition ancestrale, sucrent leurs aliments avec du sirop d'agave, avaient moins de cancers que les Mexicains d'autres ethnies, il m'a ri au nez et m'a confirmé qu'il n'en était rien.

Enfin, la stévia qui arrive en France, que faut-il en penser ?

Naturelle, avec un pouvoir sucrant de 140 à 250 fois supérieur à celui de la saccharine selon l'espèce utilisée[19], la stévia vient de recevoir l'autorisation d'utilisation pour la fabrication d'un édulcorant à destination de l'industrie agroalimentaire[20]. Cette plante sud-américaine est déjà utilisée en tant qu'édulcorant dans de nombreux pays (en Amérique du Sud, au Japon et aux États-Unis) mais son utilisation a été interdite en Europe en raison, entre autres, de soupçons qui pèsent sur elle quant à son rôle en matière d'infertilité chez le rat[21].

Nous n'avons pas assez de recul en termes d'études sur ce sujet et, pour l'instant, je préfère rester prudent et ne pas émettre encore d'avis !

Chapitre IX

LES BOISSONS, LESQUELLES ?

Avant même l'alimentation, c'est l'hydratation qui maintient notre organisme en vie. Sans boire, nos chances de survie sont bien plus restreintes que si nous restions sans manger. Dès le troisième jour sans boisson, des symptômes liés à la déshydratation apparaissent et, sans rapidement remédier à cette situation, la mort surviendra quelques jours plus tard.

Pourquoi ? Parce que notre corps est constitué à 65 % d'eau[1], et d'avantage encore chez l'enfant.

Dans nos pays développés, nous avons beaucoup de chance car l'accès à l'eau potable, à une eau relativement sûre, n'est pas un problème. Ça l'est cependant, il faut se le rappeler, pour plus de 20 % de la population mondiale et l'eau[2], quand elle n'est pas bonne, au lieu de permettre la vie, tue encore aujourd'hui, d'après l'Organisation mondiale de la santé, près de 1,6 million de personnes chaque année dans le monde[3].

L'eau en France, une eau saine ?

Mais revenons à la situation en France. On le dit, on le répète, l'eau est bonne, qu'elle vienne du robinet ou qu'elle soit vendue en bouteilles, qu'elle soit de source ou minérale, l'eau en France est saine. Est-ce bien vrai ?

Dans un rapport publié en 2008 par la Direction générale de la santé[4], il apparaît, comme le montre le tableau 37, que cinq millions de Français ont bu cette année-là de l'eau du robinet contenant des concentrations de pesticides supérieures aux limites de qualité, donc non conformes à la réglementation.

Tableau 37
Situation de la conformité des eaux du robinet
en matière de pesticides en 2008[5]

Situation	Unité de distribution de l'eau (nombre et %)		Population alimentée (nombre et %)	
Conformité de l'eau	21 618	84 %	56,4	91,2 %
Concentration en pesticides > limites de qualité, mais pas de restriction d'utilisation de l'eau	1 169	4,5 %	4,9	8 %
Concentration en pesticides souvent > limites de qualité, avec restriction d'utilisation de l'eau pour la boisson et la préparation des aliments	96	0,4 %	0,1	0,1 %
Non disponible	2 858	11,1 %	0,5	0,7 %

Les situations les pires de ce point de vue se sont retrouvées dans les départements de Seine-et-Marne et d'Eure-et-Loir. Non seulement cela me semble inquiétant car certains de ces pesticides contenus dans l'eau sont potentiellement cancérigènes mais, en plus, le fait que les unités de distribution d'eau ne soient vérifiées que tous les cinq ans au captage de l'eau et même pour les plus petites unités, à peine une fois tous les dix ans, n'est pas vraiment là pour nous rassurer !

Et les pesticides ne sont malheureusement pas les seuls produits potentiellement cancérigènes que l'on peut trouver dans notre bonne eau du robinet. Prenons une substance connue comme cancérigène et classée comme telle par l'Organisation mondiale de la santé : l'arsenic[6].

Tableau 38
Estimation de la dose d'exposition à l'arsenic
pour différents pays[7]

Pays	Apport moyen journalise estimé
France	Adultes : 62 µg/j (jusqu'à 163 µg/j)
	Enfant : 43 µg/j (jusqu'à 103µg/j)
Canada, Pologne, États-Unis, Royaume-Uni	Adulte : 17 à 129 µg/j
	Enfant : 1,3 à 16 µg/j

Il a été parfaitement montré par de multiples études que l'arsenic contenu dans l'eau est susceptible de multiplier par trois ou plus votre risque de cancer du poumon ;

c'est-à-dire une augmentation du risque d'au moins 300 %. Il pourrait également augmenter le risque de développer un cancer de la vessie et peut-être aussi de la peau. Mais, pour le cancer du poumon, là, tout est prouvé et parfaitement certain[8] !

Alors, me direz-vous, pourquoi ne pas boire de l'eau minérale en bouteilles ?

Eh bien, simplement parce que la situation n'est pas franchement plus rassurante. En effet, selon une enquête (la dernière disponible) du Réseau national de santé publique, réalisée en 1998, la teneur en arsenic était supérieure à la norme de potabilité de 10 µg/l dans 20 eaux minérales testées et même – tenez-vous bien ! – supérieure à 50 µg/l dans quelques-unes d'entre elles[9].

Est-ce que la situation s'est améliorée depuis ?

Nous n'avons pas la réponse à cette question qui, pourtant, est d'une importance évidente pour notre santé.

Ce que l'on sait, c'est que lors d'une séance de travail commune avec le Conseil supérieur d'hygiène publique de France (CSHPF), le 10 octobre 2000, l'Afssa a publié une liste de sources d'eaux minérales embouteillées dont la teneur en arsenic était supérieure à la norme réglementaire[10].

On pourrait se dire que les carafes filtrantes, très à la mode ces jours-ci, vont régler le problème. Malheureusement, là encore, comme le montre notre tableau, qu'il s'agisse de métaux lourds, des nitrates, des pesticides ou des composés organiques, ces filtres sont loin d'être la panacée.

Tableau 39
Comparaison de l'eau minérale naturelle
et de l'eau du robinet filtrée en carafe

Paramètre	Effet d'une carafe filtrante	Eau minérale naturelle
Composition minérale	Inconnue ou modifiée, variable d'un lieu à l'autre et en fonction de la saturation de la cartouche.	Stable et étiquetée.
Teneur en nitrates	Aucune élimination.	< 10 mg/l, stable, étiquetée.
pH	Modifié et variable.	Stable, étiqueté.
Teneur en chlore	Variable, partiellement éliminée, efficacité de 50 %.	Non utilisé, non détectable.
Odeur, goût	Variable en fonction de la saturation.	Stable, reconnaissable.
Teneur en pesticides	Variable, partiellement éliminés, efficacité de 65 %.	Non présents théoriquement.
Particules	Relarguées par la cartouche.	Stable, 30 fois moins.
Pathogènes	Risque de prolifération si contaminée.	Absence de pathogènes.
Argent	Relargué par la cartouche.	Non détectable.
Oligominéraux	Éliminés, variables.	Stable.
Composés organiques	Variables, peu éliminés.	Naturel, stable, faible : < 0,5 mg/l.
Métaux lourds	Partiellement éliminés.	Plomb, mercure, cuivre, zinc non détectables.

Les nitrates et les nitrites

Justement, les nitrates, autre joyeuseté cancérigène qu'il nous faut aborder[11]. Le tableau tiré des données publiées en mai 2009 par la Direction générale de la santé est éloquent[12]. Et rien n'indique, là non plus, qu'il n'y en ait pas dans les eaux minérales. Alors, un conseil, vérifiez sur Internet, de temps à autre, les résultats publiés par la Direction des affaires sanitaires et sociales (Dass) sur la qualité de l'eau dans votre ville.

Tableau 40
Qualité des eaux
de quelques grandes villes de France[13]

Paramètres	Chlore total	Nitrates
Paris, Réseau ouest	0,16 mg/l	36 mg/l
Brest	0,20 mg/l	25 mg/l
Lille	0,06 mg/l	23 mg/l
Nantes	0,23 mg/l	14 mg/l
Paris, Réseau nord-est	0,13 mg/l	11 mg/l
Strasbourg	0,1 mg/l	11 mg/l
Rennes	0,20 mg/l	10 mg/l
Bordeaux	0,16 mg/l	9 mg/l
Lyon	0,07 mg/l	6 mg/l

Si elle est bonne, inutile de chercher des carafes filtrantes ou des eaux en bouteilles, inutilement plus chères. Si, par

contre, vous constatez que l'eau de votre robinet est contaminée, alors essayez de vous renseigner sur les eaux de
source ou les eaux minérales pour en choisir une qui sera
saine pour vous et vos enfants.

Le vin, finalement,
c'est bon ou c'est pas bon ?

L'autre grande boisson que l'humanité a toujours
consommée, que l'on a souvent considérée à juste titre, je
pense, comme une marque de civilisation, est le vin.

C'est là sans doute que l'on a dit le plus de bêtises, récemment notamment.

Alors, reprenons comme nous le faisons à chaque fois, le
problème par le début. Le vin est-il un facteur de risque du
cancer ?

En réalité, on va le voir, comme pour l'eau riche en arsenic, c'est l'excès de consommation de vin qui peut être dangereux ! Pas la simple consommation !

Mais réfléchissez un peu, et c'est pour ça que j'ai tenu à
parler de l'eau du robinet (ou de l'eau en bouteilles
d'ailleurs) avant de parler du vin. Si le simple fait de boire
un peu d'eau tous les jours, de l'eau contenant de l'arsenic
(et ça c'est une substance qui est présente naturellement
dans l'eau, qui n'a rien à voir avec la pollution moderne et
qui donc a toujours été présente dans l'eau que nos ancêtres
ont toujours bue !) devait nous donner un cancer, mais
nous aurions tous, depuis bien longtemps déjà, eu notre
petit cancer et nous serions tous morts depuis belle lurette,
car l'homme, depuis qu'il existe, a toujours bu de l'eau ! Et

ça, aussi bien en tant qu'individu qu'en tant qu'espèce. Nous n'aurions pu survivre à nos millions d'années d'histoire.

Sachez qu'il en est de même pour le vin. Si le vin devait être cancérigène dès le premier verre, comme l'Institut national du cancer l'a annoncé récemment[14], immédiatement contredit d'ailleurs par le Haut Conseil de santé publique du ministère de la Santé[15], nous aurions tous, ici aussi, développé un cancer ! Qui de la bouche, qui du foie ou du côlon... Et il en aurait été forcément de même pour tous nos ancêtres, décimés par des épidémies de cancers dues au fait que, pour éviter de mourir de gastroentérites dues au caractère impur de l'eau dans l'Antiquité, ces malheureux s'étaient mis à boire du vin si hautement cancérigène !

Heureusement que le ridicule ne tue pas. Alors qu'en est-il scientifiquement du lien entre vin et cancer ?

Reprenons toute la littérature sur le sujet et l'avis du World Cancer Research Fund et de son dernier rapport datant de 2007[16].

Commençons par le cancer de la sphère ORL, celui que j'appelle de la « bouche » par simplification. Le rapport en question recense 26 études cas témoins sur le sujet dont, sur 21 utilisables, 16 indiquent qu'entre les buveurs modérés et les buveurs excessifs, il y a une augmentation du risque et cinq démontrent, au contraire, qu'entre les deux mêmes groupes d'individus, la consommation excessive de vin diminue le risque de cancer de la bouche !

En regroupant ces études, on arrive à une moyenne qui dit que, si l'on boit trop de vin, on augmente son risque de cancer de la bouche de 2 %... Quand on se souvient des niveaux d'approximation propres à ces études cas témoins que nous avons passées en revue dans notre introduction, on est en droit de se dire que 2 %, ce n'est vraiment rien et que ce n'est peut-être d'ailleurs rien réellement[17].

Mais, pire encore, ce rapport a été publié à partir d'un consensus d'experts obtenu en 2006. Donc basé sur des études dont les plus récentes dataient de fin 2005. Or, en juin 2006, une immense découverte a été publiée aux États-Unis, confirmée depuis par de nombreuses autres études indiscutables : les cancers de la bouche sont, en réalité, dus à un virus, le papillomavirus ou HPV, celui-là même qui est responsable du cancer du col de l'utérus et qui s'attrape dans la bouche lors des premiers rapports oro-sexuels[18]. Heureusement, comme dans le cas du pénis, du col de l'utérus ou de l'anus qui sont tous dus au même virus, la plupart d'entre nous arrivons à nous en débarrasser et développons alors une immunité locale qui nous protège pour l'avenir de notre sexualité. Mais, malheureusement, on sait aujourd'hui que quelques-uns d'entre nous ne parviennent pas à s'en débarrasser et, avec le temps, avec des facteurs de risque surajoutés comme le tabac, ils vont développer un cancer de la bouche.

Soit dit en passant, l'espoir est grand de voir disparaître ce cancer comme les trois autres directement liés à ce virus grâce à la vaccination anti-HPV aujourd'hui disponible en France.

Mais revenons à ce problème du vin et des cancers de la bouche. Quand vous découvrez, après avoir terminé vos recherches sur le risque lié à l'excès de consommation du vin, que plus de la moitié des cancers que vous étudiez sont en réalité dus à une autre cause dont vous n'avez pas tenu compte dans l'équilibre indispensable que vous avez cherché à obtenir entre les individus de vos deux groupes (les cas et les témoins), vous n'avez pas d'autre choix que d'admettre que vos études sont obsolètes, inutilisables et à tout recommencer. Ça, c'est de la vraie recherche scientifique de qualité.

Quels que soient les efforts que vous avez déployés pour réaliser votre recherche, vous n'avez plus qu'à la ranger dans un placard comme un vieux souvenir de l'histoire de la médecine. Pourquoi ? Mais tout simplement pour la raison suivante : imaginez que, par hasard, il y ait eu beaucoup plus d'individus contaminés dans leur bouche par ce fameux HPV au sein du groupe des buveurs excessifs, qui peut alors encore affirmer que c'est à cause de leur goût immodéré pour le vin que ces sujets ont développé un cancer de la bouche et pas parce qu'ils avaient, beaucoup plus que les buveurs modérés, d'infections buccales par le papillomavirus ?

Ou, à l'inverse, imaginez que les buveurs modérés aient beaucoup moins de pratiques oro-sexuelles (cunnilingus ou fellations), est-ce que ce n'est pas cela la raison qui explique qu'ils aient aussi moins de cancers de la bouche ? Quand, en plus, la différence n'est que de 2 %...

Sans développer à chaque fois les éléments propres à chaque cancer, je vais juste vous résumer le reste des études sur vin et cancer.

Pour le cancer de l'œsophage, 10 études cas témoins, dont 9 qui indiquent un risque mais la moitié de ces études ont « juste oublié » de tenir compte du tabagisme des individus inclus dans les études, et sont donc inutilisables[19]. Car, on le sait, le tabac est, de très loin, le principal facteur de risque de ce cancer. De toute façon, là aussi, les auteurs de ce rapport américain étaient arrivés à la conclusion que, s'il y avait risque, il serait d'à peine, en moyenne, 4 %.

Pour le cancer du côlon, du sein ou du foie, les éléments sont de même nature et je ne les développerai pas de peur de vous lasser[20]. Mais leurs conclusions sont chaque fois les mêmes : une augmentation du risque de 3 à 6 % pour les buveurs excessifs par rapport aux buveurs modérés. Une différence à mon avis trop faible pour être réellement significative.

Alors, à partir de là, pourquoi en sommes-nous arrivés à ce qu'une institution comme l'INCA se soit mise à affirmer que le vin était cancérigène « au premier verre », en totale et évidente contradiction avec ce que tout un chacun peut observer autour de lui ?

En fait, dans leur conclusion, les experts du World Cancer Research Fund[21] affirment qu'il leur est impossible de déterminer le seuil à partir duquel l'excès de consommation de vin peut devenir délétère (« *No treshold was identified* »).

En réalité, ces mêmes auteurs américains expliquent bien que c'est probablement à partir d'une consommation quotidienne de 30 g/j d'éthanol (soit au-delà de trois verres de vin par jour) que l'on peut penser que le vin risque de devenir dangereux pour la santé.

Encore une fois, je ne suis pas seul à le dire : le Haut Conseil de santé publique, organisme qui dépend directement du ministère de la Santé, a, un mois après la sortie quelque peu malheureuse de l'INCA, publié un communiqué officiel indiquant qu'il fallait toujours considérer que la consommation moyenne quotidienne de deux verres de vin pour les femmes et trois verres de vin pour les hommes était bonne pour la santé[22].

Les propriétés du resvératrol

Car, en réalité, le vin, consommé avec modération, est extrêmement bon pour la santé, même en ce qui concerne le cancer. Et ce, pour une raison bien simple : il contient une

substance dotée de propriétés anticancéreuses extraordinaires : le resvératrol[23]. En effet, le vin rouge contient en moyenne
2 000 mg/l de polyphénols (flavonoïdes, flavines, anthocyanes,
stilbènes comme le resvératrol), soit cinq à dix fois plus que le
vin blanc (qui en contient quand même, rassurez-vous), de
même que le jus de raisin[24].

Tableau 41
Teneur en resvératrol dosé en HPLC*
(millésime 1997)[25]

Cépage	Trans-resvératrol (mg/l)	Cis-resvératrol (mg/l)	Resvératrol total (mg/l)
Gamay	40	3	43
Pinot noir	19	6	25
Regent	10	4	14
Gamay rosé	9	3	11
Chardonnay	0,8	1	2

* HPLC : chromatographie en phase liquide à haute performance.

Cet antioxydant a fait l'objet de centaines d'études
depuis le début des années 1990 quand il a été découvert
par une équipe de scientifiques japonais. Issu de la
famille des stilbènes, il est une réponse aux agressions
pathogènes que doit supporter la vigne, comme l'exposition aux ultraviolets ou à l'ozone. Au départ, ce sont ses
propriétés anti-inflammatoires qui ont été mises en évidence. Puis, on s'est aperçu qu'il était en grande partie responsable de ce que Serge Renaud a appelé le *French
paradox*[26], ou « comment consommer des matières grasses, boire du vin rouge et ne pas être les champions des
maladies cardio-vasculaires ».

Les études ont porté plus récemment sur son action anti-cancéreuse : il semble pouvoir agir à toutes les étapes de la transformation d'une cellule saine en cellule cancéreuse (ou l'initiation du cancer), sur sa faculté à proliférer ensuite au détriment des autres cellules saines (ou la promotion du cancer) et même sur sa capacité à s'étendre (ou la progression du cancer)[27].

À chacune de ces trois étapes où tout peut basculer vers l'apparition clinique d'un cancer, le resvératrol est capable d'induire un mécanisme d'inhibition et de blocage réel de ce risque. Il stimule le suicide des cellules anormales (l'apoptose) en stimulant le gardien du génome (le p53). Il améliore les capacités de réparation de nos gènes abîmés, que ce soit du fait de produits chimiques, de rayonnements cancérigènes ou d'hydrocarbures polycycliques[28].

Ces propriétés ont été démontrées dans de nombreux modèles expérimentaux de cancers de la peau[29], de la prostate[30], du côlon[31], du pancréas[32] et de l'œsophage[33]. C'est pour cette raison que de très nombreux essais sont en cours chez l'homme aujourd'hui, pour déterminer quelles sont les meilleures conditions pour que ses propriétés anticancéreuses puissent entraîner chez l'homme un véritable effet préventif pour le risque de cancer.

Alcool	30 g d'éthanol équivaut à
Champagne	2,5 coupes
Pastis	2 verres
Rhum	5 verres de 20 ml
Vin	2 verres de 15 cl
Whisky	Moins de 1 verre de 15 cl

Source : CIQUAL 2008

Alors, le vin... mauvais pour la santé ? Pas du tout, au contraire, probablement très bon, mais à consommer avec modération.

Nous avons passé en revue tout ce qu'il nous fallait savoir sur les rapports entre l'eau et le cancer d'une part, et le vin d'autre part. Quelles boissons nous reste-t-il à voir ?

Le jus de grenade : magnifique !

Nous avons parlé des jus de fruits dans notre chapitre sur les fruits et légumes, certes, mais je pense qu'il serait bon que nous revenions ensemble sur un ou deux points qui peuvent être importants. D'abord, sur un élément très général, propre à l'ensemble des jus de fruits. Ils sont en général assez caloriques et cela doit être pris en compte dans notre équilibre alimentaire afin de ne pas se laisser entraîner vers l'embonpoint dont on sait formellement aujourd'hui qu'il favorise bon nombre de cancers.

Dans le tableau 42, on peut voir par exemple que le jus de raisin est particulièrement calorique comparé au jus d'ananas. Donc, sachons choisir nos jus de fruits en pensant également aux calories cachées qu'ils nous apportent.

Tableau 42
Apport calorique et glucidique
de différents jus de fruits[34]

Jus	Apport calorique (kcal/100 ml)	Teneur en glucides (g/100 ml)
Raisin, pur jus	68	15
Nectar de mangue	63	15
Jus de grenade	61	12
Nectar d'abricot	59	13
Nectar multifruits	50	12
Jus d'ananas	49	12
Jus multifruits, pur jus	48	11
Orange, pur jus	48	10
Pomme, pur jus	44	11
Jus pressé orange	41	9
Pamplemousse, pur jus	37	8
Soda	44	11

D'autre part, tous les jus de fruits sont-ils vraiment bons en matière de prévention du cancer ? En réalité, pas forcément.

Il en est un, notamment, particulièrement consommé en France aujourd'hui, sur lequel plane depuis peu un soupçon quant à sa responsabilité dans l'incroyable épidémie de mélanomes malins.

Ce cancer de la peau, qui ressemble au début à un grain de beauté, est probablement l'un des plus redoutables chez l'homme puisque, lorsqu'ils ont atteint une épaisseur d'à peine quatre millimètres (ce qui est, pour n'importe quel autre cancer, infiniment petit), les mélanomes malins entraînent déjà près de 50 % de mortalité à dix ans[35].

Or, toutes les études le montrent, son incidence, c'est-à-dire le nombre de nouveaux cas diagnostiqués chaque année, ne cesse d'augmenter. En fait, elle double tous les dix ans dans les pays développés. Aux États-Unis, par exemple, il y avait un cas pour 1 500 habitants en 1935 et il y en avait un cas pour 75 habitants en 2000[36] !

Et la tendance continue !

Alors, depuis des années, les chercheurs du monde entier se posent la question de l'origine de la cause de cette folle augmentation.

Pendant longtemps, on est resté sur l'idée que ceci était dû à l'exposition brutale des enfants au soleil. Et ceci est parfaitement vrai : les enfants ne devraient jamais être exposés au soleil, surtout s'ils sont très jeunes, et surtout entre 11 et 16 heures.

Mais, avec le temps, il nous a fallu admettre que, si elle était indéniable, cette cause ne pouvait être la seule. Pourquoi ? Simplement parce que si nos rapports avec le soleil, nos vacances plus courtes qui nous font vite aller sur la plage, nos modes de transport aériens qui se sont développés qui font que de plus en plus de gens vont en vacances au soleil, si tout ceci a eu un impact sur notre santé, cet impact a eu lieu vers le début des années 1980 quand tous ces changements sociologiques se sont produits et ne peut plus expliquer que cette tendance à l'explosion de l'incidence des mélanomes soit toujours en pleine croissance trente ans après.

L'année dernière, des chercheurs en dermatologie de l'Université du Tenessee à Memphis, aux États-Unis, ont publié une étude extrêmement intéressante qui soulève très sérieusement l'hypothèse du rôle de la consommation du jus d'orange dans cette épidémie[37]. En effet, le jus d'orange est particulièrement riche en différents fucoumarines et notamment en psoralènes qui sont des substances haute-ment cancérigènes pour la peau en présence de soleil. Cela a abouti, il y a une quinzaine d'années, par exemple à inter-dire les produits de protection solaire riches en bergamote qui contenaient des psoralènes.

Or on constate que, d'une part, il y a un parfait parallé-lisme, d'après ces chercheurs, entre la courbe d'incidence du mélanome et la courbe de consommation du jus d'agrume. Et, d'autre part, dans une étude récente, sur une immense cohorte d'infirmières, seul le fait de boire beau-coup de jus d'orange pouvait être statistiquement relié au risque de développer un mélanome[38].

Faut-il pour autant ne plus boire de jus d'orange ?

Je ne le crois pas, mais je pense que les personnes à risque de mélanome, c'est-à-dire les blonds et les roux, ceux qui ont des yeux bleus ou verts, ceux qui font des coups de soleil au lieu de bronzer, enfin, ceux qui ont beaucoup de grains de beauté sur la peau ou ceux dont un parent direct a été atteint de mélanome, je pense que ces personnes devraient effecti-vement, jusqu'à preuve du contraire, éviter d'en boire.

Et ceux-là, comme d'ailleurs, je pense, la plupart d'entre nous, devraient préférer à ce jus un autre jus de fruits au contraire extrêmement bon en termes de prévention du cancer : le jus de grenade.

De très nombreuses études ont démontré que le jus de grenade consommé en grande quantité était capable de ralentir la progression des cellules cancéreuses de la pros-tate et d'augmenter le phénomène de mort cellulaire en blo-quant le système que nous avons vu des facteurs de crois-sance cellulaire et de leurs récepteurs, notamment vis-à-vis de l'un d'entre eux : l'IGF1 (ou *Insulin Growth Factor*) que nous avons vu dans le chapitre sur les sucres[39, 40].

De la même manière, les extraits de grenade ont des effets bénéfiques sur les cancers du sein sensibles aux hormones femelles (généralement ceux que l'on diagnostique après 50 ans) en inhibant une enzyme clé, l'aromatase qui est responsable de la production d'œstrogènes potentiellement capables de stimuler la progression de cellules cancéreuses dans les seins[41, 42].

La grenade est extrêmement riche en antioxydants, principalement dans le jus et la peau[43]. Des travaux ont d'ailleurs estimé que l'action antioxydante de la grenade est trois à quatre fois supérieure à celle du vin rouge ou du thé vert[44]. De plus, ces antioxydants agissent de manière synergique puisque le jus de grenade a une activité antioxydante plus élevée qu'un extrait de tanins de grenade seul, que la punicalagine seule et que l'acide ellagique seul, deux substances contenues dans la grenade et porteuses d'activités détoxifiantes[45].

Ainsi, le jus de grenade a la plus forte activité antiproliférative sur des lignées de cellules de cancer du côlon cultivées *in vitro*, avec une inhibition de 30 à 100 %[46]. L'administration par voie orale de jus de grenade à des souris chez lesquelles on induit un cancer du poumon (par des carcinogènes chimiques) permet de réduire de 66 % la taille des tumeurs après huit mois de traitement en comparaison du groupe témoin qui, lui, ne reçoit pas de jus de grenade[47] !

On le voit, ce jus de fruit est remarquable et c'est l'un des plus puissants agents alimentaires préventifs du cancer ! Tellement puissant, avec des données expérimentales tellement intéressantes, que des études chez l'homme ont déjà été réalisées avec des résultats spectaculaires.

Ainsi, l'une d'entre elles mérite, à mon avis, d'être mentionnée ici. Elle porte sur des hommes atteints de cancer de la prostate, déjà opérés préalablement de leur cancer et chez qui est en train d'apparaître une rechute[48]. On le sait car il y a dans le sang une substance appelée PSA (*Prostate Specific Antigen*) qui s'élève quand le cancer de la prostate rechute. Ces hommes dont le PSA commence à remonter ont été suivis dans un premier temps pour calculer la vitesse à laquelle leur cancer se redéveloppait. Puis, ils ont commencé à consommer du jus de grenade tous les jours. Ils ont vu alors la progression de leur cancer se ralentir de façon extrêmement importante !

Ceci méritait d'être raconté car peu d'études chez l'homme, en situation réelle face à un cancer grave, ont pu démontrer une efficacité indiscutable.

Consommer le fruit cru ou en salade est intéressant mais c'est le jus de grenade qui montre les effets les plus importants, et principalement, les jus industriels du commerce. Le procédé industriel de fabrication du jus de grenade permet l'extraction de tanins hydrosolubles contenus dans la peau du fruit, ce qui pourrait expliquer la plus forte activité antioxydante des jus du commerce[49].

Et les boissons chaudes, quels bénéfices ?

Après les jus de fruits, passons maintenant aux boissons chaudes : café et thé.

Le café d'abord. On se souvient tous de cette étude publiée en 1981 et très largement commentée à l'époque, qui semblait indiquer que la consommation régulière de café pouvait augmenter le risque de cancer du pancréas[50]. Un cancer qui fait particulièrement peur ! Qu'en est-il en réalité ? Cette étude a-t-elle été confirmée par d'autres études ? Doit-on avoir peur du café ?

Alors rassurez-vous, depuis cette fameuse étude, des dizaines d'autres sont venues infirmer le résultat : il n'y a pas de lien entre café et cancer du pancréas. C'est une donnée aujourd'hui certaine et d'ailleurs confirmée dans le rapport du World Cancer Research Fund[51].

Au contraire même, peut-être ! En effet, si l'on regarde la trentaine d'études sur le lien entre café et cancer du côlon ou la vingtaine pour le lien entre café et cancer du foie, on a la nette impression que le café pourrait avoir un effet préventif[52, 53].

Il en est de même pour ce qui concerne le cancer du sein, en tout cas chez la femme avant la ménopause où une étude a montré une baisse du risque importante chez les femmes jeunes consommant au moins 4 tasses de café par jour[54]. De la même manière, une étude publiée dans l'*International Journal of Cancer* en 2006 et portant sur 1 690 femmes ayant hérité d'un gène muté favorisant l'apparition d'un cancer du sein (gènes appelé BRCA) a permis de démontrer que la consommation importante de café (6 tasses par jour) réduisait de façon très significative leur risque de développer ce cancer dans le courant de leur vie[55].

À noter que tous ces effets n'apparaissent, en ce qui concerne le café, qu'avec du café caféiné et non avec du décaféiné qui, lui, semble ne faire ni bien ni mal.

Et le thé ?

Le thé est l'une des boissons les plus consommées dans le monde et est particulièrement riche en antioxydants. Il existe bien sûr plusieurs types de thés, mais celui qui semble le plus puissant en matière de prévention du cancer est le thé vert.

Il contient plusieurs substances antioxydantes, la plus importante s'appelle l'EGCG (ou épigallocatéchine-3-gallate). C'est un polyphénol puissant qui inhibe la croissance tumorale en favorisant le suicide (apoptose) des cellules cancéreuses. Il inhibe également la formation des néovaisseaux sanguins qui sont censés apporter le sang frais aux cellules cancéreuses en pleine prolifération et qui en ont besoin pour assurer la fourniture énergétique (sucres et oxygène) nécessaire à la fabrication de nouvelles cellules. En évitant l'apparition de ces vaisseaux sanguins autour de la tumeur, l'EGCG inhibe *de facto* le risque que des cellules cancéreuses utilisent un de ces vaisseaux pour donner des métastases[56].

Des études ont même été réalisées chez l'homme. Notamment à la Mayo Clinic aux États-Unis, où l'on a donné du thé vert en grande quantité à des patients atteints de certaines leucémies ou de certains cancers des ganglions (lymphomes) avec la démonstration incontestable d'un bénéfice clinique important[57]. Une autre étude à Atlanta est en cours pour voir si les polyphénols du thé vert pouvaient améliorer l'efficacité de certains médicaments anticancéreux dans le traitement des cancers du poumon.

De la même manière, une étude, l'année dernière, a montré que, chez des sujets ayant des lésions précancéreuses de la bouche, la consommation régulière en grande quantité de thé vert pendant au moins trois mois était capable de réduire de plus de 50 % le risque de développer un véritable cancer de la cavité buccale[58].

Ainsi, on le voit, le thé comme le café sont certainement des boissons bénéfiques pour la santé.

Tous les thés ? Non, en réalité, il existe un thé dont on a la preuve aujourd'hui irréfutable qu'il augmente au contraire le risque de cancer de l'œsophage et peut-être aussi de la bouche. C'est le maté. Il s'agit d'une infusion d'une herbe sud-américaine appelée « yerba maté », dont les feuilles vertes sont torréfiées puis pulvérisées pour en faire une poudre verte. Cette boisson est utilisée comme stimulant en Argentine, au Paraguay et au Chili. Elle se boit très chaude, tout au long de la journée dans une petite calebasse, où à l'aide d'une paille. Cela dit, tout laisse à penser que ce n'est pas une substance particulière contenue dans l'infusion de maté qui serait cancérigène mais plutôt la façon de la boire, à la paille, très chaude et toute la journée[59]. Quoi qu'il en soit, cette consommation de maté entraîne une augmentation d'une quinzaine de pour-cent du risque de cancer de l'œsophage. À éviter donc !

Chapitre X

NUTRIMENTS ET COMPLÉMENTS ALIMENTAIRES, BIENFAITS OU MÉFAITS ?

Venons-en maintenant aux compléments alimentaires.

Les boutiques spécialisées, les magazines, les livres surfent sur notre engouement pour ces substances. On entend et lit alors tout et son contraire sur ces produits qui affichent souvent sur leur emballage des promesses miraculeuses : beauté, antivieillissement, forme... Et, malgré toutes ces contradictions, on y croit !

En 2008, 28 000[1] compléments alimentaires différents ont été commercialisés en France. Près d'un adulte sur cinq et un enfant sur dix[2] ont déjà consommé au moins une fois des compléments alimentaires l'année précédant leur questionnement.

Comment s'y retrouver au milieu de ce déballage de produits et d'informations dans tous les sens ? Comment être sûr d'agir pour sa santé et non pas de prendre des composés plus toxiques, en réalité, que bénéfiques ?

Je vais vous aider ici à choisir les compléments alimentaires qui pourront vous aider pour lutter contre un cancer que vous avez déjà (ou déjà eu) ou mieux, en prévention de celui-ci. Mon rôle de cancérologue est de vous guider à travers cette offre pléthorique pour vous apprendre à identifier les produits utiles et sans danger pour votre santé.

Pour commencer, s'il y a une chose que je voudrais vraiment que vous compreniez dans ce chapitre, c'est que les compléments alimentaires ne sont pas des médicaments, même s'ils peuvent vous aider à mieux vivre certaines maladies comme le cancer (tableau 43).

Tableau 43
Différence entre médicament
et complément alimentaire

Médicament	Complément alimentaire
Soigne une pathologie	Entretient le bien-être, le mieux-être et la beauté.
Sujet malade	Sujet voulant rester en bonne santé.
Prescription médicale	Choix de l'individu de mieux prendre en charge son hygiène de vie.
Propriétés thérapeutiques	Propriétés nutritionnelles et physiologiques.

Ils ne peuvent donc vous guérir ! C'est impossible, dans quelque combinaison de produits que ce soit, à quelque dose que ce soit. Surtout, dès cette étape, cessez de croire ceux qui vous vendent du rêve.

Un complément alimentaire est destiné à améliorer le bien-être de l'individu et à entretenir une bonne santé, donc éventuellement prévenir le cancer, mais il ne peut pas prétendre guérir une maladie, surtout une maladie aussi grave et complexe que le cancer. Bannissez donc absolument tout complément alimentaire qui revendiquerait pouvoir guérir le cancer !

Mais les compléments alimentaires représentent une aide non négligeable, nous allons le voir, avant, pendant et après le cancer et ses traitements.

« J'ai eu un cancer » :
des compléments de soutien

Commençons par le plus simple, ou le plus urgent, comme vous voulez : parlons d'abord des compléments alimentaires au cours ou au décours du cancer. Pas en situation préventive donc.

Par expérience, il s'agit d'une situation de stress maximum, de dépression, de perte d'appétit et de fatigue autant liée au cancer qu'aux traitements comme la chirurgie avec anesthésie, les rayons ou la chimiothérapie. Là, comme le montre le tableau 44, je vous conseille le ginseng, la gelée royale, la levure de bière, la poudre de Maca, le germe de blé, le camu-camu riche en vitamine C (près de 30 fois plus que l'orange) le zinc et le magnésium. Ils vont donner un coup de pouce à votre organisme aussi bien sur le plan physique que psychologique. En effet, ils vous aident à vous sentir actif dans la prise en charge de votre maladie. Ce qui explique que 70 %[3] des patients ayant eu un cancer en prennent.

Pour favoriser la repousse des cheveux, à la fin de la chimiothérapie, je vous recommande les compléments à base de levure de bière et de vitamine B1 et B6.

Enfin, pour vous aider à perdre le poids que vous avez souvent pris durant votre traitement, en particulier avec certaines molécules utilisées dans le cancer du sein, adoptez les compléments à base de thé vert, de caféine et de plantes drainantes (frêne, reine des prés...).

Tableau 44
Les compléments alimentaires
pendant et après un cancer

Indication	Mes recommandations
Stress, fatigue, dépression	Ginseng Gelée royale Levure de bière Poudre de Maca Germe de blé Camu-camu Zinc Magnésium
Favoriser la repousse des cheveux	Levure de bière Vitamines B1 et B6
Perte de poids	Thé vert Caféine Plantes drainantes : frêne, reine des prés

Mais restez prudent et demandez toujours conseil à votre pharmacien. Les compléments alimentaires contiennent souvent un mélange de substances diverses et certaines d'entre elles peuvent être responsables d'interactions défavorables avec les traitements médicamenteux. D'autres effets indésirables sont parfois observés comme des effets anticoagulants[4] potentiellement dangereux si une opération chirurgicale est prévue. De plus, certains compléments alimentaires contenant des polyphénols pourraient inhiber le processus d'élimination des médicaments ce qui augmenterait leur toxicité[5].

Quelle que soit votre situation, votre état de santé et vos besoins, je vous le répète, ne prenez pas de compléments alimentaires à la légère.

Effet préventif
des compléments alimentaires
ou effet dangereux ?

Mais, plus encore, l'intérêt des compléments alimentaires réside dans leur capacité à prévenir peut-être certains cancers. Alors là, les choses sont beaucoup plus compliquées et les risques, en cas d'erreur, beaucoup plus graves.

Contrairement à ce que beaucoup d'entre vous croient, tous sont loin d'avoir un effet favorable sur notre risque de cancer ! Loin de là ! Certains d'entre eux ont même déjà démontré avec une certitude totale qu'ils pouvaient, au contraire, provoquer l'apparition de certains cancers, y compris des cancers aussi graves que ceux du poumon !

Commençons d'ailleurs par ceux-là et d'abord par le plus dangereux d'entre eux : le bêta-carotène.

Plusieurs études l'ont montré de façon indiscutable : le bêta-carotène augmente de façon considérable, d'au moins un tiers dans la plupart des études, le risque de cancer du poumon chez les hommes fumeurs ou anciens fumeurs. Ainsi, l'étude appelée *Beta-Carotene and Retinol Efficacy Trial* (CARET)[6], menée dans les années 1990 aux États-Unis, incluant uniquement des fumeurs actuels ou anciens, a été arrêtée prématurément lorsque les chercheurs ont réalisé que le groupe qui recevait un supplément quotidien de 30 mg de bêta-carotène présentait une augmentation de 28 % du risque de cancer du poumon par rapport au groupe témoin qui recevait du placebo. Cet effet était encore plus important chez les personnes exposées à l'amiante ou fumant de façon intensive.

Étude CARET
Beta-Carotene and Retinol Efficacy Trial

Cette étude clinique américaine a été menée au début des années 1990 auprès de 18 000 personnes présentant un risque élevé de cancer du poumon car fumeurs de longue date. L'étude visait à mesurer l'efficacité d'une supplémentation quotidienne en bêta-carotène sur l'incidence des cancers du poumon, d'autres cancers et des maladies cardio-vasculaires. L'étude a dû être arrêtée prématurément en raison d'une augmentation de l'incidence des cancers du poumon dans le groupe de personnes supplémentées en bêta-carotène.

Et les quatre autres études[7, 8, 9, 10] du même genre dont l'étude ATBC, portant sur l'effet du bêta-carotène dans l'apparition d'un cancer du poumon arrivent toutes à la même conclusion : ce complément est nuisible pour la santé et extrêmement dangereux chez ceux qui fument ou sont en contact avec la fumée du tabac, ou toute autre substance potentiellement cancérigène sur le poumon (amiante, fumées d'hydrocarbures…).

Étude ATBC
Alpha-tocopherol beta-carotene cancer prevention study

L'étude ATBC a été menée en Finlande, entre 1985 et 1993, auprès de 30 000 fumeurs. Elle avait pour objectif de vérifier l'hypothèse d'un effet protecteur de la vitamine E et du bêta-carotène contre le cancer du poumon. Les résultats de l'étude ont montré une augmentation de l'incidence des cancers du poumon dans le groupe ayant été supplémenté en bêta-carotène.

Ceci explique d'ailleurs pourquoi je préconise une grande prudence dans la consommation de trop grandes quantités d'aliments particulièrement riches en bêta-carotène chez ces mêmes personnes à risque.

Dans l'étude de cohorte française appelée SUVIMAX, 13 017 adultes des deux sexes ont été tirés au sort, la moitié recevant une gélule tous les jours contenant de la vitamine C, de la vitamine E, du bêta-carotène, du sélénium et du zinc, et l'autre moitié, une gélule de placebo. Après plus de sept ans de suivi, alors que, globalement, on constatait une baisse des cancers chez l'homme (mais pas chez la femme)[11], on s'est aperçu que les hommes qui avaient un taux de *Prostatic Specific Antigen* (PSA) élevé au début de l'étude allaient développer un plus grand nombre de cancers de la prostate[12], et que ceux qui fumaient, comme dans l'étude précédente, allaient faire plus de cancers du poumon et que les femmes allaient, elles, faire plus de cancers de la peau[13] ! De quoi être un peu déboussolé !

Étude SUVIMAX
Supplémentation en vitamines
et minéraux antioxydants

L'étude SUVIMAX a été menée pendant huit ans, à partir de 1994-1995, sur un groupe de 13 000 volontaires. Son objectif était d'évaluer l'impact d'une supplémentation en vitamines et minéraux antioxydants sur l'incidence des pathologies cardio-vasculaires et des cancers et sur la mortalité.

Un autre complément alimentaire a donné à peu près les mêmes résultats, très, très délétères en matière de cancer[14]. C'est le rétinol. Rien d'étonnant car lui aussi,

comme le bêta-carotène, est un dérivé de la vitamine A.
À éviter !

La vitamine E et le fer

Une autre vitamine, dont pourtant nos compatriotes sont
particulièrement friands, s'est avérée être une vraie bombe
à retardement concernant le risque de cancer. C'est la vitamine E ou alpha-tocophérol.

Récemment, l'Institut national du cancer américain a dû
arrêter prématurément une grande étude portant sur
35 000 adultes appelée SELECT (pour *Selenium and
Vitamin E Cancer Prevention Trial*)[15], démarrée en 2001.
Dans cette étude, les individus volontaires ont été séparés
en quatre groupes d'environ 8 000 personnes chacun. Le
premier groupe recevait du sélénium plus de la vitamine E,
le second de la vitamine E seule, le troisième du sélénium
seul et le quatrième, un pur placebo. Les Américains ont été
obligés de mettre fin prématurément à l'étude quand ils se
sont rendu compte que les individus recevant de la vita-

Étude SELECT
Selenium and vitamin E cancer prevention trial

Démarrée en 2001, cette étude clinique américaine menée
auprès de plus de 35 000 hommes avait pour objectif de
mesurer l'efficacité d'une supplémentation en sélénium et/ou
vitamine E dans la prévention du cancer de la prostate.
L'étude a dû être arrêtée prématurément en raison de l'incidence élevée de cancers de la prostate chez les individus
ayant été supplémentés en vitamine E.

mine E avaient beaucoup plus de cancers de la prostate que ceux qui n'en recevaient pas !

Là aussi, à mon avis, à éviter par principe, au moins chez les hommes.

Quant au fer, il est prouvé aujourd'hui par de nombreuses études qu'il augmente le risque de cancer du côlon[16] et ce, chez la femme comme chez l'homme et avec un risque qui, dans certaines études était multiplié par trois. Cela dit, encore une fois, si quelqu'un manque de fer, comme cela se voit souvent chez les femmes qui souffrent de règles trop abondantes, il n'est pas question de ne pas compenser chez ces personnes le déficit martial.

Les bons compléments alimentaires

Voyons maintenant les compléments alimentaires qui, au contraire et heureusement, semblent avoir un effet préventif du cancer chez l'être humain.

Commençons par le sélénium. Une chose est sûre avec celui-là, c'est qu'il protège contre le cancer de la prostate. Deux études récentes[17, 18] l'ont parfaitement montré. Ainsi, dans l'une d'entre elles[19], chez 974 personnes sélectionnées par le fait qu'elles avaient eu un cancer de la peau (ce qui n'a rien à voir, je vous rassure), 17 cas de cancers de la prostate se sont déclarés dans le groupe supplémenté en sélénium contre 35 cas chez les témoins non supplémentés, soit deux fois plus. Il existe aussi des indicateurs qui semblent démontrer que le sélénium en complément alimentaire pourrait réduire le risque de cancer du poumon et du côlon. Pas mal, je trouve pour un produit par ailleurs dénué de réelle toxicité aux doses habituelles. Très recommandé selon moi, encore une fois, au moins chez l'homme après 50 ans.

Le calcium fait pas mal non plus ! Il existe en effet de très nombreuses études aujourd'hui qui démontrent que la supplémentation en calcium réduit de 20 à 25 % le risque de cancer colorectal[20] et ce, après avoir suivi au total 534 000 personnes pendant six à seize ans. C'est dire si, en accord avec le rapport du WCRF, nous recommandons ce complément alimentaire. De plus, le calcium, dans trois grandes études très récentes, a démontré, ce qui va très logiquement avec son effet préventif sur le cancer colorectal, que la supplémentation en calcium réduisait de façon majeure (de 20 à 50 %) le risque de récidive des polypes de l'intestin[21] dont on sait parfaitement que ce sont eux qui, avec le temps, se transforment en véritable cancer. Alors, si, à l'occasion d'une coloscopie, on vous trouve un ou des polypes dans l'intestin, n'hésitez pas à commencer à prendre régulièrement du calcium, bien sûr, après avis médical.

Et la vitamine D !

Là, les choses sont un petit peu plus complexes. D'abord, parce qu'il m'est impossible de croire que, comme certains vous l'affirment, plus de 50 % de la population française soit carencée en vitamine D, c'est-à-dire qu'il n'en ont pas assez dans leur corps !

Une population en aussi bonne santé globalement que celle de la France, avec un degré d'ensoleillement aussi important (or la vitamine D est aussi fabriquée par la peau sous l'effet du soleil), qui a une telle habitude de voyager pendant les vacances pour aller soit à la montagne, soit à la mer mais, en tout cas, pratiquement toujours dans des vacances avec une composante soleil, qui consomme autant de produits riches en vitamine D (laitages, sardines, œufs, huile de poisson et viandes) puisse être à 50 % carencée.

Je crois, encore une fois, s'agissant du plus élémentaire bon sens, que c'est le taux décidé comme étant le taux normal qui doit être trop élevé et donc faux.

Alors, ceci étant dit, qu'en est-il des études chez l'homme ? En réalité, il existe au total, douze études portant sur la supplémentation en vitamine D et son impact sur le risque de cancer, notamment du côlon. Six d'entre elles montrent une petite baisse du risque mais tellement petite qu'elle a été considérée comme non significative, deux articles concluent que le risque de cancer du côlon n'était ni augmenté ni diminué et quatre sont arrivées à la conclusion qu'il y avait une petite augmentation du risque de cancer, même si, là aussi, cette augmentation était jugée trop faible pour être considérée comme certaine !

Et, comme à chaque fois, une analyse groupée de toutes les études a été faite, on aboutit à la conclusion que la supplémentation en vitamine D ne changeait rien à ce risque de cancer ; donc, était inutile !

En revanche, de nombreuses études, et nous l'avons évoqué en parlant des laitages, qui ont étudié non pas la vitamine D en complément alimentaire mais le rôle d'une alimentation riche en produits contenant de la vitamine D sont, elles, arrivées à la conclusion qu'il pouvait y avoir un petit rôle bénéfique de ce type d'aliments dans la prévention du cancer colorectal[22]. Mais, quand on sait que la forte consommation de laitages augmente de près de 30 % le risque de cancer de la prostate[23], on a envie de ne conseiller cela qu'aux enfants et aux femmes.

Les nutriments anticancéreux

À côté des compléments alimentaires, il existe un autre type de substances que beaucoup d'entre vous consomment en pensant qu'elles pourraient être favorables à la prévention du cancer : ce sont les nutriments. Certains parmi eux sont effectivement très intéressants du point de vue qui nous occupe (tableau 45).

Tableau 45
Sources, mécanismes d'action et cancers
sur lesquels agissent
différents composants naturels promoteurs[24]

Principe actif	Source naturelle	Mécanisme d'action	Activité sur les cancers de...
Thé vert (polyphénols, EGCG)	Thé vert (*Camellia sinensis*).	Antioxydant, antimutagène, antiprolifération, anti-inflammation, antiangiogenèse, immunomodulation.	Peau, poumon, cavité orale, tête et cou, œsophage, estomac, foie, pancréas, intestin grêle, côlon, vessie, prostate, glande mammaire.
Curcuma	Poudre de curcuma (*Curcuma longa*).	Antioxydant, antiprolifération, anti-inflammation, antiangiogenèse, immunomodulation.	Peau, poumon, cavité orale, tête et cou, œsophage, estomac, foie, pancréas, intestin grêle, côlon, vessie, prostate, glande mammaire, lymphome, col de l'utérus.

Principe actif	Source naturelle	Mécanisme d'action	Activité sur les cancers de...
Lutéoline	Artichauts, brocolis, céleri, chou, épinards, poivron vert, feuilles de grenade, menthe poivrée, tamarin et chou-fleur.	Anti-inflammation, antiallergie, antiprolifération, antioxydant.	Ovaire, estomac, foie, côlon, sein, buccal, adénocarcinome de l'œsophage, prostate, poumon, nasopharynx, col de l'utérus, leucémie, peau et pancréas.
Resvératrol	Vin rouge, raisin (surtout dans la peau), mûrier, arachides, vignes, pins.	Antioxydant, antiprolifération, antiangiogenèse, anti-inflammation.	Ovaire, sein, prostate, foie, utérus, leucémie, poumon, estomac.
Génistéine	Soja et produits issus du soja, trèfle rouge (*Trifolium pretense*), pistaches de Sicile (*Pistachia vera*).	Antioxydant, antiprolifération, antiangiogenèse, anti-inflammation	Prostate, sein, peau, côlon, estomac, foie, ovaire, pancreas, œsophage, tête et cou.
Grenade	Grenade, jus de grenade, pépins de grenade et huile de pépins de grenade (*Punica granatum*).	Antioxydant, antiprolifération, antiangiogenèse, anti-inflammation.	Prostate, peau, sein, poumon, côlon, buccal, leucémie.

Principe actif	Source naturelle	Mécanisme d'action	Activité sur les cancers de...
Lycopène	Tomates, goyave, églantine, pastèque, papaye, abricot et pample-mousse rose. Abondant surtout dans les tomates rouges et dans les produits préparés à base de tomates.	Antioxydant, antiprolifération, antiangiogenèse, anti-inflammation, immunomodulation.	Prostate, poumon, sein, estomac, foie, pancréas, cancer colorectal, tête et cou, peau.
Acide ellagique	Jus de grenade et huile de pépins de grenade, différentes noix, chèvrefeuille vert (*Lonicera caerulea*), fraises et autres baies, écorces d'Arjun (*Terminalia arjuna*), feuilles et fruits de *T. bellerica* et écorce, feuilles et fruits de *T. muelleri*.	Antioxydant, antiprolifération, anti-inflammation.	Neuroblastome, peau, pancréas, sein, prostate, côlon, intestin, œsophage, vessie, buccal, leucémie, foie.
Lupéol	Mangue, olive, figue, fraise, raisin rouge.	Antioxydant, antimutagenèse, anti-inflammation, antiprolifération.	Peau, poumon, leucémie, pancréas, prostate, côlon, foie, tête et cou.

Principe actif	Source naturelle	Mécanisme d'action	Activité sur les cancers de...
Acide bétulinique	Largement répandu dans le règne végétal. Les sources les plus abondantes sont *Betula* spp (bouleau), *Ziziphus* spp, *Syzigium* spp, *Diospyros* spp, et *Paeonia* spp.	Anti-inflammation, apoptose, immunomodulation.	Peau, ovaire, côlon, cerveau, carcinome cellulaire du rein, utérus, prostate, leucémie, poumon, sein, tête et cou.
Ginkolide B	Ginko biloba.	Antioxydant, antiangiogenèse.	Ovaire, sein, cerveau.

Sachez, pour ceux d'entre vous qui s'y intéressent particulièrement ou qui aimeraient participer à des études chez l'homme sur la consommation de ces produits, que tous les essais en cours sont disponibles sur le site *ad hoc* de l'Institut national du cancer américain à l'adresse suivante : www.clinicaltrials.gov.

Le curcuma

La première de ces substances, la plus probablement anticancéreuse, est le curcuma. Issu des racines de *Curcuma longa*, le curcuma est un pigment jaune très utilisé comme épice. Son intérêt comme produit ayant des vertus médicinales date de l'Antiquité. Récemment, on a pu montrer qu'il était capable de détoxifier des substances cancérigènes, les rendant inoffensives, qu'il pouvait bloquer la prolifération de très nombreux types de cellules cancéreuses et stimuler le suicide des cellules cancéreuses (l'apoptose). Son effet est encore plus marqué quand il est associé à d'autres nutriments comme la génistéine, le thé vert, l'embeline ou la piperine du poivre. Il augmente l'efficacité de nombreux médicaments de chimiothérapie anticancéreuse. Chez l'homme, il a été testé en prévention de la rechute des polypes du côlon avec une très grande efficacité après six mois d'une supplémentation en curcuma associé à la quercétine. Il a pu être aussi utilisé en onguent sur des lésions cutanées malignes avec un certain effet. C'est à l'évidence un nutriment potentiellement passionnant dans la prévention de certains cancers[25].

La génistéine

La génistéine est un phytoœstrogène très abondant dans le soja et les germes de soja. Il existe de très nombreux indicateurs qui semblent, là aussi, indiquer que la consommation de génistéine pourrait réduire le risque de cancer de la prostate, du sein et de l'endomètre. La génistéine pourrait augmenter l'effet de la radiothérapie et serait synergique, elle aussi, avec certains médicaments de chimiothérapie. Comme le curcuma, elle bloque la division cellulaire et stimule le suicide des cellules cancéreuses[26].

Deux études[27, 28], au moins, ont montré l'efficacité de la génistéine dans le ralentissement de la progression des cancers de la prostate et du retardement des rechutes de ce cancer chez l'homme.

Le Lycium barbarum

De nombreuses substances sont en cours d'évaluation chez l'homme pour leurs effets préventifs sur le cancer.

Parmi elles, le *Lycium barbarum* est un polysaccharide que l'on trouve dans les baies de goji. Il semble très puissant comme promoteur du suicide des cellules cancéreuses en activant le gène dit « gardien du génome » ou p53[29]. Il inhiberait la prolifération des cellules de nombreux cancers comme ceux de la prostate[30], du côlon[31], de l'estomac[32], du sein[33] et du foie[34].

Même s'il est encore trop tôt pour affirmer son intérêt en prévention du cancer, c'est certainement un produit à suivre.

Comme l'acide ellagique, le lupéol, l'acide bétulinique, la lutéoline et d'autres encore dont nous avons parlé dans d'autres chapitres de ce livre comme le resvératrol, le lycopène, la grenade, les polyphénols du thé vert ou les anthocyanines des baies rouges[35].

Retrouvant les vieux préceptes des médecines ancestrales, ces études, tant *in vitro* que chez l'homme, sont certainement pleines de promesses, même si la prudence m'incite à ne vous recommander dans ce livre que les substances dont l'effet positif sur la prévention du cancer et l'innocuité aux doses utilisées ont pu être sérieusement étudiés.

Chapitre XI

L'ACTIVITÉ SPORTIVE
EST UTILE À LA SANTÉ

Et nous voilà arrivés à notre dernier chapitre avant de vous donner, pour finir, nos conseils anticancer.

Pas de famille d'aliments pour ce dernier chapitre qui a pourtant toutes les raisons de prendre cette place dans ce livre. Plus d'une fois, en vous parlant de viandes, de fromages, d'aliments sucrés ou de matières grasses, denrées à forte densité énergétique, je vous ai aussi parlé de modération dans vos apports alimentaires sous peine de voir votre poids augmenter d'année en année. Et nous y voici. Je vais évidemment vous parler de surpoids et d'obésité, je vais essayer de vous éclaircir sur l'émergence invraisemblable de ces pathologies nutritionnelles de plus en plus fréquentes dans les pays industrialisés et au-delà, dans le monde, vous parler de leurs causes et surtout de leurs effets sur certains cancers.

Oui, malheureusement le surpoids et l'obésité sont corrélés à plusieurs types de cancers comme celui de la vessie, du pancréas, du côlon, de l'estomac, celui du sein, de

l'endomètre, du rein, de l'œsophage. L'obésité serait directement responsable de 5 % de ce type de cancers[1, 2].

Pourquoi devenons-nous si gros ?

Tableau 46
Prévalence de l'obésité chez l'homme
dans différents pays en 2010[3]

Pays	Prévalence (%)
Canada	26
Grande-Bretagne	24
France	14
Brésil	12
Russie	10
Chine	4
Nigeria	3
Inde	2
Pakistan	2
Tanzanie	1

Si vous regardez bien attentivement un corps, et c'est
particulièrement visible chez les enfants, le corps est fait
pour bouger : 650 muscles et 214 os qui se mobilisent par
des tendons et des articulations[4]... Vous imaginez tous les
gestes que vous pouvez faire ? C'est une mécanique
incroyable... dont nous nous servons de moins en moins.

Tableau 47
Dépense énergétique en calories
en fonction de l'activité

Activité	Dépense énergétique (kcal/h)
Sommeil, repos en position assise ou allongée	60
Activités en position assise : TV, ordinateur, repas, jeux de société...	90
Activités en position debout : toilette, habillage, petits déplacements	120
Femmes : gymnastique, jardinage, marche, ménage Homme : activité professionnelle debout d'intensité moyenne	170
Homme : jardinage, activité professionnelle d'intensité élevée	200
Activité sportive : ski, natation, footing...	> 300

Nous ne nous bougeons plus. En revanche, dans un monde d'abondance où la nourriture est accessible vingt-quatre heures sur vingt-quatre, nous consommons de plus en plus d'aliments gras ou sucrés tout au long de la journée et ces aliments, qui devraient être le carburant énergétique de nos efforts physiques, s'accumulent passivement dans les cellules graisseuses sous forme par exemple de triglycérides : nous nous empâtons et la machine déraille ! C'est la raison pour laquelle nous vous parlerons aussi de l'activité physique et de ses effets sur l'inhibition des cancers.

Mais, avant d'aller plus loin, qu'entend-on par obésité ? L'obésité est devenue la pathologie de la nutrition la plus fréquente. Elle est dépendante de différents facteurs comme le style de vie, la sédentarité, les comportements de

consommation et de déterminants psychologiques, génétiques et sociaux. Nous y reviendrons un peu plus tard...

Dès 1997, l'OMS considère le surpoids et l'obésité comme
une accumulation anormale et excessive de graisse corporelle qui peut nuire à la santé[5].

Le surpoids est considéré comme une augmentation de
la taille des cellules graisseuses (les adipocytes) due à des
réserves de plus en plus importantes en graisse. L'obésité
est le terme employé quand les adipocytes (cellules graisseuses) arrivent à saturation. Pour définir précisément
l'obésité, il faudrait pouvoir mesurer avec précision la
masse graisseuse et situer le niveau à partir duquel la morbidité et la mortalité augmentent. Des calculs bien trop
compliqués dans une visite de routine. On fait donc appel
à une mesure plus simple qui, si elle ne permet pas de loca-
liser précisément où se situent les amas graisseux, fournit
une estimation indirecte de l'adiposité.

La mesure pour calculer si une personne est à un poids
normal, en surpoids ou obèse est l'indice de masse corporelle ou IMC. L'indice de masse corporelle est un rapport
de la masse corporelle (poids en kilos) divisée par la taille
(en mètre) élevée au carré. Exemple : l'IMC d'une femme de
60 kg qui mesure 1,65 m est de 22,03.

Un adulte dont l'IMC est supérieur à 25 est en surpoids,
s'il est supérieur à 30, il est obèse (tableau 48). Et c'est
grâce à cette mesure que la morbidité et la mortalité peuvent être directement étudiées par rapport à l'obésité.

Je suis sûr que vous êtes déjà en train de faire vos petits
calculs... Mais attendez un peu d'avoir toutes les explications pour mieux comprendre votre prise de poids et ne pas
dramatiser !

Tableau 48
Interprétation de l'IMC[6]

État	IMC correspondant
Maigreur	< 18,5
Normal	18,5-24,9
Surpoids	25-29,9
Obésité modérée	30-34,9
Obésité sévère	35-39,9
Obésité massive	> 40

Il ne faut pas oublier non plus que la notion de risque lié au surpoids et à l'obésité dépend de l'âge (tableau 49), de la constitution de cette obésité, de son ancienneté et de la répartition du tissu adipeux.

Tableau 49
IMC moyen par tranche d'âge
en France en 2009[7]

Âge	18-24	25-34	35-44	45-54	55-64	> 65
IMC moyen	22,3	24,4	25,1	25,8	26,5	26,4

Il ne faut pas perdre de vue qu'une obésité qui s'est installée chez un enfant avant l'âge de 5 ans va perdurer à l'âge adulte. Une étude menée par la Direction régionale sanitaire et sociale (DRASS) en 2002 en région parisienne a montré que 6,2 % des enfants souffraient d'obésité et ce, particulièrement dans les milieux défavorisés.

Début 2008, l'Institut de veille sanitaire (InVs) annonce dans un rapport qu'enfin il y a une stabilisation dans l'obésité des enfants mais qu'un adulte sur six est obèse[8].

Et la Chine, par exemple, où la population était réputée pour sa petite stature et un poids très normal, connaît aussi un pic d'obésité : 184 millions de Chinois sont en surpoids et 31 millions sont obèses[9].

Comme vous le voyez, l'obésité est devenue un vrai fléau mondial. Mais voilà, on ne se débarrasse pas aussi facilement d'une pathologie comme l'obésité comme on le fait de quelques petits kilos en trop. Le phénomène est complexe avec une phase initiale, l'augmentation de la masse grasse qui correspond à une mise en réserve de l'énergie excessive, puis d'une adaptation à ce nouveau bilan énergétique : tout se met en place pour défendre ce nouveau statut énergétique et garder sa graisse.

Comme moi, vous devez vous poser la question : « Mais pourquoi sommes-nous devenus trop gros ? » Il y a à peine une quinzaine d'années, on pensait que ce phénomène très éloigné de nous, était réservé aux Américains et à leur mode de consommation alimentaire. Leur alimentation nous aurait-elle rattrapés ? Serions-nous devenus aussi accros à notre console de jeux, au *take-away* à toutes les heures du jour et de la nuit, à des aliments tout préparés (tableau 50 ci-contre), faits uniquement de graisse et de sucres, comme certains d'entre eux ?

Tableau 50
Évolution des consommations
entre l'enquête ASPCC (1994)
et l'enquête INCA (1999)

	Évolution chez les enfants	Évolution chez les adultes
Pâtisseries et viennoiseries	+ 84 %	+ 90 %
Jus de fruits	+ 17 %	+ 4 %
Sodas	+ 17 %	+ 17 %
Biscuits sucrés	+ 24 %	+ 0 %
Pâtes et riz	+ 32 %	+ 24 %
Saccharose	− 37 %	− 8 %

D'après les scientifiques, les cliniciens et les épidémiologistes, les raisons sont multiples et très discutables.

Certaines études parlent du rôle de l'industrie alimentaire qui produit des aliments à l'index glycémique très élevé[10]. Ces aliments sont bourrés de sirop de maïs, très riche en fructose. Elles étudient également le rôle des distributeurs de barres chocolatées dans les écoles et les fast-foods[11].

Mais ne nous emballons pas. Ces études n'ont pas fait la preuve que ces habitudes alimentaires étaient responsables de l'augmentation de l'IMC. En ce qui concerne l'obésité et la consommation d'aliments provenant de fast-foods, l'étude Burdette and Whitaker[12], si elle voit des associations, ne peut pas affirmer un lien de cause à effet. Les boissons sucrées comme les sodas semblent être la piste la plus convaincante et le lien le plus étroit entre IMC élevé et obésité. C'est en tout cas le résultat de trois études américaines sur quatre faites auprès d'enfants[13].

D'autres études évoquent la station assise devant la télévision et le grignotage de produits alimentaires très denses en énergie (chips, junk food...). Une récente méta-analyse conclut que, statistiquement, il y a un lien mais qu'il n'est pas suffisamment prouvé cliniquement pour l'affirmer[14].

Ces études ne remettent pas en cause l'importance de ces facteurs mais estiment qu'il faut considérer encore d'autres possibilités.

D'autres argumentations scientifiques évoquent le manque de sommeil. Chez les enfants et les adultes : un temps plus important de sommeil est inversement proportionnel à un IMC élevé et au risque d'obésité[15].

Comment se faire une idée ? Comment trancher ?

Vous pouvez l'observer : le champ de l'émergence de l'obésité est vaste. Il n'y a pas qu'une cause évoquée quand on parle d'obésité. Les études épidémiologiques et les mécanismes plausibles de ces causes ne sont pas encore assez étayés. Et même si une de ces causes a une répercussion faible, l'ensemble de ces causes peut vraiment avoir des conséquences sur l'obésité.

Pourquoi le surpoids serait-il un facteur promoteur de cancer ?

Parce qu'il additionne les conditions qui modifient plusieurs paramètres biochimiques qui sont impliqués directement dans le métabolisme des cellules cancéreuses.

Nous n'allons pas de nouveau entrer dans les détails des mécanismes qui conduisent, en cas de surpoids ou d'obésité, à augmenter le risque de cancer. Nous l'avons vu dans le chapitre sur les sucres et produits sucrés. Disons simplement que ces adipocytes se comportent comme de vraies pompes à hormones. Ils stimulent la sécrétion d'insuline, hormone de régulation de notre métabolisme énergétique, de l'utilisation ou du stockage du sucre. Elle est capable, lorsqu'elle est présente en excès, de stimuler la prolifération des cellules, y compris des cellules cancéreuses. Elle le fait soit par une action directe sur les cellules cancéreuses, soit en stimulant la sécrétion par le foie d'une autre hormone, l'*Insuline Growth Facor* ou IGF1, qui est, elle aussi un très puissant facteur de promotion des cancers. Enfin, les deux hormones, insuline et IGF1, ont une fâcheuse tendance à augmenter l'activité des enzymes qui, dans notre corps, fabriquent les hormones sexuelles, qu'il s'agisse de l'œstradiol chez la femme ou de la testostérone chez l'homme. Avec pour conséquence une augmentation de la prolifération des cellules des seins chez la femme ou de la prostate chez l'homme et donc, un risque plus élevé de développer un cancer du sein ou de la prostate.

Le rôle préventif de l'activité physique

Mais alors quel est le lien direct entre obésité, activité physique et cancer ?

Nous venons de voir le lien entre obésité et cancer. Alors continuons par le rôle de l'activité physique qui, elle aussi, est primordiale pour lutter contre la promotion de certains cancers. C'est essentiellement au travers des variations de l'activité physique que la dépense énergétique se modifie[16]. Ce qui signifie que plus vous bougerez, moins les sucres et les lipides se transformeront en triglycérides (graisses) dans vos adipocytes. Vous commencez à faire le lien ? N'oubliez pas que l'équation est très simple :

Énergie stockée = Énergie ingérée - Énergie dépensée.

Donc, en dehors de l'activité physique salvatrice, nos dépenses énergétiques se résument :

– à notre thermorégulation, c'est-à-dire le processus énergétique qui permet de garder .le corps à une température constante de 37,2 °C, quelle que soit la température ambiante ;

– et au métabolisme de base, c'est-à-dire un autre processus énergétique qui permet de préserver toutes les fonctions vitales en bon ordre de marche. Il est plus ou moins important selon qu'on est mince, gros fumeur, femme, homme, etc.

L'activité physique en plus de vous faire perdre du poids peut influer sur l'inhibition des cancers.

Au cours d'un exercice physique, les muscles se contractent pour mobiliser le corps et cette contraction réclame de l'énergie. Pour libérer cette énergie, le muscle doit consommer des glucoses endogènes (qui se trouvent déjà stockés dans le corps) ou du sucre exogène qui provient directement de l'alimentation. Plus la contraction musculaire dure dans le temps ou est intense, plus cette utilisation des glucides aura lieu. Une façon efficace de consommer les sucres et les lipides que nous ingérons et qui, sans cela, se stockent dans l'organisme en gorgeant les adipocytes.

Les contributions respectives de l'utilisation (rapide) des glucides ou des lipides (plus lente) à la fourniture de l'énergie varient selon la puissance de l'exercice, l'état nutritionnel et les capacités physiques des sujets étudiés.

Comment ça marche ?

Tout cela a bien évidemment des répercussions sur le corps qui va puiser dans ses réserves énergétiques stockées inutilement en graisses et endiguer les facteurs qui favorisent la promotion des cancers vus plus haut. Vous voyez, le sport agit en interaction avec votre alimentation et peut vous aider, comme je vous le disais, à pallier les effets d'une alimentation trop dense énergiquement.

Si on connaît si bien l'influence de l'activité physique sur les cancers, c'est que des cancérologues férus de sport, comme mon ami le docteur Thierry Bouillet qui a créé l'association Cancer, arts martiaux et informations (CAMI) et de nombreux scientifiques, ont testé et mesuré scientifiquement le rôle de l'activité physique sur des femmes et des hommes qui étaient atteints d'un cancer du sein, de la prostate ou du côlon et de larges études ont prouvé l'incidence positive de l'activité physique sur leur cancer[17, 18, 19].

En plus d'améliorer la qualité de vie (trois essais publiés en 2005 vont dans ce sens)[20], l'estime de soi, la fatigue et la tolérance aux traitements, l'activité physique peut parfois améliorer les chances de guérison.

En 2008, l'Institut Cochrane, aux États-Unis, a publié 28 études qui prouvent que l'activité physique favorise les chances de survie à un cancer, dont 16 concernent le cancer du sein[21].

Une activité physique anticancer, qu'est-ce que c'est ?

Si elle a une influence sur le cancer quand il est installé, l'activité physique peut aussi avoir un effet prophylactique en agissant sur les facteurs liés au surpoids et qui sont promoteurs de cancer. L'activité physique modifie le métabolisme des œstrogènes et accroît la formation de dérivés à faible action œstrogénique. Elle diminue le taux d'insuline et l'insulinorésistance des femmes sédentaires et en surpoids. Ceci a été montré dans de nombreuses études dont la plus récente, publiée en 2009, sur des femmes en surpoids depuis longtemps et sous traitement anticancéreux, a confirmé que l'activité physique adaptée a, en soi, une véritable action positive[22, 23, 24, 25].

Si vous voulez pratiquer une activité physique tout en vous prémunissant contre l'apparition d'un cancer, le type d'activité physique préconisée doit suivre un protocole très précis[26, 27]. C'est en MET-heure et non pas en kilocalories que la dépense énergétique doit être calculée. Un MET-heure, qui signifie *Metabolic Equivalent Task*, est une estimation de la dépense d'oxygène que l'on consomme lorsque l'on reste au repos une heure. Elle correspond à 3,5 ml O_2/kg/min.

La marche à pied par exemple équivaut à 3 MET-heure. Si votre marche à pied est plus intense, si vous montez les escaliers, cette activité frisera les 6 MET-heure. Une activité intense comme le footing, le tennis ou la natation est supérieure à 6 MET-heure.

En moyenne, la population a une dépense énergétique hebdomadaire plus petite que 3 MET/semaine. Cette explication, je suppose, vous fait comprendre à quel point nous sommes sédentaires ! (Tableau 51.)

Tableau 51
Évaluation de la dépense énergétique
en fonction de l'activité[28]

Activités sportives (MET-h)		Vie courante (MET-h)	
Yoga	2,5-3,5	Station assise	1
Aquagym	4	Cuisiner	2
Jogging en salle	4,5	Faire le ménage	2-4
Vélo	4-10	Bricoler	3-5
Aviron	3,5-6,5	Marcher	2-3
Natation	4-11	Jardiner	3-6
Tennis	5-8		
Arts martiaux	10		
Squash	12		

Pour que l'activité physique ait un impact sur le pronostic des femmes postménopausées ayant un cancer, il faut que l'activité physique hebdomadaire soit équivalente à 9 MET, soit trois fois 1 heure de marche par semaine ou 1 heure de natation par semaine et 30 minutes de marche, ou 30 minutes de marche six fois par semaine.

Trois autres études ont abouti aux mêmes conclusions ; qu'il s'agisse de l'étude américaine de la *Nurse's Health Study* sur 2 987 patientes[29], l'étude appelée *Women's Healthy Eating and Living* (WHEL) sur 1 490 patients[30] ou la *Collaborative Women's Longevity Study* (CWLS) sur 4 482 personnes[31].

En ce qui concerne le cancer du côlon, la dépense énergétique est supérieure à celle étudiée pour le cancer du sein (18 MET) comme le montrent l'étude du Cancer and Leukemia Group B (CALGB) ou celle du NHS.

En prophylaxie comme après un cancer, l'exercice physique doit mobiliser les quatre membres, s'effectuer contre résistance et durer au moins 30 minutes.

Malheureusement, si votre IMC est supérieur à 30, les effets de l'activité physique seront moins efficaces.

Donc, n'hésitez plus, il est indispensable que vous introduisiez l'activité physique dans votre mode de vie. Marchez au moins 30 minutes tous les jours, faites des activités sportives comme le tennis, la natation, la gymnastique, jardinez ou faites le grand ménage. Les activités ménagères ont aussi un impact sur la consommation d'énergie.

Éduquez vos enfants au sport : c'est entre 12 et 22 ans que se joue, aussi grâce à l'activité physique, la prévention contre les cancers. Si vous êtes en surpoids, conciliez un meilleur équilibre nutritionnel à une activité physique modérée et régulière.

Mes recommandations pourraient en rester là, mais ce serait assez injuste car si vous ne faites pas de sport ou si vous n'en n'avez jamais fait, il y a bien une raison.

Depuis l'augmentation alarmante de l'obésité, les salles de sport en plein développement depuis le milieu des années 1980 ont changé de slogan. Du corps « social », beau, symbole de réussite, on est passé dans les années 1995 au corps « sain » aussi bien physiquement que psychologiquement. C'est la naissance du *Wellness* qu'on pourrait qualifier de « bien-être » en français, en opposition au *fitness* qui est plutôt une recherche du corps esthétiquement beau en tenant moins compte des paramètres santé.

On vous dit : « Faites du sport, c'est bon pour la santé. » On vous propose pléthore d'activités aux noms les plus extravagants les uns que les autres et souvent anglicisés : « hi-low, step, body pump… » Mais que choisir ? Les propositions foisonnent, encore faut-il trouver un sport qui correspond à votre être intime. Comment se faire vraiment du bien ? Comment le mouvement peut-il devenir un véritable mode de vie nécessaire à votre bien-être ? C'est bien connu, une activité physique peu appropriée a beaucoup de chances de ne pas vous motiver.

Dans ce cas, vous ne trouverez aucun plaisir à la pratiquer et probablement vous l'abandonnerez rapidement en ayant dépensé souvent une bonne somme d'argent et en éprouvant un fond de culpabilité.

Choisir une activité plutôt qu'une autre doit être significatif de vos aspirations profondes, de vos émotions, de vos centres d'intérêt, de vos affinités mais aussi de votre gestion du stress, de votre potentiel d'adaptation ou de concentration. La façon dont vous décidez de bouger est aussi la façon dont vous décidez de vous exprimer.

Comment pourriez-vous vous mettre au tennis si vous n'êtes pas particulièrement compétitif ou faire du yoga si vous n'avez aucun goût pour l'introspection ou encore participer à un cours collectif si votre tempérament est plutôt solitaire et enclin à une approche du sport plus individualisée ?

Vous dire : « Faites ce sport ou cette activité parce que c'est la meilleure pour votre santé » est donc très aléatoire. C'est comme vous faire manger des brocolis que vous n'aimez pas alors que vous, vous avez plaisir à manger des choux-fleurs.

Si la méditation ou la relaxation vont vous aider à gérer votre stress, ces activités ne sont pas suffisamment « dépensières en énergie » pour agir sur les paramètres physiologiques qui déclenchent l'apparition de ces cancers. Comme nous l'avons vu plus haut, pour lutter contre le surpoids et ses inconvénients liés aux cancers, il faut faire une activité en aérobie, c'est-à-dire qui réclame un effort cardio-respiratoire équivalent à 60 % au moins de votre fréquence cardiaque maximale (le pouls) qui se calcule par : « 220 – votre âge » et avoir une dépense énergétique d'au moins 3 MET-heure. Je n'oublie pas non plus que vous êtes sûrement un peu, ou beaucoup, en surpoids et que ce facteur ne vous rend pas la tâche facile : vous vous fatiguez plus vite, vous êtes embarrassé dans vos gestes par votre poids et vos articulations ont une lourde charge !

Les écologyms

Moi, je vous propose de faire ce que j'appelle des « écologyms ».

Prenons l'exemple de votre voiture : on vous dit qu'il faut trouver le moyen qu'elle roule parfaitement bien avec un carburant moins polluant, tout en s'économisant. Un bon moyen de faire durer votre voiture plus longtemps dans de bonnes conditions.

Les écologyms, c'est exactement le même principe mais pour le corps. Le but est de se dépenser mais en préservant votre corps. Faire des mouvements qui ne l'agressent pas, mais qui vous permettent toutefois de dépenser suffisamment d'énergie.

Souvent, ces disciplines sont faites de gestes fluides qui permettent une meilleure circulation de l'énergie et favorisent la coordination, de positions instables qui demandent une meilleure connaissance du schéma corporel et d'une recherche d'équilibre qui demande, elle, une meilleure capacité à la concentration et enfin une respiration profonde qui favorise un ralentissement du rythme cardiaque et, par voie de conséquence, un apaisement du stress.

Maintenant, il ne reste plus qu'à prendre cela en compte et il est essentiel de trouver la discipline et le geste qui vous conviennent et qui permettront à votre corps de s'exprimer avec bonheur !

Dans les « écologyms », je vous propose :

– *L'aquagym* : c'est une gymnastique qui se fait dans l'eau, immergé (pour la plupart des exercices) jusqu'aux épaules. Je vous conseille cette activité si vous êtes en surpoids car, dans l'eau, votre corps pèse moins lourd et la résistance de l'eau intensifie vos exercices. C'est mieux aussi pour vos articulations.

– *La randonnée* : marcher en groupe dans un environnement serein est un excellent moyen de faire une activité physique modérée sans vous en rendre compte tant votre attention est occupée. Intensifiez encore votre marche avec un bâton dans chaque main comme pour la marche nordique.

– *Le stretching postural* : une activité qui aide à assouplir tous les segments musculaires en se focalisant sur une respiration profonde. Idéal si vous souffrez de tensions musculaires et si vous avez besoin de vous relaxer.

– *Le pilates* : très à la mode et pourtant cette activité a été créée au début du siècle passé par Joseph Pilates. Le but est de vous placer grâce à des machines à résistance (poulies ou roulettes) dans des positions avec un alignement sans défaut. Une excellente méthode pour reprendre vos muscles profonds bien en main et retrouver un bon schéma corporel.

– *Le tai-chi et le qi-qong* : ces disciplines asiatiques ont le grand avantage d'avoir une gestuelle très fluide et des

positions qui réclament beaucoup d'équilibre et de concentration, rythmées par une respiration profonde. Très
relaxant. Aujourd'hui des sessions sont organisées dans les
parcs et les jardins publics.

– *Le power yoga* : très prisé depuis quelques années. C'est
un yoga très physique qui enchaîne des combinaisons de
positions propres à cette discipline. Il fait tomber toutes les
tensions, physiques et psychologiques.

Chacune de ces activités favorise soit vos envies de tra-
vailler seul, soit vos envies ludiques, soit vos envies créatives.
Vous en trouverez forcément une qui vous plaira à 100 %
et qui vous permettra de vous mettre ou remettre à une
activité physique sans que ce soit une vraie corvée et, sans
vraiment y penser, à mettre en œuvre une véritable prévention du cancer !

Chapitre XII

LES CONSEILS ANTICANCER

Vous savez tout, ou à peu près, sur la plupart des aliments. Ce qu'ils contiennent, de bon ou de toxique. Leurs vertus et aussi parfois leurs dangers.

Vous vous êtes probablement déjà fait une petite idée de ce que vous allez manger davantage et, probablement aussi, de ce que vous allez supprimer de votre alimentation ou, en tout cas, de ce que vous allez moins consommer.

Bien...

Mais j'ai pensé avec Nathalie Hutter-Lardeau, nutritionniste qui m'a largement aidé à écrire ce livre, qu'il serait peut-être préférable, plutôt que de vous laisser seul tirer vos propres conclusions de la lecture de cet ouvrage, de vous donner quelques conseils nutritionnels afin d'optimiser votre attitude anticancer. En fait, il s'agit de mettre en perspective toutes ces informations sur les aliments, chercher à coordonner leurs actions, à compenser leurs travers, à faire en sorte, au fond, que vous puissiez tirer le plus d'avantages possible de tout ce que cette nouvelle science, la nutrigénomique, nous a permis de comprendre à propos du rôle de notre alimentation dans le développement d'un cancer.

Voici maintenant ce que nous avons appelé nos « conseils anticancer ».

Cinq règles d'or

Avant cependant d'entrer dans le détail de ces conseils, je crois qu'il serait bon que je vous donne d'abord les cinq règles d'or sans lesquelles, quoi que vous changiez à votre alimentation, vous ne pourrez en réalité réduire de façon significative votre risque de cancer. Ces cinq règles d'or, les voici.

Elles sont simplissimes :

1 – *Ne fumez pas* : si le vin n'est pas cancérigène au premier verre, comme nous l'avons vu, le tabac, lui, est parfaitement cancérigène dès la première cigarette. Même peut-être quand cette cigarette est fumée par votre voisin. Donc, quoi qu'il arrive, ne fumez pas et surtout, veillez à ce que vos enfants, d'autant plus qu'ils sont jeunes, ne fument pas.

2 – *Diversifiez votre alimentation* : ne vous privez de rien même si, de temps en temps, vous avez envie de vous faire plaisir et que cela passe par le fait de manger quelque chose dont on a vu qu'il pouvait être dangereux pour votre santé. Quand on parle de danger, d'effet cancérigène, on parle en fait d'une consommation importante, régulière, au long cours de tel ou tel aliment. Si vous aimez le saumon, par exemple, et même si certains d'entre eux sont bourrés de métaux

lourds, ce n'est pas parce que vous allez en consommer 200 g une fois de temps en temps que vous allez
développer un cancer.

3 – *Diversifiez vos modes de cuisson* : c'est vrai que la cuisine au wok est potentiellement cancérigène. C'est
vrai aussi que le contact de toute substance organique,
de tout aliment avec la flamme, c'est-à-dire avec des
températures très élevées, provoque l'apparition,
dans la fumée autour de celui qui cuisine, comme sur
ou dans l'aliment lui-même, de substances hautement cancérigènes.

C'est vrai que les cuissons vapeur ou mijotée sont
bien meilleures pour la santé de ce point de vue.

Il est exact aussi que les fritures, pour des raisons que
nous avons passées en revue, peuvent être nocives.

Mais, pour autant, rien ne vous interdit de faire un
ou deux barbecues pendant l'été ou de manger asia-
tique de temps en temps. Ni même de vous faire une
portion de frites surtout si, au lieu d'utiliser un bain
d'huile pour les faire, vous prenez une de ces nouvelles
machines qui permettent de faire un kilo de frites
avec une cuillerée d'huile.

4 – *Consommez de préférence des produits artisanaux, de
terroir, issus d'une agriculture raisonnée* (ou raisonnable) : on a vu combien cette notion de terroir était
importante. Mon ami Jean-Luc Petitrenaud me l'a si
souvent répété ! Combien cette notion de terroir
était à même de nous garantir des produits de qualité dont les modes de fabrication ou les recettes
avaient traversé le temps, l'histoire, d'une région et
d'un peuple. Combien elle avait donc généralement
fait la preuve de sa relative innocuité pour la santé,

et, même parfois, de son caractère bénéfique dans la prévention de certaines maladies.

Même si le fait de manger « bio » n'a jamais démontré sa supériorité au plan scientifique par rapport au risque de cancer, préférez toujours des produits avec le moins possible de pesticides, soit bio (mais souvent chers), soit, en tout cas, produits par des agriculteurs raisonnables. Lavez vos aliments et n'hésitez pas, quand c'est possible, à les laver d'abord à l'eau un peu savonneuse, plus à même d'enlever les pesticides résiduels, avant de les rincer et de les consommer.

5 – *Adaptez votre bilan énergétique* : cela veut dire, augmentez votre activité physique et réduisez votre apport de calories. Veillez à avoir un indice de masse corporelle efficace. Ne mangez donc pas trop riche, ce qui veut dire faites attention aux matières grasses et aux sucres cachés dans certains aliments. Ne grignotez pas entre les repas. Faites du sport. Et si un jour vous voulez faire la fête et vous faire vraiment plaisir, faites-le. Mais, dès le lendemain, faites un ou deux jours de régime hypocalorique pour compenser et courez un kilomètre de plus pour, en outre, vous déculpabiliser.

Vous savez, Laennec, l'un des plus illustres médecins français, avait coutume de dire que la maladie était le résultat des passions tristes. Alors, ne le soyez pas ! Mangez une alimentation gaie et ne vous privez pas de vous faire plaisir, quelles qu'en soient les conséquences théoriques, si c'est seulement de temps à autre.

Voilà, je crois, les règles de base qui constituent le socle sur lequel nous allons pouvoir vous décrire nos conseils anticancer.

Avant de le faire, je pense que certains d'entre vous aimeraient pouvoir disposer d'un tableau récapitulant le pouvoir
antioxydant des principaux aliments que nous avons décrits
dans ce livre. Le voici.

Tableau 52
Teneur en antioxydants de différents aliments

Aliment	Nombre d'échantillons analysés	Teneur en antioxydants (mmol/100 g)
Boissons	**283**	**8.3**
Thé noir, préparé	5	1
Chocolat au lait	4	0,4
Café, préparé avec filtre et bouilli	31	2,5
Espresso, préparé	2	14,2
Thé vert, préparé	17	1,5
Vin rouge	27	2,5
Céréales du petit déjeuner	**90**	**1,1**
Biscotte	3	1,1
Pain blanc toasté	3	0,6
Pain complet toasté	2	1
Fruits et jus de fruits	**278**	**1,25**
Pomme	15	0,4
Abricots secs	4	3,1
Pomme séchée	3	3,8
Myrtilles séchées	1	48,3
Dattes séchées	2	1,7
Mangue séchée	2	1,7
Orange	3	0,9
Papaye	2	0,6

Aliment	Nombre d'échantillons analysés	Teneur en antioxydants (mmol/100 g)
Pruneaux	1	3,2
Grenade	6	1,8
Fraise	4	2,1
Jus de pomme	11	0,3
Jus de cranberries	5	0,92
Jus de raisin	6	1,2
Jus d'orange	16	0,6
Jus de grenade	2	2,1
Jus de prunes	3	1
Jus de tomates	14	0,48
Céréales et produits céréaliers	227	0,34
Orge et farine	4	1
Pain complet	3	0,5
Farine blanche de sarrasin	2	1,4
Farine de sarrasin complète	2	2
Farine de maïs	3	0,6
Millet	1	1,3
Légumes	69	0,48
Artichauts	8	3,5
Pois	25	0,8
Olives noires	6	1,7
Brocolis cuits	4	0,5
Piments rouge et vert	3	2,4
Chou frisé	4	2,8
Noix et graines	90	4,57
Noisettes	1	4,7
Arachides rôties	1	2
Noix de pécan	7	8,5

Aliment	Nombre d'échantillons analysés	Teneur en antioxydants (mmol/100 g)
Pistaches	7	1,7
Graines de tournesol	2	6,4
Noix	13	22
Épices et herbes	**425**	**29**
Basilic séché	5	19,9
Coriandre en bâton	3	26,5
Clou de girofle	6	277
Aneth séché	3	20
Estragon séché	3	43,8
Gingembre	5	20,3
Feuilles de menthe séchées	2	116
Origan séché	9	63,2
Laurier séché	5	44,8
Safran	3	44,5
Thym	3	56,3
Aliments d'origine animale	**211**	**0,18**
Produits laitiers	86	0,14
Œufs	12	0,04
Poisson et produits de la mer	32	0,11
Viande et produits à base de viande	31	0,31
Volaille et produits issus de volaille	50	0,23

D'après Carlsen M. H., Halvorsen B. L., Holte K., Bøhn S. K., Dragland S., Sampson L., Willey C., Senoo H., Umezono Y., Sanada C., Barikmo I., Berhe N., Willett W. C., Phillips K. M., Jacobs D. R. Jr, Blomhoff R., « The total antioxidant content of more than 3 100 foods, beverages, spices, herbs and supplements used worldwide », *Nutr. J.*, 2010, 9 (3).

Je vous mets en garde cependant, comme nous l'avons vu par exemple avec le bêta-carotène et la vitamine E – deux puissants antioxydants – contre l'idée trop répandue que ce qui est bon pour la prévention du cancer consiste essentiellement en la recherche d'antioxydants.

Nos conseils anticancer

Il me semble qu'une bonne façon de faire pourrait d'abord commencer par vous donner deux listes importantes : celle de ce qu'il faut éviter en général et celle de ce qu'il faut privilégier.

Les agents anticancer

Commençons par le top ten des bonnes choses :

1 – *Le jus de grenade* : industriel, il est encore meilleur pour la santé, car plus riche en antioxydants de très grande qualité.

2 – *Le curcuma* : n'hésitez pas, mettez-en partout. C'est l'un des plus puissants compléments anticancer.

3 – *Le thé vert* : quels qu'ils soient, tous les thés verts sont riches en épigallocatéchine-3-gallate et sont excellents, surtout semble-t-il si l'on y associe des feuilles séchées de papaye.

4 – *Le vin* : en petites quantités, deux ou trois verres par jour en moyenne. Il est plein de resvératrol.

5 – *Le sélénium* : c'est l'un des rares compléments ayant fait la preuve de son efficacité dans la prévention du cancer. On le trouve facilement dans toutes les phar-

macies. Demandez conseil à votre pharmacien ou à votre médecin traitant.

6 – *Les tomates* : surtout préparées industriellement comme dans les sauces tomate ou les jus de tomate. Elles contiennent du lycopène qui est vraiment très anticancer, surtout chez l'homme.

7 – *Les fibres alimentaires* : elles sont très importantes, d'abord comme prébiotiques et ensuite parce que, non digérées, elles vont accélérer le transit intestinal et donc diminuer le temps de contact entre la muqueuse intestinale et les produits potentiellement cancérigènes contenus dans l'alimentation. Attention cependant aux personnes ayant un côlon irritable.

8 – *L'ail et l'oignon* : ils sont de remarquables agents anticancer. Ils interviennent d'ailleurs de façon massive dans le fameux régime méditerranéen. Ajoutez-en chaque fois que vous pouvez.

9 – *La quercétine* : on en trouve notamment dans les câpres, la livèche, le cacao, et le piment fort et c'est un excellent agent préventif, surtout chez les fumeurs.

10 – *L'exercice physique* : on a vu son rôle majeur dans la réduction du risque de rechute du cancer. Il intervient directement aussi dans le cadre d'une dépense énergétique à même de maintenir un indice de masse corporelle satisfaisant.

Ce sont là, pour moi en tout cas, les meilleurs agents anticancer à notre disposition, facilement utilisables, sans aucun élitisme, y compris lié à l'argent car il s'agit à chaque fois d'agents parfaitement accessibles à tous.

Ils constituent une base, le centre de ces conseils anticancer que je veux vous donner. Ils sont les moins discutables, les plus reconnus scientifiquement de tous les aliments ou, plus généralement, des actions que vous pouvez d'ores et déjà mettre en œuvre pour essayer, dans la mesure du possible bien sûr, de réduire votre risque personnel de développer un cancer.

À côté de cette liste, je pense qu'il est assez raisonnable que je vous en donne une autre à présent qui concerne, cette fois, le « flop ten » de ce qu'il vaut mieux éviter à partir d'aujourd'hui si vous avez décidé de prendre votre santé en main et d'essayer de réduire vos chances d'avoir un cancer.

Ce qu'il faut éviter

Voyons cette liste ensemble.

1 – *Le tabac* : pardon, mais je ne peux m'empêcher de le remettre ici. À lui seul, ne l'oubliez pas, il est responsable de près de 30 % de tous les cancers dans notre pays.

Bon, mais comme c'est un peu tricher de mettre le tabac dans cette liste, je vais recommencer à compter à partir de un.

1 – *L'excès d'espadon, de thon rouge, de flétan, de saumon* : ils contiennent vraiment trop de métaux lourds et de toxiques pour être mangés trop souvent. Évitez-les au quotidien en tout cas.

2 – *L'excès de laitages, qu'il s'agisse du lait ou de produits fermentés (fromages, yaourts) chez l'homme.* En revanche, ces produits sont excellents pour les enfants et les

femmes. Les hommes ne devraient pas en manger trop après 50 ans.

3 – *Le bêta-carotène* : on en trouve dans de très nombreux compléments nutritionnels vendus aussi bien en pharmacie que sur Internet. Faites attention : si vous fumez, ou même si vous avez fumé, évitez-moi ce produit qui est absolument nuisible à votre santé. Faites aussi attention si vous avez l'habitude d'exagérer la quantité de fruits et légumes qui en sont riches.

4 – *La vitamine E* : il fut un temps où elle était recommandée. En réalité, les hommes devraient y faire vraiment très attention car il est aujourd'hui prouvé qu'elle augmente le risque de certains cancers. Là aussi, faites attention, on en trouve dans de nombreux cocktails vitaminiques vendus aussi bien en pharmacie que sur Internet. Encore une fois, ne jouez pas à l'apprenti sorcier.

5 – *L'excès d'alcools forts* : une fois de temps en temps, ce n'est probablement pas grave mais ingurgités régulièrement, ils peuvent entraîner une augmentation de risque de certains cancers. Ne dépassez jamais 30 g d'éthanol pur en moyenne par jour.

6 – *L'excès de poids* : attention, vous ne pouvez plus l'ignorer. Au même titre que la sédentarité, c'est un puissant facteur de risque de cancer, aussi bien chez l'homme que chez la femme et le mieux est certainement d'y faire attention en commençant dès l'enfance.

7 – *L'arsenic dans l'eau de boisson, les nitrites et les nitrates dans l'eau et dans certaines charcuteries industrielles* : à éviter systématiquement. Ils sont hautement cancérigènes. Demandez à votre Ddass s'il y en a dans votre eau du robinet, lisez les étiquettes des charcuteries

industrielles et évitez ces trois agents, tous hautement cancérigènes chez l'homme comme chez la femme.

8 – *Le sang contenu dans la viande* : n'hésitez pas à vider le sang de la viande en la lavant avant de la préparer par exemple. Si vous faites, pour vous faire plaisir, un repas fait d'un boudin noir et d'une côte de bœuf pleine de jus, essayez de prendre ensuite un comprimé de phosphate de calcium. Des chercheurs français très sérieux semblent dire que cela réduirait l'effet potentiellement cancérigène de l'hémoglobine contenue dans le sang que vous avez mangé.

9 – *Les matières grasses riches en acides gras polyinsaturés* : et surtout l'huile de colza, de périlla et de graine de chanvre. Elles semblent être potentiellement dangereuses par rapport au risque de cancer surtout à très haute température.

10 – *Les grillades et la cuisine au wok* : pour cette dernière, surtout si l'on utilise en plus les huiles que nous venons de citer. Le marquage de n'importe quel aliment par le contact avec la flamme (> 500 °C) crée des substances particulièrement nocives. De même dans la cuisine au wok où, du fait de la forme de l'ustensile lui-même, on atteint des températures de cuisson beaucoup trop élevées qui vont générer des produits cancérigènes.

Ainsi, nous venons de faire le tour des principaux produits potentiellement néfastes pour notre santé ; en tout cas, lorsqu'il s'agit du risque de cancer.

Des pratiques bénéfiques

On pourrait citer ici la pratique du jeûne, connu depuis la nuit des temps, souvent suivi dans le cadre de croyances religieuses ou philosophiques. Le jeûne pourrait chez l'animal de laboratoire, en tout cas, réduire le risque de cancer. Il semble que la production de corps cétoniques qui survient en cas de jeûne, ou en cas de régime sans hydrates de carbone, pourrait fragiliser les cellules cancéreuses incapables, contrairement aux cellules saines, de faire fonctionner leur métabolisme en se servant de ces corps cétoniques. Il pourrait également y avoir baisse de la sécrétion de certains facteurs de croissance susceptibles de stimuler la multiplication cellulaire, comme l'IGF1 que nous avons déjà vu. Je ne peux recommander de recourir à cette pratique, mais j'ai pensé qu'il fallait la signaler ici. Mais surtout, si vous avez ou si vous avez eu un cancer, ne jeûnez pas. Cela, on en est certain, vous affaiblirait. Le jeûne est absolument interdit, selon moi, dans ces cas-là et surtout en cours de traitement pour un cancer ou, chez toute personne affaiblie.

Quelques astuces de consommation

À plusieurs moments dans notre livre, nous avons parlé des fruits et légumes. Ils sont de merveilleux agents anticancer pour la plupart.

Nous avons cependant évoqué le risque de mélanome malin qui pourrait (mais d'autres études doivent confirmer encore cette affirmation trop récente) être lié à la trop forte consommation de jus d'orange, surtout si l'on s'expose au soleil ou si l'on est à risque de mélanome.

Il est peut-être important, dans ce chapitre sur les conseils anticancer, de vous recommander une façon optimale de consommer ces aliments.

Alors, pourrions-nous le faire en nous servant de leur couleur ? C'est en tout cas comme cela que nous avons procédé dans le chapitre où nous les avons étudiés.

Bien sûr, il est évident que, là, nous entrons, sans doute pour la première fois dans ce livre, sur un terrain nettement moins scientifique mais, pour autant, je crois, qui n'est pas dénué d'une certaine logique quand on est au fait des mécanismes d'action de ces aliments et des cibles moléculaires sur lesquelles ils agissent.

D'une façon générale, il vaut mieux consommer les orangés ou jaune-orangé le matin, où leurs propriétés antioxydantes vont réparer les dégâts de la nuit. Les verts plutôt le soir car leur couleur est issue de la photosynthèse liée à l'activité solaire.

Il vaut mieux sans doute éviter les violets ou sombres le soir, du fait de leur acidité fréquente.

Les rouges et les blancs, toute la journée, chaque fois que vous pourrez, sans jamais vous limiter !

Des conseils adaptés à chaque âge

Il existe aussi, je crois, des spécificités alimentaires propres à l'âge, au sexe et au tabagisme. D'une part du fait de l'effet extrêmement cancérigène des hormones féminines, d'autre part du fait des risques très particuliers liés au cancer de la prostate, et enfin, parce que le nombre de lésions et donc de réparations nécessaires pour maintenir le patrimoine génétique d'un fumeur en bon état est considérablement plus important que chez un non-fumeur. Voici donc quelques conseils supplémentaires plus adaptés à cette typologie.

1 – *Les femmes préménopausées* sont bourrées d'hormones féminines qui, même si elles sont bénéfiques de plein de manières, n'en sont pas moins de véritables dangers pour les seins et l'utérus. À cet âge, bien qu'il existe déjà un risque significatif de cancer du sein, le fait le plus important est certainement que ces femmes sont en train d'induire les lésions sur leurs cellules mammaires qui feront les cancers du sein que l'on détectera, dans leur majorité, après la ménopause.

Pour elles, il est important de faire de l'exercice, de contrôler très étroitement leur poids. Il leur faut consommer en grande quantité des laitages et se supplémenter en calcium. Il faut qu'elles allaitent après leur accouchement. Le sélénium est très bon ici. Elles doivent préférer des vins faibles en alcool (à boire de toute façon avec modération), et arrêter de fumer. Chez elles, il faut favoriser les fruits et légumes verts et les blancs. Les fibres sont également très importantes car on assiste depuis quelques années à une augmentation des cas de cancer du côlon chez la femme qui rejoint bientôt, de ce point de vue, le risque de l'homme, et cela est peut-être lié au fait qu'elles consomment de moins en moins de fibres. Le pain, surtout de campagne ou complet, est un excellent aliment. À ces âges, elles sont à risque de carence martiale du fait des menstruations. Même si, comme on l'a vu, le fer est dangereux, il ne faut pas qu'elles en manquent. Donc, il faut consommer, surtout si leurs règles sont abondantes, de la viande rouge, des lentilles, des haricots, du tofu, des pois chiches, des figues et des abricots. Elles peuvent se supplémenter aussi en vitamine C qui augmente l'absorption intestinale du fer. À cet âge, les besoins en fruits et légumes orangés sont limités, surtout s'il s'agit d'une femme fumeuse.

Un mot, ici, à propos des déodorants, surtout après que je vous ai conseillé, mesdames, de faire du sport régulièrement.
Il traîne partout cette idée totalement saugrenue que les déodorants donneraient le cancer du sein, par effet local. Quelle bêtise ! Je ne vais même pas entrer dans les détails des explications biomoléculaires qui nous prouveraient que ce ne sont là que des bêtises, des inepties. Je vais juste vous rappeler que, généralement, on met du déodorant sous les deux aisselles, sous les deux bras. S'il était vrai que ces déodorants provoquaient un effet cancérigène sur le sein qui se trouve près de l'endroit vaporisé, les femmes devraient avoir des cancers sur les deux seins. Or les cancers du sein bilatéraux sont extrêmement rares, rarissimes même si l'on exclut les femmes porteuses d'un gène héréditaire appelé BRCA et qui, en dehors de toute problématique de déodorant, ont tendance à avoir un double cancer du sein dans leur vie. Et qu'en est-il du cancer du sein chez l'homme quand on voit que ceux-ci consomment de plus en plus de déodorants alors que le cancer du sein continue d'être plus que rarissime chez eux !

Alors, arrêtons ces stupidités. Vous pouvez mettre des déodorants sous les bras. Ne retournons pas, je vous en prie, aux odeurs du Moyen Âge !

2 – *Les femmes après la ménopause* : calcium, sélénium sont pour elles fondamentaux. Si vous êtes concernée par ce profil, demandez conseil à votre pharmacien. Le fer n'est pas bon. Évitez-le. Les matières grasses, en général, et surtout celles riches en acides gras poly-insaturés sont néfastes pour vous. Si vous mangez des produits riches en produits toxiques, comme certains poissons, prenez des fibres au cours du même repas pour accélérer votre transit. Consommez beaucoup de fruits et légumes, notamment verts, blancs et sombres. Buvez du thé vert, prenez du gingembre (pourquoi ne pas les mélanger d'ailleurs ?), mangez des câpres, du cacao, de la livèche, du piment fort.

Naturellement, continuez de faire de l'exercice régu-lièrement et de surveiller votre indice de masse corpo-relle qui doit impérativement rester au-dessous de 25.

3 – *Les hommes* : ils doivent éviter le bêta-carotène s'ils sont fumeurs. C'est à mon avis impératif !

Pour le reste, qu'ils fument ou pas, il faut qu'ils veillent à consommer le moins possible de vitamine E et de calcium. Ils doivent restreindre leur consomma-tion de produits laitiers et, s'ils font un repas riche en fromages, qu'ils prennent un aliment « scavenger » comme des fibres, de la banane ou du thé vert par exemple. Ils doivent hyperconsommer des fruits et légumes rouges et surtout de la tomate. Celle-ci doit être consommée de préférence, non pas fraîche mais sous forme industrielle comme dans les sauces tomate, beaucoup plus riches en lycopène. Si vous êtes blond, arrêtez le jus d'orange. Préférez le jus de grenade. Mangez le plus possible de fruits et légumes blancs : ail, oignons, cébettes, échalotes son excellents pour votre santé.

Le sélénium est très bon pour vous aussi. Voyez votre médecin généraliste ou votre pharmacien. Mangez des légumes secs. Évitez le sang de la viande rouge. Buvez du vin avec modération, sans dépasser en moyenne trois verres par jour. Arrêtez de fumer, c'est ce qu'il y a de plus dangereux.

Évitez tous les complexes multivitaminés qui contiennent du rétinol ou un de ses dérivés.

Attention à l'eau. Vérifiez qu'elle ne contient pas d'arsenic. Pour vous aussi, tout ce qui contient de la quercétine est bon (câpres, cacao, livèche, piment fort).

Faites de l'exercice régulièrement. Surveillez votre poids. Ne dépassez pas un indice de masse corporelle de 25 !

Évitez les grillades, les barbecues, les charcuteries industrielles.

Voilà ainsi résumés quelques conseils anticancer que j'ai pensé intéressants de vous donner et qui, je crois, sont un peu plus personnalisés que ce que l'on vous propose d'habitude.

Ils n'excluent ni ne contredisent en rien, bien entendu, ni les « règles d'or » vues au début de ce chapitre ni l'intérêt des recommandations (« top ten/flop ten », p. 236 et p. 238) de ce qui est bon ou de ce qui est mauvais, que je vous ai indiqué plus haut.

Ils les complètent et les personnalisent. Ils vous permettront, au total, de mieux réfléchir à ce qui est bon pour vous, pour diminuer autant que faire se peut, votre risque de développer un cancer dans le courant de votre vie.

Mais, comme nous le verrons dans la conclusion qui suit, ils n'ont en rien la prétention de changer radicalement ce risque, de l'éliminer, de le ramener à zéro, ni même, plus simplement, de le réduire, comme d'autres régimes l'ont revendiqué, de 50 % ou plus.

Non, plus modestement mais aussi plus scientifiquement, plus véridiquement, ils vous permettront de gagner quelques points dans votre lutte contre ce terrible fléau qu'est le cancer et augmenter un peu ainsi vos chances d'y échapper ou d'échapper à une rechute, par une attitude préventive.

Suivre ces conseils ne doit pas vous inciter à cesser de participer aux dépistages de cancer que nous avons mis en place en France.

En tant que président de l'Institut national du cancer (INCA), je me suis battu contre vents et marées pour que tous nos concitoyens puissent bénéficier d'un égal accès au dépistage du cancer du col de l'utérus, du sein, du côlon et de la peau.

Ces dépistages sont, je vous l'affirme, efficaces et capables de réduire votre risque de cancer, ou en tout cas, de cancer grave. Alors, profitez-en !

CONCLUSION

Voilà, je crois que je vous ai tout raconté, tout expliqué, tout commenté.

Si vous avez lu avec attention toutes ces pages, vous savez à présent tout, ou à peu près tout, ce que l'on peut savoir en matière de liens entre nutrition et cancer.

J'ai essayé, tout au long de ces différents chapitres, avec le plus d'honnêteté possible, de vous simplifier cette information, de vous la rendre compréhensible et, plus encore, de faire en sorte que vous puissiez en tirer des conclusions sur la meilleure façon de vous nourrir, en tout cas, par rapport au risque de cancer.

Écrire ce livre fut pour moi un passionnant voyage dans la science de la nutrition et de la nutrigénomique. J'y ai appris des choses captivantes, inattendues et qui ont souvent bousculé mes certitudes et mes croyances de consommateur.

Pour arriver à cette simplification des données, j'ai dû lire, comprendre, absorber des centaines et des centaines d'articles, discuter avec des dizaines de spécialistes, consulter un très grand nombre de sites Internet.

Mais le bon côté de la chose fut qu'au terme de ce travail titanesque, j'ai pu concevoir un vrai projet santé qui, je l'espère, vous sera autant utile qu'à moi, non seulement pour mettre toutes les chances de notre côté et essayer de réduire notre risque de développer un cancer – je vous rappelle qu'en France, un homme sur deux et une femme sur trois est ou sera touché par le cancer dans sa vie –, mais sans doute plus encore, car là tout reste à faire, à essayer de protéger, autant que faire se peut, nos enfants et nos petits-enfants.

Je vous ai montré ce qui pouvait réduire votre risque de cancer et je vous ai indiqué ce qui pouvait l'augmenter.

J'ai osé vous révéler certaines vérités sur nos aliments ou sur la qualité, souvent discutable, de tel ou tel conseil alimentaire que vous aviez cru vrai jusque-là et bien souvent pris pour argent comptant. Mais, arrivé au terme de ce travail, je me dois d'aborder quelques points essentiels qui, je crois, font toute la qualité et la singularité de cet ouvrage.

Tout d'abord, et ceci de mon point de vue est essentiel, qu'est-ce qui fait que ce livre est différent ? Sans doute la caractéristique la plus importante de cet ouvrage, et de ce qu'il contient, est le respect de l'intelligence du lecteur qui l'a sous-tendu de la première à la dernière page.

Je n'ai jamais cédé à la facilité que, peut-être, mon statut de cancérologue, de professeur à la faculté pouvait me donner, de vous asséner des conseils alimentaires du haut de ce statut. Je ne l'ai jamais fait. J'ai vraiment essayé de vous expliquer à chaque fois d'où venait l'information, quel était son degré de fiabilité et comment elle s'insérait dans l'ensemble des données scientifiques portant sur la question.

Je vous ai expliqué les méthodes qui permettent aux chercheurs d'arriver à telle ou telle conclusion ou à telle ou telle hypothèse. Et l'important, à mes yeux, est que grâce à cela, vous avez compris les incertitudes qui règnent sur notre sujet.

Encore une fois, rappelez-vous ce que je vous ai appris : la plupart des études sur lesquelles les uns et les autres se sont basés pour affirmer que ceci est bon pour notre santé, ou que cela est mauvais, sont des études dites « cas témoins ». Et nous avons bien vu les limites de ce genre d'études : difficulté des cas et des témoins de se souvenir de ce qu'ils mangeaient il y a dix ou quinze ans, imprécision permanente des questionnaires et des réponses qui y sont apportées, mais aussi et surtout impossibilité de garantir que les « cas » sont similaires, et encore moins identiques, aux « témoins » ; ni même que ces éventuelles différences vont être réellement et exhaustivement compensées par le fait que l'on va prendre dix ou vingt fois plus de témoins que de cas.

Alors, vous avez bien compris que quand, en se basant sur des études aussi imprécises et bourrées de risques d'erreur, on parvient à dégager une « moyenne » qui dit que tel ou tel produit augmente ou diminue le risque de 1, 2 ou 3 %, on se fiche un peu de nous !

Trouver des différences aussi petites avec des méthodes aussi incertaines n'a, je vous le répète, aucun sens dans la réalité.

Quand, d'un autre côté, on vous affirme que tant de portions de tel aliment par semaine est toxique mais que l'on ne vous dit pas que ce que contient votre portion à vous n'a rien à voir avec les portions des individus ayant participé à l'étude comme dans l'exemple de la viande rouge, on se fiche encore de nous !

Quand on ne vous dit pas non plus qu'un nouveau facteur responsable de tel ou tel cancer a été récemment mis au jour et que toutes les études sur lesquelles nos chers experts se sont basés pour nous asséner de nouveaux interdits n'en ont jamais tenu compte et n'ont donc plus aucune valeur comme dans l'exemple du virus papillomavirus et les cancers de la bouche, on ne respecte pas votre droit légitime de savoir avant de décider de votre vie et de votre santé. Quand on déduit d'une étude finlandaise que là-bas, pour les Finlandais, manger tel produit est bon pour la santé et qu'à partir de là on essaie de convaincre des Japonais qu'ils devraient en faire autant, alors que tout, absolument tout par ailleurs, est différent entre ces deux peuples dans la façon de se nourrir, de vivre en général, sans compter leurs différences génétiques majeures, on a envie de rire !

Quand, enfin, on vous affirme sans réelles preuves, que vous devriez prendre tel complément alimentaire, on joue à l'apprenti sorcier. Mais, malheureusement, celui qui, à la fin du compte, risque de payer une note un peu salée, ne l'oubliez pas, c'est vous. Vous qui avez eu la naïveté de croire sans réfléchir, sans avoir la possibilité d'analyser vous-même les preuves, de suivre aveuglément ces bonnes paroles. C'est ainsi que, par mode ou par naïveté, vous avez été des milliers à prendre de la vitamine A ou du bêta-carotène, pensant que c'était bon contre le cancer, ou plus récemment de la vitamine E.

Et, vous l'avez lu dans ce livre, toutes les études où l'on a fait prendre ce type de produits dans des gélules de compléments nutritionnels ont dû être arrêtées en urgence avant même d'être terminées, car on s'était rendu compte que, loin de faire du bien, ces produits étaient en réalité hautement cancérigènes chez l'homme, multipliant le nombre de cancers chez les malheureux cobayes que l'on avait enrolés dans ces études !

Mon premier message, à la fin de ce livre, est : « Soyez critique. » N'acceptez pas de croire tout et n'importe quoi sans chercher à comprendre.

Jamais, à aucun moment dans ce livre, je n'ai utilisé, concernant tout ce que je vous ai dit sur notre alimentation, autre chose que le conditionnel. Jamais je ne vous ai affirmé avec l'autorité d'un verbe conjugué au présent autre chose que ce qui, réellement et indiscutablement, était certain.

Pour tout le reste, vérifiez-le, je vous ai donné des informations ou des conseils en utilisant une conjugaison au conditionnel.

Sans doute l'habitude du chercheur que je suis depuis bientôt trente ans. De celui qui a vu tant de fois pendant ces années changer la nature de la « vérité scientifique ».

Combien de fois, par exemple, on nous a annoncé que l'on avait trouvé le remède qui allait guérir le cancer, et combien de fois nous avons dû pleurer la mort d'un être cher emporté pourtant encore par cette même maladie ?

Le chercheur sait que la réalité de notre monde, de notre vie est bien trop complexe pour ne pas, modestement, continuer d'utiliser nos verbes au conditionnel quand nous abordons les résultats de toute recherche scientifique.

Mon deuxième message est tout aussi important : n'oubliez pas le « bon sens ». Ce bon sens qui a finalement toujours su guider l'humanité dans son histoire. Ce bon sens, le vôtre comme le mien, doit nécessairement toujours être le crible critique à travers lequel vous devez réfléchir à toute nouvelle information que l'on vous donne sur votre alimentation.

En quelque sorte, si l'on vous affirme quelque chose et que cela ne correspond absolument pas à la réalité que vous observez, posez-vous des questions. Réfléchissez-y et essayez de comprendre pourquoi. Relisez l'information, regardez d'où elle vient, ne l'acceptez pas comme du pain bénit et ne faites pas nécessairement ce qu'elle implique les yeux fermés. Et c'est à partir de ce bon sens que je voudrais aborder le point suivant. Au risque de vous décevoir, je me dois de vous rappeler ici ce que je vous ai souvent dit dans ce livre.

Un homme, en France, a à peu près 50 % de « chances » d'avoir un cancer dans sa vie et une femme, à peu près 33 %. C'est donc un risque majeur et, comme vous le savez à présent, le cancer est devenu depuis quatre-cinq ans la première cause de mortalité en France.

Face à un risque d'une telle ampleur, il faut que vous compreniez bien – et c'est là qu'intervient aussi le bon sens – qu'il est absolument impossible d'affirmer que, si vous mangez certains aliments, vous n'allez pas avoir de cancer ou que, au contraire, si vous en mangez, vous pouvez être sûr (pauvre de vous !) d'en avoir un ! Jamais !

Tout ce que je vous ai expliqué ici, c'est qu'il est vraisemblablement possible, en suivant nos conseils, de réduire un petit peu votre risque intrinsèque de cancer. De le réduire un petit peu, pas de vous mettre à l'abri.

Vos habitudes nutritionnelles vont augmenter ou diminuer votre probabilité d'avoir un cancer, ou, si vous en avez eu un, d'avoir une rechute de ce cancer. Mais en aucune manière modifier, adapter votre façon de vous nourrir ne peut changer radicalement votre destin.

Comprenons-nous bien : il s'agit simplement d'une mise en garde sur l'amplitude, l'ampleur, l'importance quantitative de ce que votre nutrition peut induire sur votre risque actuel de développer un cancer. Si ceci est vrai pour nous, adultes, il faut savoir cependant que cette modification du risque peut être dramatiquement plus grande s'il s'agit de nos enfants. Pourquoi ? D'abord parce que tous les effets cancérigènes, y compris le tabac et l'alimentation, sont plus importants quand ils agissent sur des cellules encore relativement immatures et donc fragiles comme le sont celles des enfants. Ensuite, parce qu'il faut bien souvent dix à quinze ans pour développer un cancer. C'est le temps qui, dans de nombreux cas, s'écoule entre le jour où une cellule de votre corps, une cellule au milieu d'un million de milliards de cellules, est devenue cancéreuse et le jour où, s'étant multipliée en silence dans votre corps, apparaît une tumeur, un cancer.

Rappelez-vous, je vous l'ai dit, une tumeur, une « boule » de 1 cm de diamètre, contient déjà un milliard de cellules cancéreuses regroupées, agglutinées les unes aux autres. Si vous faites alors le calcul, sachant qu'à chaque génération cellulaire, une cellule maligne va donner naissance à deux cellules filles et, à supposer que toutes les nouvelles cellules soient viables et capables à leur tour de se diviser en deux, il faudra plus de 33 divisions cellulaires pour passer d'une cellule cancéreuse à un milliard. Si vous estimez qu'il faut, pour une cellule d'une glande mammaire chez la femme par exemple, ou de prostate chez l'homme, en moyenne trois ou quatre mois pour que ce type de cellule ait le temps de fabriquer le matériel génétique et cellulaire nécessaire pour engendrer deux cellules, vous verrez qu'il faut entre dix et quinze ans pour passer d'une cellule à une tumeur d'un centimètre de diamètre. En réalité, d'ailleurs, plus encore car beaucoup de nouvelles cellules qui naissent à chaque division ne sont pas viables et meurent très rapidement, sans engendrer elles-mêmes de descendance. Donc encore plus de temps !

En fait, quand vous diagnostiquez un petit cancer de 1 cm, son histoire a commencé il y a bien longtemps, de nombreuses années avant !

C'est pour cela qu'il faut bien être conscient que les plus de 300 000 cas de cancer qui vont être diagnostiqués chaque année en France au cours des dix ou quinze prochaines années sont déjà malades. Ils portent déjà un début de cancer en eux, une petite tumeur presque (ou souvent d'ailleurs totalement) invisible à ce stade.

Ceci explique à la fois l'importance du dépistage qui est la seule chance pour toutes ces personnes de diagnostiquer leur cancer très tôt et donc encore parfaitement curable, et en même temps le fait que, pour ces mêmes personnes, il est déjà un peu tard pour une prévention totale.

Donc, chez nous adultes, si nous pouvons, grâce à une bonne alimentation, à de l'exercice régulier, espérer réduire notre risque de cancer ou, au pire des cas, en retarder la survenue, nous ne pouvons l'espérer que dans une certaine mesure, pas, et loin s'en faut, à 100 %.

Ceux qui veulent croire, comme je l'ai entendu, qu'avec tel régime ils vont réduire leur risque de cancer ou de rechute de cancer de plus de 50 % sont des gens bien naïfs, bien crédules ! Ceci n'est pas vrai, ce ne peut être vrai.

Ils peuvent réduire un peu leur risque indéniablement, mais le faire de plus de 50 % est, de mon point de vue, une absurdité.

Mon troisième message est relativement simple.

Posez-vous la question suivante : comment savons-nous que nous pouvons manger sans danger des cèpes ou des girolles mais qu'il ne faut surtout pas essayer d'avaler certains champignons comme l'amanite phalloïde ?

En d'autres termes, et d'une façon plus générale, comment savons-nous ce qui est comestible et ce qui ne l'est pas ? En réalité, c'est relativement simple. Au cours des milliers d'années depuis que le premier humanoïde est apparu sur notre bonne vieille Terre, de génération en génération, l'homme a tout testé, tout goûté, tout essayé pour se nourrir.

Combien de nos ancêtres ont dû manger des amanites phalloïdes mortelles, et en sont d'ailleurs morts, pour qu'enfin un lien soit fait par leurs contemporains entre ce champignon et la mort survenue un ou deux jours plus tard ? Des centaines, des milliers, j'en suis persuadé.

Mais, un jour, quelqu'un a fait le lien, l'a dit aux autres, les a prévenus et, à partir de ce moment-là, l'amanite phalloïde a été considérée comme non comestible et plus personne, sauf par accident, n'en a plus mangé. Ce que je vous raconte pour ce champignon rapidement mortel est bien entendu parfaitement vrai aussi pour tous les autres aliments que nous savons aujourd'hui être non comestibles.

Mais, me direz-vous, quel lien y a-t-il entre cette histoire et le cancer ? Le lien est très simple, évident même. Dites-vous une chose, et c'est l'objet de mon troisième message, c'est que si une tribu, un peuple, une nation a au cours des milliers d'années de son histoire développé telle ou telle coutume alimentaire, a inclus dans son alimentation quotidienne tel ou tel produit ou recette et que, pour autant, cette tribu, ce peuple, cette nation s'est développé, a survécu à l'histoire, au temps, c'est que cet aliment, cette recette, cette coutume n'était pas nuisible, qu'elle n'entraînait pas une maladie aussi mortelle que le cancer. Ceci est vraiment très important et nous allons voir pourquoi.

Nous avons parlé à plusieurs reprises de l'alimentation des Japonais, des Chinois, des Finlandais, des Crétois, des Français…

Chacun de ces peuples a, au cours de son histoire, développé des coutumes alimentaires adaptées à sa génétique (et *vice versa* d'ailleurs aussi) et à son environnement, son terroir. Pour autant, toutes ces coutumes, tous ces régimes sont relativement différents les uns des autres. Et malgré cela, tous ces peuples ont évolué et sont arrivés à acquérir des technologies de plus en plus sophistiquées, un savoir de plus en plus grand et complexe. Ils se sont reproduits, ont su résister au temps et aux pires calamités et sont tous devenus modernes. Aucun d'entre eux n'a été décimé, éliminé de la surface de la Terre par le cancer !

Ce que je veux vous dire par là, c'est qu'en aucune manière ces gens auraient pu connaître une évolution aussi magnifiquement adaptée au cours des siècles si leurs habitudes alimentaires avaient été systématiquement responsables de cancers. À l'inverse, aucun de ces peuples, aucune de ces nations, n'est resté indemne de cancers, et cela signifie donc, qu'aucune de ces coutumes alimentaires n'a été non plus capable de systématiquement les protéger du cancer.

Comment voir ces phénomènes par rapport à notre étude sur les liens entre alimentation et cancer ?

Tout simplement en se disant que, quelle que soit leur alimentation, elle a été sélectionnée en fonction d'un terroir (c'est-à-dire la capacité d'un environnement à produire certaines denrées) au cours des siècles. Et que ce que cette alimentation, parce qu'elle était adaptée et nécessairement variée, y compris dans les modes de préparation et de cuisson (puisque chaque peuple a dû, pour sa subsistance et son développement démographique, utiliser absolument toutes les ressources disponibles) ne pouvait être vraiment cancérigène.

Et c'est aujourd'hui l'inverse qui se produit. C'est ce que j'ai appelé plus haut dans ce livre la « westernisation » de nos coutumes alimentaires.

Ce n'est plus, ou en tout cas de moins en moins, notre histoire qui nous dit quoi manger, c'est la publicité et l'industrie agroalimentaire. Cette « westernisation » tend à nous faire oublier les recettes, les produits de nos terroirs pour nous inciter tous à manger la même chose : des produits manufacturés, à valeur ajoutée pour l'industrie qui, en permanence, les imagine et les fabrique. Nous avons tendance à diminuer la diversité de ce que nous mangeons, la vie moderne nous incite à préparer tous de la même manière nos aliments. Trop riches, trop gras, toxiques souvent on l'a vu. Trop souvent la même chose. Regardez de l'autre côté de l'Atlantique, justement dans un pays sans histoire gastronomique ou culinaire ancienne, sans notion de terroir et qui préfigure ce qui risque de nous arriver à tous. Pizzas, bières, sodas sucrés et télévision. Fast-food trop gras. Chips en sachet plein d'acrylamide. Mégaportion de viande trop grasse et trop grillée. Trop de laitages à tous les âges.

Ces « néorégimes » ne sont pas le fruit d'une histoire qui a adapté un peuple à son terroir et lui a fait créer les mille et une recettes que chaque maman a, des vies durant, transmis à ses filles pour que ce peuple connaisse un développement harmonieux.

C'est ça qui fait notre richesse, c'est cette diversité alimentaire issue de l'histoire, ce régime qui a, durant des siècles et des siècles, fait la preuve de son innocuité (même si, bien sûr, celle-ci est forcément relative) et, plus encore, sa capacité à porter vers leur avenir tous ces peuples respectueux de leur histoire et de leur environnement. Alors, je vous le dis très clairement, manger un bœuf bourguignon de temps à autre, boire un verre de vin de temps en temps, vous faire plaisir avec un bon fromage si vous ne le faites pas tous les jours, tout ceci n'est pas cancérigène. Je vous l'affirme. À condition, bien sûr, de varier votre alimentation, de l'équilibrer et de l'adapter à votre vie à vous !

Enfin, mon dernier message est celui d'un homme arrivé au point probablement culminant de sa carrière et, au-delà, de sa vie. Il touche à mon émerveillement quotidien devant tout ce que l'homme a conquis, tout ce qu'il a osé faire. Il est allé dans l'espace et au fond des océans, il a maîtrisé l'énergie de l'atome et a découvert des remèdes extraordinaires contre la plupart des grandes maladies auxquelles il a été confronté. Il a pensé la vie et la sagesse, il a aimé et engendré. Il a créé les arts et les outils technologiques les plus insensés. Il a fait tout cela, au cours des siècles de son histoire, en partant du fond d'une grotte où il est né, sans lumière et sans feu, sans langage et terrorisé par le monde qui l'entourait, il a fait tout cela parce qu'il était intrinsèquement et consubstantiellement animé d'une soif intarissable pour la connaissance, pour le progrès. Parce qu'il avait l'intuition que, pour maîtriser son environnement, il fallait qu'il soit capable de le comprendre. D'où sa quête permanente de savoir et sa prise permanente de risque. S'il était resté à l'abri dans sa grotte, sans doute n'aurait-il pas risqué sa vie et celle de sa famille face aux bêtes féroces ou aux cataclysmes naturels, mais sans doute aussi son espèce n'aurait-elle pas connu le formidable destin qui fut le sien. Qui fut le nôtre.

D'une façon quelque peu parallèle, je ne crois pas dans une société repliée sur elle-même, craintive de tout, y compris et surtout de son alimentation ou de son quotidien.

Le progrès est là, il nous permet d'être plus en forme que nos ancêtres, de vivre aussi beaucoup plus longtemps et en bien meilleure forme. Notre alimentation, sous les réserves que je viens de vous indiquer, y participe largement.

Mais nous voyons poindre une sorte de peur du progrès. C'est vrai que notre vie est importante et mérite que l'on y fasse attention, mais, voulons-nous vraiment, pour préserver cette vie coûte que coûte, renoncer au progrès ?

Je ne suis pas d'accord avec cette attitude, cette posture qui consiste à avoir peur de tout, à être prêt à renoncer à tout pourvu que nous soyons bien tranquille dans notre vie !

Tout jeune adolescent, je me suis levé au milieu de la nuit, un certain 21 juillet 1969 pour voir sur une télévision, alors en noir et blanc, Armstrong se poser sur la Lune. J'ai pleuré en pensant à ce qui fut mon rêve d'enfant, ce rêve merveilleux que l'intelligence et l'engagement de l'homme envers le progrès venaient de rendre possible. Et puis, j'ai rêvé. J'ai rêvé tout le reste de la nuit à ce que ce même progrès nous permettrait de faire dans l'avenir et que j'aurais peut-être la chance de voir un jour, dans le temps de ma

vie. Et puis les progrès sont venus et ils m'ont sans cesse
émerveillé. Ils ont joué en permanence à dépasser mes
rêves et ils m'ont rendu fier d'être l'un des membres de cette
humanité, dont semblait-il, rien n'arrêterait la marche en
avant. Plus tard, bien plus tard, cancérologue, j'ai pleuré de
nouveau quand une petite fille de 6 ou 7 ans est morte dans
mes bras d'une leucémie foudroyante alors que j'étais tout
jeune interne à l'hôpital Saint-Louis. Et, là aussi, j'ai rêvé
qu'on découvrirait un jour un remède qui ferait que plus
jamais des petits enfants ne meurent de leucémie.
Aujourd'hui, presque tous guérissent grâce aux progrès de
la science. Les parents et leur cancérologue ne pleurent
plus non plus, ou en tout cas, bien moins souvent. Si nous
avions eu peur du progrès, si nous avions eu peur d'essayer,
si la peur de nous tromper nous avait rendus impuissants,
immobiles, ces rêves et bien d'autres ne seraient jamais
devenus réalité.

Je ne suis pas de ceux-là. Je ne crois pas que les téléphones
portables soient cancérigènes. Aucune étude ne le montre.
Au contraire : elles montrent toutes qu'il n'en est rien.

Je ne suis pas contre la recherche sur les OGM. Aucune
étude n'a jamais démontré qu'ils induisaient un risque de
cancer. Pour autant, je tiens de façon claire à ce que cette
recherche soit parfaitement encadrée. Rappelez-vous :
d'une même avancée scientifique l'homme peut faire une
arme de vie et de progrès ou, au contraire, une arme de
mort et de souffrance. Le plus bel exemple en la matière
n'est-il pas celui de la découverte de la radioactivité ? Elle
nous a à la fois donné la radiothérapie pour guérir les cancers, y compris et surtout ceux des tout jeunes enfants,
mais, en même temps, elle a conduit à la fabrication d'un
terrible arsenal nucléaire qui fait peser sur l'humanité un

risque aujourd'hui permanent. Fallait-il empêcher cette découverte ? Combien d'enfants seraient morts aujourd'hui si tel avait été le cas ?

Je n'aime pas les pesticides, les désherbants et toutes ces choses horribles et toxiques que l'on déverse tous les jours sur notre Terre et je préfère manger des produits issus d'une agriculture respectueuse de l'environnement. Mais pour autant, je dois admettre qu'aucune étude, jamais, n'a démontré que cela réduisait mon risque de cancer. Et ça, c'est la vérité scientifique.

Je n'aime pas réchauffer mes aliments au four à micro-ondes car je les trouve souvent trop mous ou trop cuits. Mais les fours à micro-ondes ne donnent pas le cancer. Ça aussi, c'est une vérité scientifique.

Combien cette liste pourrait être longue à remettre les choses à leur place et à vous convaincre qu'il ne faut pas croire tous les mythes, ni vous priver de plaisirs à cause des peurs infondées.

Finalement, à ce moment de ma vie, après trente années de lutte, de combats désespérés contre le cancer, la tête pleine de tous ces visages que je ne verrai plus, de toutes ces voix que je n'entendrai plus, je me dis avec une conviction profonde qu'il y a deux choses que je chéris par-dessus tout et qui, pour moi, sont sources de bonheur.

D'abord la vie. Malgré tout ce que l'on en fait, je trouve la vie merveilleuse et c'est pour elle que je me bats chaque jour. Parce qu'elle en vaut la peine. Encore plus lorsque je vois un sourire sur le visage d'une de mes filles ou que je prends la main de ma femme et qu'ensemble nous marchons dans la rue.

Ensuite, il y a l'avenir. Celui que je verrai et celui que je ne verrai malheureusement pas. Mais cet avenir, s'il suit la course du passé, s'il continue d'être aussi riche de découvertes, de progrès, d'inventions géniales, cet avenir sera certainement radieux pour tous ceux qui, de génération en génération, le vivront. Qu'il le soit, finalement, ne dépend que d'eux et de ce que nous leur aurons transmis.

ANNEXES

Liste d'aliments :
risque ou bénéfice anticancer

Aliment	Intérêt ou risque	Classement/cancer
Abats	Souvent riches en hémoglobine	Modération
Abricot	Riche en bêta-carotène	Attention aux pesticides
Agar-agar (algues rouges)	Gélifiant pouvant avoir une action bénéfique sur la digestion	Moyen
Airelles	Contiennent des tocotriénols et des polyphénols aux propriétés antioxydantes	Très bon, allez-y
Ail	Présence de composés sulfurés	Extraordinaire
Alcools forts	Forte concentration d'éthanol. À consommer avec modération	Moins de 30 g par jour d'éthanol pur en moyenne

Aliment	Intérêt ou risque	Classement/cancer
Algues	Contiennent des fucoxanthines et fucoïdanes aux propriétés antioxydantes	Très bon
Amandes	Riches en vitamines	Bon
Ananas	Contient des bioflavonoïdes	Bon
Aneth	Stimulant digestif	Très bon
Artichaut	Contient de l'inuline, un prébiotique	Très bon
Aspartame	Goût sucré. Zéro calories	Pas de problème
Aubergine	Riche en fibres insolubles	Bon
Avocat	Riche en acides gras polyinsaturés et en vitamines du groupe B	Très bon
Badiane	Stimulant digestif et action antiseptique	Très bon
Baies de goji	Contiennent du *Lycium barbarum*, un polysaccharide aux propriétés antioxydantes	Bon
Banane	Riche en fibres prébiotiques	Très bon
Basilic	Contient des polyphéols aromatiques aux propriétés antioxydantes et de l'acide ursolique anti-inflammatoire	Très bon

Aliment	Intérêt ou risque	Classement/cancer
Beignets	Forte teneur en matières grasses et en composés toxiques issus du chauffage de l'huile	Pas bon
Betterave	Source d'anthocyanines	Très bon
Beurre noir	Contient beaucoup de péroxydes lipidiques	Pas bon
Biscotte	Forte teneur en acrylamide	Pas bon
Bonbons	Riches en glucides et sans valeur nutritionnelle	Pas bon
Boudin noir	Riche en fer héminique	Pas bon
Bouillon de légumes	Sources de vitamines, minéraux et antioxydants	Très bon
Brocolis	Teneur importante en folates	Excellent
Bulots	Souvent contaminés par les métaux lourds et les PCB	Attention
Cabillaud	Poisson maigre, moins contaminé que les poissons gras	Bon
Café	La caféine et les polyphénols du café semblent expliquer ses propriétés anticancérigènes	Plutôt bien
Cannelle	Anti-infectieux	Bon
Câpres	Riches en quercétine	Excellent
Carotte	Riche en bêta-carotène	Pas trop

Aliment	Intérêt ou risque	Classement/cancer
Cassis	Contient des anthocyanines	Excellent
Céleri-rave	Contient des polyacéthylènes à effet inhibiteur sur la croissance des cellules cancéreuses	Attention aux résidus
Céréales	Risque de présence d'aflatoxines	Moyen
Cerises	Source d'anthocyanines antioxydantes et de folates	Bon
Champignons	Densité énergétique faible et apport vitaminique intéressant	Très bon
Charcuterie	Riche en nitrates (si charcuterie industrielle)	Attention
Chicorée	Riche en inuline, un prébiotique	Attention à l'acrylamide
Chips	Forte teneur en acrylamide	Attention Très mauvais
Chocolat noir	Contient des antioxydants	Très bon
Chou chinois	Source de composés indols	Très bon
Chou rouge	Contient des anthocyanines	Bon
Chou-fleur	Caroténoïdes presque absents. Contient des composés indols	Très bon
Choux de Bruxelles	Présence importante de composés indols	Très bon

Aliment	Intérêt ou risque	Classement/cancer
Confitures	Riches en sucres simples et ne présentant pas les intérêts des fruits (vitamines, fibres et minéraux)	Attention aux calories
Conserves de légumes	Source de vitamines, minéraux (dépendant du légume). Attention à la teneur en sel des conserves	Très bon, surtout si tomates
Coriandre	Action détoxifiante des métaux lourds Contient des polyphénols aromatiques	Très bon
Courgette	Contient des caroténoïdes	Très bon
Crabe	Souvent contaminé par les métaux lourds et les PCB	Attention
Cranberries	Source d'anthocyanines antioxydantes	Très bon
Crème	Riche en matières grasses saturées	Modération chez l'homme après 50 ans
Crème fraîche épaisse	Contient des lactobacilles, peut être riche en matières grasses	Moyen
Crème glacée	Riche en matières grasses et notamment en graisses saturées. Riche en sucres	Pas bon
Cresson	Source de composés indols	Très bon
Crevette	Peu contaminée. Pauvre en matières grasses	Très bon

Aliment	Intérêt ou risque	Classement/cancer
Croissant au beurre	Riche en graisses saturées	Moyen
Croissant industriel	Risque de présence d'AG trans	Vraiment pas bon
Curcuma	Pigment jaune contenant de la curcumine	Excellent
Eau du robinet	Présence de nitrates, pesticides et d'arsenic selon les zones	À vérifier avant de boire
Eau embouteillée	Pas de pesticides mais certaines d'entre elles contiennent des polluants comme l'arsenic	À vérifier avant de boire
Épeautre, graines de	Riches en fibres, en protéines végétales et en magnésium	Très bon
Épinards	Riches en caroténoïde et en calcium	Bon
Fenouil	Source de fibres et de vitamine B9, peu d'apports caloriques	Très bon
Flétan	Souvent contaminé par les métaux lourds et les PCB	Attention
Foie gras	Riche en fer	Bon
Fraises	Contiennent du calcium et du fer, ainsi que des anthocyanines	Bon
Framboises	Riches en anthocyanines et forte densité minérale	Bon
Frites	Forte teneur en matières grasses et en composés toxiques issus du chauffage de l'huile	Modération Surveiller la qualité de l'huile

Aliment	Intérêt ou risque	Classement/cancer
Fromage	Riche en calcium et en vitamine D	Très bon pour les enfants Bon pour les femmes (attention aux % en MG) Modération chez l'homme après 50 ans
Fromage fondu	Riche en acides gras saturés et en sodium	Pas bon
Fruits secs	Riches en sucre	Moyen
Gâteaux apéritifs salés	Forte teneur en acrylamide	Pas bon
Gingembre	Teneur intéressante en vitamine C lorsqu'il est frais	Excellent
Glutamate	Exhausteur de goût qui permet de remplacer le sel (3 fois moins de sodium que le sel de table classique) mais possibilité d'effets secondaires : insensibilité de la nuque, palpitations cardiaques...	Moyen
Goyave	Source de lycopène	Bon
Graisse d'oie	Riches en AGS	Bon
Grenade	Contient des ellagitanins, antioxydants puissants	Très bon
Grillades	Riches en hydrocarbures polycycliques	Pas bon

Aliment	Intérêt ou risque	Classement/cancer
Guacamole	Avocat riche en acides gras polyinsaturés et en vitamines du groupe B. Préférez le guacamole fait maison à celui du commerce, souvent riche en matières grasses	Pas mal
Haricots rouges	Source d'anthocyanines	Bon
Herbes aromatiques	Riches en antioxydants	Bon
Houmous	Riche en glucides complexes, mais le plus souvent riche en graisses et en calories. Privilégiez les recettes maison	Pas très bon
Huile d'arachide	Composée majoritairement d'acides gras monoinsaturés	Bon
Huile d'olive	Composée majoritairement d'acides gras monoinsaturés	Très bon
Huile de foie de morue	Riche en oméga-3	Bon
Huile de tournesol	Contient des acides gras polyinsaturés, instables à la lumière et à la chaleur	Bon
Huile de colza	Contient des acides gras polyinsaturés, instables à la lumière et à la chaleur	Moyen
Huîtres	Riches en sélénium	Bon

Aliment	Intérêt ou risque	Classement/cancer
Jus d'ananas	Contient une enzyme, la broméline, qui permet une digestion plus rapide des viandes et du poisson.	Plutôt bon
Jus d'orange	Contient des fucoumarines, suspectés d'être impliqués dans le développement du mélanome malin	Attention à ceux qui s'exposent au soleil ou qui sont à risque de mélanome
Jus de carotte	Riche en bêta-carotène	Pas bon
Jus de grenade	Extrêmement riche en antioxydants ; plus que le vin et le thé vert	Le meilleur ! À consommer sans limites
Jus de pomme	Riche en polyphénols antioxydants et en pectine	Moyen
Jus de raisin	Riche en flavonoïdes	Bon
Kéfir	Riche en probiotiques	Bon
Ketchup	Riche en lycopène	Bon
Kiwi	Source de lutéine	Très bon
Lait	Contient du lactose, du calcium et de la vitamine D	Très bon pour les enfants Bon pour les femmes Modération chez l'homme après 50 ans
Lait concentré	Riche en calcium mais attention au sucre	Pas bon
Lait fermenté	Riche en probiotiques	Bon
Lait de coco	Riche en matières grasses (21 %) et en acides gras saturés (18 %)	Moyen
Laitue	Source de lutéine	Bon

Aliment	Intérêt ou risque	Classement/cancer
Lardons	Riches en sel et en AGS	Moyen
Lentilles	Bonne source de protéines végétales	Très bon
Lieu	Poisson maigre, moins contaminé que les poissons gras	Bon
Lin, graines de	Riches en lignanes (ne peuvent pas se manger tel quel, il faut les broyer)	Bon
Livèche	Riche en flavonoïdes et notamment en quercétine	Très bon
Maïs	Source d'anthocyanines	Moyen
Mangue	Riche en bêta-carotène	Bon
Mayonnaise	Très riche en matières grasses	Pas bon
Melon	Source de lutéine	Bon
Menthe	Bon apport en antioxydants Antidouleur, antiseptique, stimulant digestif	Très bon
Miel	Riche en fructose	Très bon
Moutarde	Très acide	Bon
Müesli	Riche en fibres Attention cependant à la teneur en sucres de certaines références	Bon
Mûres	Sources d'anthocyanines	Très bon
Navet	Contient des composés indols Contient des hétérosides soufrés	Très bon

Aliment	Intérêt ou risque	Classement/cancer
Nectarine	Contient des bioflavonoïdes	Très bon
Noix	Contient des oméga-3	Très bon
Noix de muscade	Stimulant digestif	Très bon
Œuf	Contient de la lutéine et de la zéaxanthine, deux caroténoïdes	Très bon
Oignon blanc	Contient du sélénium aux propriétés antioxydantes	Excellent
Oignon rouge	Source d'anthocyanines	Excellent
Oignon rose	Sources de composés phénoliques	Excellent
Olives vertes	Moins grasses que les olives noires (12,5 g vs 30) et riches en acides gras monoinsaturés. Présence de composés phénoliques	Très bon
Olives noires	Riches en acides gras monoinsaturés. Présence de composés phénoliques	Bon
Orange	Riche en vitamine C et en calcium	Bon
Orge	Riche en prébiotiques	Très bon
Oursin	Riche en iode	Très bon
Paillettes de levure de bière	Riches en vitamines de groupe B (optimise l'immunité)	Très bon
Pain blanc	Apport en fibres restreint	Bon
Pain complet	Riche en fibres et en glucides complexes	Très bon

Aliment	Intérêt ou risque	Classement/cancer
Pain d'épice	Riche en sucre	Pas très bon
Pamplemousse	Source de lycopène	Très bon
Panais	Contient de l'apigénine, un antioxydant	Bon
Pastèque	Source de lycopène	Très bon
Patate douce	Glucides complexes Présence d'anthocyanines aux propriétés antioxydantes Riche en bêta-carotène	Bon
Pâte à tartiner	Concentré de graisses et de sucre	Pas très bon
Pâtes de fruits	Riches en sucre	Pas bon
Pêche	Riche en bêta-carotène	Attention aux pesticides
Persil	Riche en vitamine C et en calcium	Très bon
Petits pois	Source de lutéine	Bon
Piment	Source de quercétine	Très bon
Poire	Contient des bioflavonoïdes	Attention aux pesticides
Poisson fumé	Riche en sel et en hydrocarbures aromatiques polycycliques	Pas bon
Poissons panés	Attention au mode de cuisson et au choix du poisson (souvent maigre). Souvent de la graisse de palme	Pas bon du tout
Poivre	Contient de la pipérine qui augmente l'efficacité du curcuma	Excellent

Aliment	Intérêt ou risque	Classement/cancer
Poivron	Contient des bioflavonoïdes	Très bon
Pomme	Contient de la quercétine, riche en fibres	Attention aux pesticides
Pomme de terre	Glucides complexes et vitamine C dans la peau aux propriétés antioxydantes	Bon
Pop-corn	Riche en glucides complexes et en lipides Attention à la quantité de sel et/ou de sucre ajouté Risque d'acrylamide	Pas bon du tout
Potiron	Riche en caroténoïdes	Bon
Prunes	Source de polyphénols importante	Bon
Quinoa, graines de	Très riches en magnésium, en fer non héminique, source de protéines végétales Riches en fibres	Très bon
Radis noir	Contient des composés soufrés	Très bon
Raisin	Contient de nombreux polyphénols, dont le resvératrol	Très bon
Réglisse	Stimulant digestif, diurétique et hypertenseur	Attention
Rillettes	Riches en acides gras saturés	Pas bon

Aliment	Intérêt ou risque	Classement/cancer
Riz	Riche en glucides complexes	Très bon
Roquette	Contient des flavonoïdes et en particulier de la quercétine et des caroténoïdes aux propriétés antioxydantes	Très bon, mangez-en
Rutabaga	Source de composés indols	Bon
Saccharose	Apport calorique élevé (400 kcal aux 100 g)	Pas de problème
Sardines à l'huile de tournesol	Mauvais équilibre oméga-3 et oméga-6	Bon
Sauce soja	Très salé	Pas très bon
Saucisses de Strasbourg	Riches en graisses saturées, en nitrites et polyphosphates	Pas très bon
Saumon	Souvent contaminé par les métaux lourds et les PCB	Attention
Sel	Incriminé dans certains cancers de l'estomac	Modération
Semoule	Source de protéines et riche en glucides complexes. Privilégier la semoule complète car l'enveloppe contient des composés antioxydants	Bon
Sésame, graines de	Riches en protéines et en fibres	Très bon
Sirop d'agave	Pouvoir antioxydant bas, équivalent au sucre	Sans intérêt
Sirop de fruit	Riche en sucre	Pas bon

Aliment	Intérêt ou risque	Classement/cancer
Smoothie	Riche en antioxydants mais aussi en sucres simples	Moyen
Sodas	Très riches en sucres simples	Pas bon
Soja	Contient des phytoœstrogènes	Bon
Sorbet	Souvent riche en sucres simples. Privilégiez les recettes maison à base de fruits riches en antioxydants	Moyen, ne pas abuser
Steack tartare	Viande crue, riche en fer héminique	Bon
Stévia	Pouvoir sucrant important	À voir
Sushis	Riches en acides gras polyinsaturés mais aussi souvent contaminés	Attention
Tarama de saumon	Fort apport énergétique Riche en matières grasses et source d'oméga-3 (selon l'origine de l'huile utilisée)	Moyen
Tapenade (ail+olives noires)	Riche en acides gras monoinsaturés mais souvent riche en graisses	Pas très bon
Thé	Contient de l'épigallocatéchine-3-gallate	Très bon
Thon	Souvent contaminé par les métaux lourds et les PCB	Attention, surtout le thon rouge
Tofu	Contient des phytoœstrogènes	Très bon

Aliment	Intérêt ou risque	Classement/cancer
Tomate	Source de lycopène	Excellent, surtout chez l'homme
Tomates séchées dans l'huile	Lycopène très biodisponible	Très bon
Topinambour	Contient de l'inuline qui possède une action prébiotique	Bon
Travers de porc	Viande grasse : 23,6 % de matières grasses et cuisson cancérigène	Pas bon du tout
Vanille, extraits de	Antioxydant	Bon
Verveine, tisane	Intérêt de varier les sources de tisane Effet tranquillisant et sur la digestion	Très bon
Viande de bœuf	Essayez d'éviter le sang	Pas de problème
Viande de gibier	Teneur en acides gras saturés assez faible	Très bon
Viande de lapin	Quantité intéressante d'acides gras polyinsaturés	Très bon
Viande de porc	Taux de matières grasses variable selon les morceaux	Éviter le gras
Viande de poulet	Faible taux de matières grasses	Très bon
Vin	Contient du resvératrol, un puissant antioxydant aux propriétés anticancer reconnues	Très bon. À consommer avec modération
Vinaigre	Stimulant digestif	Pas de problème
Yaourt	Présence de bactéries vivantes : les probiotiques	Bon

GLOSSAIRE

Acide rétinoïque
L'une des formes de la vitamine A. Elle participe au bon fonctionnement de l'œil et intervient également dans la croissance et la protection de la peau.

Adénocarcinome
Tumeur maligne des cellules constituant les glandes.

ADN (acide désoxyribonucléique)
Constituant essentiel des chromosomes du noyau cellulaire.

Aflatoxines
Toxines produites par certaines moisissures dans des conditions de température et d'humidité élevées.

Apoptose
L'un des processus de mort cellulaire agissant normalement dans un organisme et par lequel des cellules déclenchent leur autodestruction en réponse à un signal.

Arsenic
Élément minéral toxique sous presque toutes ses formes.

Bacilles
Bactérie de forme allongée.

Bactérie
Micro-organisme unicellulaire sans noyau (procaryote) appartenant au règne autonome (ni végétal ni animal). Certaines bactéries peuvent être pathogènes.

Bioaccumulation	Accumulation de substances dans les organismes vivants au fil du temps.
Bioactif	Composé qui agit en interaction positive avec l'organisme.
Biocomposés	Composés issus du règne vivant.
Butyrate ou acide butyrique	Composé chimique produit par les bactéries présentes dans le tube digestif. Ses propriétés sont bénéfiques pour la santé digestive.
Cadmium	Élément minéral, métal lourd qui, absorbé par l'alimentation, s'accumule dans les reins et le foie.
Cancérigène	Qui peut provoquer l'apparition d'un cancer.
Carcinogènes	Se dit de tout élément qui est susceptible de provoquer l'apparition d'un cancer.
Cellule	Élément constitutif fondamental de tout être vivant.
Chromosomes	Situés à l'intérieur du noyau d'une cellule, ils sont constitués d'ADN et sont par conséquent les supports de l'information génétique.
Code génétique	« Alphabet » qui permet à l'organisme de traduire l'information génétique portée par l'ADN.
Cytochrome	Pigment respiratoire présent dans toutes les cellules vivantes.
Demi-vie biologique	Temps nécessaire à la réduction de moitié de l'activité d'une substance radioactive.
Détoxification	Mécanisme qui permet l'élimination des molécules indésirables (pesticides, médicaments) et des déchets du fonctionnement des cellules.
Différenciation cellulaire	Processus par lequel les cellules se spécialisent pour un organe donné.

Dioxines	Présentes dans l'environnement et dans la chaîne alimentaire, les dioxines sont formées par combustion industrielle ou naturelle.
Édulcorant	Substance ayant un goût sucré mais qui apporte moins de calories que le sucre.
Enzyme	Substance capable d'accélérer ou de provoquer certains processus chimiques sans se modifier elle-même.
Facteur de croissance	Substance naturelle capable de stimuler la croissance cellulaire, la prolifération et la différenciation cellulaires.
Fécondation	Fusion entre un spermatozoïde et un ovule pour donner une cellule unique, l'œuf qui sera à l'origine de l'embryon.
Fermentation	Transformation de certaines substances organiques sous l'action d'enzymes produites par des micro-organismes.
Fibre	Substance présente dans les aliments d'origine végétale. Les fibres favorisent le transit intestinal et la sensation de satiété.
Gène	Support de l'information génétique qui contrôle l'expression d'un caractère particulier.
Génétique	Qui concerne les gènes et l'hérédité.
Génistéine	Composé contenu majoritairement dans le soja et qui possède une activité similaire aux hormones féminines.
Génotoxique	Substance ou rayonnement qui peut notamment induire une mutation du génome.
Glucoraphanine	Molécule appartenant à la famille des glucosinolates, contenant un atome de soufre. Elle est principalement retrouvée dans les brocolis.
Glutathion-S-transférase	Enzyme qui active la réaction de détoxification au niveau du foie.

Hémoglobine | Molécule complexe constituée de protéines et de fer qui assure notamment le transport de l'oxygène dans le sang. C'est elle qui confère sa couleur rouge au sang.

Héréditaire | Qui se transmet selon les lois génétiques des parents aux descendants.

Hormone stéroïde | Hormones synthétisées dans l'organisme à partir du cholestérol.

Hydrocarbures aromatiques polycycliques | Communément appelés HAP, ces composés chimiques nocifs se forment au cours de certains procédés de cuisson.

Index glycémique | Critère qui permet de classer les aliments en fonction de la manière dont ils font s'élever le taux de sucre dans le sang après leur ingestion.

Indol | Pigment bleu aux propriétés antioxydantes.

Isothiocyanates | Substances présentes en quantité importante dans les crucifères (choux, choux de Bruxelles, brocolis).

Lycopène | Caroténoïde responsable de la couleur rouge de la tomate et d'autres fruits qui présente une importante activité antioxydante.

Malnutrition | État pathologique causé par la déficience ou l'excès d'un ou plusieurs nutriments.

Métabolisme | Ensemble des réactions qui se déroulent de façon ininterrompue pour permettre le fonctionnement ou la survie de l'organisme vivant.

Métaux lourds | Éléments métalliques qui possèdent une densité élevée. Le plomb, le cadmium, le mercure et l'arsenic appartiennent à cette catégorie.

Méthylmercure | Forme la plus courante de mercure organique dans l'environnement. Présent notamment dans les poissons et les autres produits de la mer du fait de la bioaccumulation.

Mutation | Modification de l'information génétique portée par l'ADN. Cette modification peut être sans importance ou perturber le fonctionnement de la cellule, menant parfois jusqu'au cancer.

Nutrigénomique	Science qui étudie la manière dont les gènes interagissent avec l'alimentation.
Nutriments	Ensemble des composés apportés par l'alimentation qui sont nécessaires au bon fonctionnement et à la croissance de l'organisme. Les nutriments sont le résultat de la digestion des aliments et sont directement utilisables par les cellules.
Œstrogènes	Hormones qui interviennent dans la fonction reproductrice chez la femme.
Oligoéléments	Éléments minéraux nécessaires en toute petite quantité au fonctionnement de l'organisme.
Oméga-3	Famille d'acides gras polyinsaturés que l'on trouve principalement dans les poissons gras, dans le lin, la noix et le colza. Ils sont définis comme acides gras *essentiels* car ils sont nécessaires au fonctionnement de l'organisme mais ce dernier ne peut les produire lui-même.
Oncogène	Gène qui favorise ou provoque l'apparition de tumeurs.
p53	Protéine impliquée dans la défense contre les lésions de l'ADN.
Parabènes	Conservateurs.
PCB	Dérivés chimiques chlorés, plus connus en France sous le nom de pyralènes. Les PCB persistent dans l'environnement à cause de leur très lente décomposition naturelle et sont peu solubles dans l'eau.
Péroxydase	Enzyme qui active les réactions d'oxydation.
Péroxyde d'hydrogène	Communément appelé « eau oxygénée », c'est un composé chimique avec de puissantes propriétés oxydantes qui peut être responsable de graves dommages sur les cellules.
Photosynthèse	Processus qui permet aux plantes de transformer l'énergie de la lumière en énergie utilisable par leurs cellules.
Phytocomposés	Substances présentes uniquement dans les plantes.

Pipérine — Composé présent dans le poivre et qui lui donne notamment sa saveur piquante.

Plomb — Élément minéral présent naturellement dans l'environnement et utilisé dans de nombreuses applications industrielles. L'intoxication chronique au plomb, appelée saturnisme, est connue de longue date.

Polype — Tumeur molle, bénigne.

Polysaccharides (ou glycanes ou polyosides) — Glucides à chaîne longue comme l'amidon, la cellulose ou le glycogène.

POP ou polluants organiques persistants — Substances chimiques qui persistent dans l'environnement et s'accumulent dans les tissus des organismes vivants et potentiellement nuisibles à la santé.

Prébiotiques — Fibres non digestibles par l'homme qui sont donc utilisées et transformées par les bactéries présentes dans l'intestin. Les prébiotiques stimulent la croissance de certaines bactéries bénéfiques pour la santé.

Probiotiques — Micro-organismes vivants présents dans certains aliments et qui ont une action bénéfique sur la santé de celui qui les consomme.

Protéine — Molécule indispensable à la structure et au fonctionnement de la cellule et de l'organisme.

Pyralène — Nom commercial d'un produit à base de PCB.

Radical hydroxyle — Formés au cours du métabolisme cellulaire, ce sont les principaux responsables des dommages causés à l'organisme par les radicaux libres.

Radical libre — Produits en conséquence de l'utilisation de l'oxygène par le corps humain. Les radicaux libres sont impliqués dans de nombreux processus cellulaires mais peuvent aussi être responsables de l'apparition de certaines maladies liées au vieillissement.

Radon — Gaz naturel inerte et radioactif, dépourvu d'odeur, de couleur ou de goût.

Scavenger | Terme qui signifie éboueur en anglais. Se dit d'un repas dont le but est d'effacer ou d'atténuer les effets négatifs d'un aliment.

Sélénium | Oligoélément présentant une puissante activité antioxydante. Il est nécessaire au bon fonctionnement de certaines enzymes détoxifiantes.

Sénescence | Ou vieillissement : ensemble des modifications produites par le temps chez l'être vivant.

Stress oxydatif | Processus d'oxydation des constituants cellulaires par les radicaux libres.

Sulphoraphane | Phytonutriment (nutriment d'origine végétale différent des vitamines et minéraux) dont l'une des propriétés est la diminution du risque de cancer. Le brocoli en est richement pourvu.

Symbiotique | Mélange de probiotiques et de prébiotiques qui favorise l'apparition de bactéries bénéfiques dans le système digestif.

Système immunitaire | Ensemble complexe de cellules, d'organes et de molécules qui permettent à l'organisme de se défendre contre les infections et les éléments indésirables.

Testostérone | Hormone agissant sur le développement des organes génitaux et des caractères sexuels secondaires mâles.

Toxine | Substance toxique élaborée par un organisme vivant et pouvant entraîner des effets néfastes sur la santé.

Tumeur | Excroissance d'un tissu qui peut être bénigne ou maligne.

Virus | Agent infectieux de très petite taille qui utilise les composants d'une cellule hôte pour se multiplier.

Vitamine | Substance organique indispensable en infime quantité à la croissance et au bon fonctionnement de l'organisme. Celui-ci ne peut en effectuer lui-même la synthèse.

Vitamine D | Vitamine indispensable à la fixation du calcium sur les os. Participe également à l'absorption du phosphore.

LISTE DES SIGLES

ADN	Acide désoxyribonucléique
AFSSA	Agence française de sécurité sanitaire des aliments
AGMi	Acides gras monoinsaturés
AGPi	Acides gras polyinsaturés
AGS	Acides gras saturés
AGT	Acides gras trans
ASEF	Association santé environnement France
CAMI	Cancer arts martiaux et informations
CD	Disque compact
CIRC	Centre international de recherche sur le cancer
DGCCRF	Direction générale de la concurrence, de la consommation et de la répression des fraudes
DRASS	Direction régionale des affaires sanitaires et sociales
EGCG	Épigallocatechine-3-gallate
HAT	Histone acétyl-transférase

HDAC	Histone déacétylase
HPV	*Human papillomavirus* (virus du papillome humain)
IGF1	*Insulin growth factor*
IMC	Indice de masse corporelle
INCa	Institut national du cancer
InVs	Institut national de veille sanitaire
NHS	National Health Service
OMS	Organisation mondiale de la santé
ORL	Otorhinolaryngologie
PCB	Polychlorobiphényls
PNNS	Programme national nutrition santé
POP	Polluants organiques persistants
PSA	*Prostate specific antigen*
Sida	Syndrome d'immunodéficience acquise
THS	Traitement hormonal substitutif
WCRF	World Cancer Research Fund

NOTES BIBLIOGRAPHIQUES

Avertissement

Nous avons indiqué, pour chaque information importante contenue dans ce livre, la ou les références bibliographiques scientifiques d'où nous l'avons extraite.

Chacun pourra ainsi aisément retrouver les documents originaux à partir desquels nous avons rédigé ce livre.

Nous nous sommes souvent servis du rapport publié en 2007 du World Research Cancer Fund (WCRF) appelé *Food, Nutrition, Physical Activity, and the Prevention of Cancer : a Global Perspective.*

Nous avons indiqué à chaque fois (rares) ou nous n'étions pas d'accord avec lui. Nous avons été très aidés par les informations fournies par l'Afssa (Agence française de sécurité sanitaire des aliments) qui fait un travail remarquable pour veiller à la qualité de ce que nous mangeons, ainsi que celles de la DGCCRF (Direction générale de la concurrence, de la consommation et de la répression des fraudes), de la DGS (Direction générale de la santé), des DDASS (Directions départementales des affaires sanitaires et sociales) ou de l'InVs (Institut national de veille sanitaire).

Leurs sites sont souvent très intéressants et très riches en informations pertinentes.

Enfin, nous avons très souvent, par soucis de clarté, arrondi les données chiffrées de manière à ne pas alourdir leur lecture par le poids des décimales.

Chapitre I
LE CANCER :
LE CHOIX DE LA PRÉVENTION

1. Curado M. P., Edwards B., Shin H. R., Storm H., Ferlay M., Boyle P. (éds), *Cancer Incidence in Five Continents*, vol. IX, IARC Scientific Publication, n° 160.
2. *Ibid.*
3. *Ibid.*
4. InVs, *Bulletin épidémiologique hebdomadaire de l'InVS*, 27 novembre 2007, n° 46-47. Disponible sur : http://www.invs.sante.fr/beh/2007/46_47/index.htm (consulté le 29 mars 2010).
5. InVs, *Projections de l'incidence et de la mortalité par cancer en France*, 2009. Disponible sur : http://www.invs.sante.fr/applications/cancers/projections2009/donnees_generales.htm (consulté le 29 mars 2010).
6. INCA, *Analyse économique des coûts du cancer en France*, 2007. Disponible sur : http://www.e-cancer.fr/l-institut-national-du-cancer/publications-de-l-inca/rapports-et-expertises/sante-publique (consulté le 29 mars 2010).
7. *Ibid.*
8. Curado M. P., Edwards B., Shin H. R., Storm H., Ferlay M., Boyle P. (éds), *Cancer Incidence in Five Continents, op. cit.*
9. Vani Y. A., Schneider S. M., « Alimentation et cancer : quelles évidences, quelles recommandations ? », *Oncologie*, 2009, 11, p. 191-199.
10. Académie des sciences, *Les Causes du cancer en France*. Disponible sur : http://www.academie-sciences.fr/publications/rapports/pdf/cancer_13_09_07.pdf (consulté le 29 mars 2010).
11. Khayat D., *Les Chemins de l'espoir*, Paris, Odile Jacob, 2003.
12. Milner J. A., « Nutrition and cancer : Essential elements for a roadmap », *Cancer Letters*, 269, p. 189-198.

13. Jauzein F., Cros N., *Différents Types d'études épidémiologiques*, 2005. Disponible sur : http://acces.inrp.fr/acces/ressources/sante/epidemiologie/niveau_preuve/types_etudes_epidem (consulté le 29 mars 2010).
14. Milner J. A., « Nutrition and cancer : Essential elements for a roadmap », *op. cit.*

Chapitre II
UN CANCER, QU'EST-CE QUE C'EST ?

1. World Cancer research Fund, Food, *Nutrition, Physical Activity, and the Prevention of Cancer : A Global Perspective*, Washington (DC), AICR, 2007.
2. *Ibid.*
3. Lampe J. W., « Diet, genetic polymorphism, detoxification, and health risk », *Altern. Ther Health Med.*, 2007, 13 p. S108-S111.
4. World Cancer Research Fund, *Food, Nutrition, Physical Activity, and the Prevention of Cancer : A Global Perspective*, *op. cit.*
5. *Ibid.*

Chapitre III
LES POISSONS, ALIMENT SANTÉ
OU ALIMENT RISQUÉ ?

1. Liperoti R., Landi F., Fusco O., Bernabei R., Onder G., « Omega-3 polyunsaturated fatty acids and depression : A review of the evidence », *Curr. Pharm. Des.*, 2009, 15 (36), p. 4165-4172.
2. Afssa, *Gras ou pas gras mon poisson ?*, 2009. Disponible sur : http://www.afssa.fr/Poisson/Documents/AFSSA-Fi-Poisson-F9.pdf (consulté le 29 mars 2010).
3. Fondation Nicolas Hulot pour la Nature et l'Homme, *Quels poissons consommer ?*, 2008. Fiche consommateur *Défi pour la Terre*, p. 1-5. Disponible sur : www.defipourlaterre.org/outils/dwnloadOutils.php?id=45 (consulté le 08 mars 2010).
4. World Cancer Research Fund, *Food, Nutrition, Physical Activity, and the Prevention of Cancer : A Global Perspective, op. cit.*
5. Leblanc J.-C. (éd.), *Étude Calipso. Consommations alimentaires de poissons et produits de la mer et imprégnation aux éléments traces, polluants et oméga-3*, Afssa-Inra, 2006.
6. WHO-ICPS, *Environmental Health Criteria 101, methylmercury. Geneva : International Programme on Chemical Safety*, 1990. Disponible sur : http://www.inchem.org/documents/ehc/ehc/ehc101.htm (consulté le 08 mars 2010).
7. Direction générale de la santé, *Étude sur la teneur en métaux dans l'alimentation*, Paris, La Diagonale des métaux, 1992.
8. Centre international de recherche sur le cancer, *Évaluations globales de la cancérogénicité pour l'homme*. Disponible sur : http://monographs.iarc.fr/FR/Classification/crthall.php (consulté le 07 mars 2010).
9. Leblanc J.-C. (éd.), *Étude Calipso, op. cit.*
10. *Ibid.*

11. CIRC, *Évaluation globale de la cancérogénicité pour l'homme*, 2009. Disponible sur : http://monographs.iarc.fr/FR/Classification/crthall.php (consulté le 29 mars 2010).

12. Leblanc J.-C. (éd.), *Étude Calipso, op. cit.*

13. *Ibid.*

14. OMS, *Les Dioxines et leurs effets sur la santé*, 2007. Disponible sur : http://www.who.int/mediacentre/factsheets/fs225/fr/index.html (consulté le 08 mars 2010).

15. Kaushik S., « Les dioxines et les PCB chez le poisson », *Dossier de l'environnement de l'INRA*, n° 26, p. 102-107.

16. OMS, *Les Dioxines et leurs effets sur la santé, op. cit.*

17. EFSA, *Avis du groupe scientifique sur les contaminants de la chaîne alimentaire relative à l'évaluation de la sécurité du poisson sauvage et d'élevage*, 2005. Disponible sur : http://www.efsa.europa.eu/EFSA/efsa_locale-1178620753816_1178620762697.htm (consulté le 08 mars 2010).

18. Afssa, *Avis de l'Agence française de sécurité sanitaire des aliments relatif à l'établissement de teneurs maximales pertinentes en polychlorobiphényles qui ne sont pas de type dioxine (PCB « non dioxin-like », PCB-NDL) dans divers aliments*, 2007, saisine n° 2006-SA-0305.

19. Lyon S., *PCB Pollution in Alabama*. Disponible sur : http://www.commonweal.org/programs/brc/ppt-presentations/Anniston_AL_PCB. pdf (consulté le 29 mars 2010).

20. Ribeira D., Loock T., Soler P., Narbonne J.-F., « Mise en évidence d'effets à long terme lors d'expositions courtes (accidentelles). Perspectives méthodologiques pour les évaluations des risques », *Étude Record*, 2006-2007, n° 06-0665/1A.

21. Centre international de recherche sur le cancer, *Évaluations globales de la cancérogénicité pour l'homme, op. cit.*

22. Howsam M., Grimalt J. O., Guinó E., Navarro M., Martí-Ragué J., Peinado M. A., Capellá G., Moreno V., « Organochlorine exposure and colorectal cancer risk », *Environ Health Perspect.*, 2004, 112 (15), p. 1460-1466.

23. Hordell L., Calberg M., Hardell K., Bjornfoth H., Wickbom G., Ionescu M., « Decreased survival in pancreatic cancer patients with high concentrations of organochlorines in adipose tissue », *Biomedicine & Pharmacotherapy*, 2007, 61 (10), p. 659-664.

24. ASEF-WWF, *Imprégnation aux PCB des riverains du Rhône*, mai 2008. Disponible sur : http://www.asef-asso.fr/index.php?option=com_content &view = article & id = 10 : letude & catid = 4 : etude-sur-les-pcb & Itemid = 56 (consulté le 08 mars 2010).

25. Leblanc J.-C. (éd.), *Étude Calipso, op. cit.*

26. Afssa, « Le poisson sous haute surveillance », *À propos. Le magazine d'information de l'Agence française de sécurité sanitaire des aliments*, 2008, 23, p. 2-6. Disponible sur : http://www.afssa.fr/Documents/APR-mg-aPropos23.pdf (consulté le 08 mars 2010).

27. *Ibid.*

28. Leblanc J.-C. (éd.), *Étude Calipso, op. cit.*

29. *Ibid.*

30. Afssa, *Consommation de poisson et méthylmercure*, communiqué de presse du 25 juillet 2006. Disponible sur : http://www.afssa.fr/Documents/PRES2006CP013.pdf (consulté le 8 mars 2010).

31. Hites R. A., Foran J. A., Carpenter D. O., Hamilton C. M., Knuth B. A., Schwager S. J., « Global assessment of organic contaminants in farmed salmon », *Science*, 2004, 303 (5655), p. 226-229.

32. Afssa, communiqué de presse de l'Afssa suite à la publication d'une étude sur *L'Analyse globale des contaminants chimiques dans le saumon d'élevage*, 9 janvier 2004. Disponible sur : http://agriculture.gouv.fr/sections/presse/communiques/communique-de-presse-de-l-afssa-suite-a-la-publication-d-une-etude-sur-l-analyse-globale-des-contaminants-chimiques-dans-le (consulté le 8 mars 2010).

33. WHO, *PCBs and Dioxins in Salmon. Organochlorine Contamination of Salmon*, 2004. Disponible sur : http://www.who.int/foodsafety/chem/pcbsalmon/en/print.html (consulté le 8 mars 2010).

34. EFSA, *Avis du groupe scientifique sur les contaminants de la chaîne alimentaire*, *op. cit.*

35. Kaushik S., « Les dioxines et les PCB chez le poisson », *op. cit.*

36. Afssa, « Le poisson sous haute surveillance », *op. cit.*

37. Leblanc J.-C. (éd.), *Étude Calipso, op. cit.*

Chapitre IV
LES VIANDES :
HALTE À LA DIABOLISATION

1. CIV, *Niveau de consommation de viande en France*. Disponible sur : http://www.civ-viande.org/4-139-nutrition-niveau-de-consommation-de-viande-en-france.html (consulté le 20 mars 2010).

2. World Cancer Research Fund, *Food, Nutrition, Physical Activity, and the Prevention of Cancer : a Global Perspective, op. cit.*

3. *Ibid.*

4. *Ibid.*

5. Willett W. C., Stampfer M. J., Colditz G. A., Rosner B. A., Speizer F. E., « Relation of meat, fat, and fiber intake to the risk of colon cancer in a prospective Study among women », *N. Engl. J. Med.*, 1990, 323 (24), p. 1664-1672.

6. Wei E. K., Giovannucci E., Wu K., Rosner B., Fuchs C. S., Willett W. C., Colditz G. A., « Comparison of risk factors for colon and rectal cancer », *Int. J. Cancer*, 2004, 108 (3), p. 433-442.

7. *Ibid.*

8. Goldbohm R. A., Van den Brandt P. A., Van't Veer P., Brants H. A., Dorant E., Sturmans F., Hermus R. J., « A prospective cohort Study on the relation between meat consumption and the risk of colon cancer », *Cancer Res.*, 1994, 54 (3), p. 718-723.

9. Knekt P., Steineck G., Järvinen R., Hakulinen T., Aromaa A., « Intake of fried meat and risk of cancer : A follow-up Study in Finland », *Int. J. Cancer.*, 1994, 59 (6), p. 756-760.

10. Gaard M., Tretli S., Løken E. B., « Dietary factors and risk of colon cancer : A prospective Study of 50,535 young Norwegian men and women », *Eur. J. Cancer Prev.*, 1996, 5 (6), p. 445-454.

11. Norat T., Bingham S., Ferrari P., Slimani N., Jenab M., Mazuir M., Overvad K., Olsen A., Tjønneland A., Clavel F., Boutron-Ruault M. C., Kesse E., Boeing H., Bergmann M. M., Nieters A., Linseisen J., Trichopoulou A., Trichopoulos D., Tountas Y., Berrino F., Palli D., Panico S., Tumino R., Vineis P., Bueno-de-Mesquita H. B., Peeters P. H., Engeset D., Lund E., Skeie G., Ardanaz E., González C., Navarro C., Quirós J. R., Sanchez M. J., Berglund G., Mattisson I., Hallmans G., Palmqvist R., Day N. E., Khaw K. T., Key T. J., San Joaquin M., Hémon B., Saracci R., Kaaks R., Riboli E., « Meat, fish, and colorectal cancer risk : The European Prospective Investigation into cancer and nutrition », *J. Natl. Cancer Inst.*, 2005, 97 (12), p. 906-916.

12. Truswell A. S., « Meat consumption and cancer of the large bowel », *Eur. J. Clin. Nutr.*, 2002, 56, suppl. 1, p. S19-S24.

13. Larsson S. C., Wolk A., « Meat consumption and risk of colorectal cancer : A meta-analysis of prospective studies », *Int. J. Cancer*, 2006, 119 (11), p. 2657-2664.

14. *Ibid.*

15. *Ibid.*

16. Gaard M., Tretli S., Løken E. B., « Dietary factors and risk of colon cancer : A prospective Study of 50,535 young Norwegian men and women », *op. cit.*

17. Afssa, « Table CIQUAL 2008 », *Composition nutritionnelle des aliments*. Disponible sur : http://www.afssa.fr/TableCIQUAL/(consulté le 20 mars 2010).

18. USDA, *National Nutrient Database for Standard Reference*. Disponible sur : http://www.nal.usda.gov/fnic/foodcomp/search/(consulté le 20 mars 2010).

19. Afssa, « Table CIQUAL 2008 », *op. cit.*

20. USDA, *National Nutrient Database for Standard Reference, op. cit.*

21. CIV, *Niveau de consommation de viande en France, op. cit.*

22. USDA, *Profiling Food Consumption in America*, 2002. Disponible sur : http://www.usda.gov/factbook/chapter2.htm (consulté le 20 mars 2010).

23. Afssa, « Table CIQUAL 2008 », *op. cit.*

24. USDA, *National Nutrient Database for Standard Reference, op. cit.*

25. Afssa, *Étude individuelle nationale des consommations alimentaires 2 (INCA 2) 2006-2007*, 2009. Disponible sur : http://www.afssa.fr/Documents/PASER-Ra-INCA2.pdf (consulté le 15 mars 2010).

26. USDA, *USDA Economis Research Service*. Disponible sur : http://www.ers.usda.gov/Browse/view.aspx?subject=AnimalProducts (consulté le 29 mars 2010).

27. CIV, *Niveau de consommation de viande en France, op. cit.*

28. Cross A. J., Pollock J. R. A., Bingham S. A., « Haem, not protein or inorganic iron, is responsible for endogenous intestinal N-nitrosation arising from red meat 7, *Cancer Research*, 2003, 63, p. 2358-2360.

29. Nelson R. L., « Iron and colorectal cancer risk : Human studies », *Nutr. Rev.*, 2001, 59 (5), p. 140-148.

30. Vano Y.-A., Rodrigues M.-J., Schneider S.-M., « Lien épidémiologique entre comportement alimentaire et cancer : exemple du cancer colorectal », *Bulletin du cancer*, 2009, 96 (6), p. 647-658.

31. Lipkin M., « Biomarkers of increased susceptibility to gastrointestinal cancer : New application to studies of cancer prevention in human subjects », *Cancer Res.*, 1988, 48 (2), p. 235-245.
32. Sesink A. L., Termont D. S., Kleibeuker J. H., Van der Meer R., « Red meat and colon cancer : The cytotoxic and hyperproliferative effects of dietary heme », *Cancer Res.*, 1999, 59 (22), p. 5704-5709.
33. Sesink A. L., Termont D. S., Kleibeuker J. H., Van der Meer R., « Red meat and colon cancer : Dietary haem-induced colonic cytotoxicity and epithelial hyperproliferation are inhibited by calcium », *Carcinogenesis*, 2001, 22 (10), p. 1653-1659.
34. Larsson S. C., Wolk A., « Meat consumption and risk of colorectal cancer : A meta-analysis of prospective studies », *op. cit.*
35. World Cancer research Fund, *Food, Nutrition, Physical Activity, and the Prevention of Cancer : a Global Perspective, op. cit.*
36. *Ibid.*

Chapitre V
LES LAITAGES ET LES ŒUFS
SONT-ILS UTILES DANS LA PRÉVENTION ?

1. Wollowski I., Rechkemmer G., Pool-Zobel B. L., « Protective role of probiotics and prebiotics in colon cancer », *Am. J. Clin. Nutr.*, 2001, 73 (2), suppl., p. 451S-455S.
2. Lomer M. C., Parkes G. C., Sanderson J. D., « Review article : Lactose intolerance in clinical practice – myths and realities », *Aliment Pharmacol. Ther.*, 2008, 27, p. 93-103.
3. Liong M. T., « Roles of probiotics and prebiotics in colon cancer prevention : Postulated mechanisms and *in vivo* evidence », *Int. J. Mol. Sci.*, 2008, 9 (5), p. 854-863.
4. *Ibid.*
5. Wollowski I., Rechkemmer G., Pool-Zobel B. L., « Protective role of probiotics and prebiotics in colon cancer », *op. cit.*
6. *Ibid.*
7. *Ibid.*
8. Lomer M. C., Parkes G. C., Sanderson J. D., « Review article : Lactose intolerance in clinical practice – myths and realities », *op. cit.*
9. Lomer M. C., Parkes G. C., Sanderson J. D., « Review article : Lactose intolerance in clinical practice – myths and realities », *op. cit.*
10. *Teneur en lactose de différents aliments.* Disponible sur : http://www.sans-lactose.com/pg, teneur-en-lactose-de-differents-aliments, teneur, 0,1.jsp (consulté le 29 mars 2010).
11. *Ibid.*
12. Swagerty D. L. Jr, Walling A. D., Klein R. M., « Lactose intolerance », *Am. Fam. Physician*, 2002, 65 (9), p. 1845-1850.
13. *Ibid.*
14. Torniainen S., Hedelin M., Autio V., Rasinperä H., Bälter K. A., Klint A., Bellocco R., Wiklund F., Stattin P., Ikonen T., Tammela T. L., Schleutker J., Grönberg H., Järvelä I., « Lactase persistence, dietary intake of milk, and

the risk for prostate cancer in Sweden and Finland », *Cancer Epidemiol Bio-markers Prev.*, 2007, 16 (5), p. 956-961.

15. Chan J. M., Jou R. M., Caroll P. R., « The relative impact and future burden of prostate cancer in the United States », *J. Urol.*, 2004, 172, p. S13-16 ; discussion S17.

16. Ahn J., Albanes D., Peters U., Schatzkin A., Lim U., Freedman M., Chatterjee N., Andriole G. L., Leitzmann M. F., Hayes R. B., « Dairy products, calcium intake, and risk of prostate cancer in the prostate, lung, colorectal, and ovarian cancer screening trial », *Cancer Epidemiol. Biomarkers Prev.*, 2007, 16 (12), p. 2623-2630.

17. Afssa, « Table CIQUAL 2008 », *op. cit.*

18. Kesse E., Boutron-Ruault M. C., Norat T., Riboli E., Clavel-Chapelon F., « Dietary calcium, phosphorus, vitamin D, dairy products and the risk of colorectal adenoma and cancer among French women of the E3N-EPIC prospective Study », *Int. J. Cancer*, 2005, 117 (1), p. 137-144.

19. Huncharek M., Muscat J., Kupelnick B., « Colorectal cancer risk and dietary intake of calcium, vitamin D, and dairy products : A meta-analysis of 26,335 cases from 60 observational studies », *Nutr. Cancer*, 2009, 61 (1), p. 47-69.

20. Szilagyi A., Nathwani U., Vinokuroff C., Correa J. A., Shrier I., « Evaluation of relationships among national colorectal cancer mortality rates, genetic lactase non-persistence status, and per capita yearly milk and milk product consumption », *Nutrition and Cancer*, 2006, 55 (2), p. 151-156.

21. Wollowski I., Rechkemmer G., Pool-Zobel B. L., « Protective role of probiotics and prebiotics in colon cancer », *op. cit.*

22. World Cancer research Fund, *Food, Nutrition, Physical Activity, and the Prevention of Cancer : A Global Perspective, op. cit.*

Chapitre VI
LES FRUITS ET LES LÉGUMES, DES BÉNÉFICES MAIS PAS DE CERTITUDES

1. PNNS, Fruits et légumes. Au moins 5 par jour. Disponible sur : http://www.mangerbouger.fr/menu-secondaire/manger-mieux-c-est-possible/les-9-reperes-essentiels/fruits-et-legumes-au-moins-5-par-jour.html (consulté le 19 mars 2010).

2. World Cancer research Fund, *Food, Nutrition, Physical Activity, and the Prevention of Cancer : A Global Perspective, op. cit.*

3. Leverve W., *Stress oxydant et antioxydants*, 49ᵉ JAND, 2009. Disponible sur : http://www.jand.fr/opencms/export/sites/jand/data/documents/Xavier_LEVERVE. pdf (consulté le 23 mars 2010).

4. Fernandez-Panchon M. S., Villano D., Troncoso A. M., Garcia-Parrilla M. C., « Antioxidant activity of phenolic compounds : from *in vitro* results to *in vivo* evidence », *Crit. Rev. Food Sci. Nutr.*, 2008, 48 (7), p. 649-671.

5. Roussel A. M., *Qui manque d'antioxydants et comment le savoir ?*, 49ᵉ JAND, 2009. Disponible sur : http://www.jand.fr/opencms/export/sites/jand/data/documents/ROUSSEL.pdf (consulté le 23 mars 2010).

6. EUFIC, *La Couleur des fruits et légumes et la santé*. Disponible sur : http://www.eufic.org/article/fr/rid/la-coleur-des-fruits-legumes-et-sante (consulté le 20 mars 2010).

7. *Ibid.*

8. World Cancer Research Fund, *Food, Nutrition, Physical Activity, and the Prevention of Cancer : A Global Perspective, op. cit.*

9. EUFIC, *La Couleur des fruits et légumes et la santé, op. cit.*

10. Aprifel, *Fiche par produit. Chou-vert*. Disponible sur : http://www.aprifel.com/fiches, produits.php ? p = 94 (consulté le 25 mars 2010).

11. EUFIC, *La Couleur des fruits et légumes et la santé, op. cit.*

12. Larsson S. C., Håkansson N., Näslund I., Bergkvist L., Wolk A., « Fruit and vegetable consumption in relation to pancreatic cancer risk : A prospective study », *Cancer Epidemiol. Biomarkers Prev.*, 2006, 15 (2), p. 301-305.

13. EUFIC, *La Couleur des fruits et légumes et la santé, op. cit.*

14. Oaks B. M., Dodd K. W., Meinhold C. L., Jiao L., Church T. R., Stolzenberg-Solomon R. Z., « Folate intake, post-folic acid grain fortification, and pancreatic cancer risk in the prostate, lung, colorectal, and ovarian cancer screening trial », *Am. J. Clin. Nutr.*, 2010, 91 (2), p. 449-455.

15. Balder H. F., Vogel J., Jansen M. C., Weijenberg M. P., Van den Brandt P. A., Westenbrink S., Van der Meer R., Goldbohm R. A., « Heme and chlorophyll intake and risk of colorectal cancer in the Netherlands cohort study », *Cancer Epidemiol. Biomarkers Prev.*, 2006, 15 (4), p. 717-725.

16. Vogel J. de, Jonker-Termont D. S., Van Lieshout E. M., Katan M. B., Van der Meer R., « Green vegetables, red meat and colon cancer : Chlorophyll prevents the cytotoxic and hyperproliferative effects of haem in rat colon », *Carcinogenesis*, 2005, 26 (2), p. 387-393.

17. Daswood R. H., « Chlorophylls as anticarcinogens », *International Journal of Oncology*, 1997, 10 (4), p. 721-727.

18. EUFIC, *La Couleur des fruits et légumes et la santé, op. cit.*

19. *Ibid.*

20. World Cancer Research Fund, *Food, Nutrition, Physical Activity, and the Prevention of Cancer : A Global Perspective, op. cit.*

21. *Ibid.*

22. Abu J., Batuwangala M., Herbert K., Symonds P., « Retinoic acid and retinoid receptors : potential chemopreventive and therapeutic role in cervical cancer », *Lancet Oncol.*, 2005, 6 (9), p. 712-720.

23. EUFIC, *La Couleur des fruits et légumes et la santé, op. cit.*

24. *Ibid.*

25. World Cancer Research Fund, *Food, Nutrition, Physical Activity, and the Prevention of Cancer : A Global Perspective, op. cit.*

26. EUFIC, *La Couleur des fruits et légumes et la santé, op. cit.*

27. *Ibid.*

28. World Cancer Research Fund, *Food, Nutrition, Physical Activity, and the Prevention of Cancer : A Global Perspective, op. cit.*

29. *Ibid.*

30. *Ibid.*

31. EUFIC, *La Couleur des fruits et légumes et la santé, op. cit.*

32. Seeram N.P., Adams L. S., Zhang Y., Lee R., Sand D., Scheuller H. S., Heber D., « Blackberry, black raspberry, blueberry, cranberry, red rasp-

berry, and strawberry extracts inhibit growth and stimulate apoptosis of human cancer cells *in vitro* », *J. Agric. Food Chem.*, 2006, 54 (25), p. 9329-9339.

33. Mittal A., Elmets C. A., Katiyar S. K., « Dietary feeding of proanthocyanidins from grape seeds prevents photocarcinogenesis in SKH-1 hairless mice : Relationship to decreased fat and lipid peroxidation », *Carcinogenesis*, 2003, 24 (8), p. 1379-1388.

34. Yi W., Fischer J., Krewer G., Akoh C. C., « Phenolic compounds from blueberries can inhibit colon cancer cell proliferation and induce apoptosis », *J. Agric. Food Chem.*, 2005, 53 (18), p. 7320-7329.

35. Yun J. M., Afaq F., Khan N., Mukhtar H., « Delphinidin, an anthocyanidin in pigmented fruits and vegetables, induces apoptosis and cell cycle arrest in human colon cancer HCT116 cells », *Mol. Carcinog.*, 2009, 48 (3), p. 260-270.

36. Afaq F., Zaman N., Khan N., Syed D. N., Sarfaraz S., Zaid M. A., Mukhtar H., « Inhibition of epidermal growth factor receptor signaling pathway by delphinidin, an anthocyanidin in pigmented fruits and vegetables », *Int. J. Cancer*, 2008, 123 (7), p. 1508-1515.

37. EUFIC, *La Couleur des fruits et légumes et la santé, op. cit.*

38. *Ibid.*

39. Lin Y., Shi R., Wang X., Shen H. M., « Luteolin, a flavonoid with potential for cancer prevention and therapy », *Curr. Cancer Drug Targets*, 2008, 8 (7), p. 634-646.

40. *Ibid.*

41. Zhou Q., Yan B., Hu X., Li X. B., Zhang J., Fang J., « Luteolin inhibits invasion of prostate cancer PC3 cells through E-cadherin », *Mol. Cancer Ther.*, 2009, 8 (6), p. 1684-1691.

42. Butler L. M., Wu A. H., Wang R., Koh W. P., Yuan J. M., Yu M. C., « A vegetable-fruit-soy dietary pattern protects against breast cancer among postmenopausal Singapore Chinese women », *Am. J. Clin. Nutr.*, 2010, 91 (4), p ; 1013-1019.

43. Armstrong B., Doll R., « Environmental factors and cancer incidence and mortality in different countries, with special reference to dietary practices », *Int. J. Cancer*, 1975, 15, p. 617-631.

44. FAO, *INPhO : Compendium Chapter19 Soybeans 1.6 Consumer Preferences*, 2007. Disponible sur : http://www.fao.org/inpho/content/compend/text/Ch19sec1_6.htm (consulté le 24 mars 2010).

45. Yan L., Spitznagel E. L., Bosland M. C., « Soy consumption and colorectal cancer risk in humans : A meta-analysis », *Cancer Epidemiol. Biomarkers Prev.*, 2010, 19 (1), p. 148-158.

46. Nagata C., Takatsuka N., Kawakami N., Shimizu H., « A prospective cohort study of soy product intake and stomach cancer death », *Br. J. Cancer*, 2002, 87 (1), p. 31-36.

47. Jacobsen B. K., Knutsen S. F., Fraser G. E., « Does high soy milk intake reduce prostate cancer incidence ? The Adventist Health Study (United States) », *Cancer Causes Control.*, 1998, 9 (6), p. 553-557.

48. Kim H. Y., Yu R., Kim J. S., Kim Y. K., Sung M. K., « Antiproliferative crude soy saponin extract modulates the expression of IkappaBalpha, protein

kinase C, and cyclooxygenase-2 in human colon cancer cells », *Cancer Lett.*, 2004, 210 (1), p. 1-6.

49. Buteau-Lozano H., Velasco G., Cristofari M., Balaguer P., Perrot-Applanat M., « Xenoestrogens modulate vascular endothelial growth factor secretion in breast cancer cells through an estrogen receptor-dependent mechanism », *J. Endocrinol.*, 2008, 196 (2), p. 399-412.

50. World Cancer Research Fund, *Food, Nutrition, Physical Activity, and the Prevention of Cancer : A Global Perspective, op. cit.*

51. Aviello G., Abenavoli L., Borrelli F., Capasso R., Izzo A. A., Lembo F., Romano B., Capasso F., « Garlic : Empiricism or science ? », *Nat. Prod. Commun.*, 2009, 4 (12), p. 1785-1796.

52. World Cancer Research Fund, *Food, Nutrition, Physical Activity, and the Prevention of Cancer : A Global Perspective, op. cit.*

53. *Ibid.*

54. *Ibid.*

55. Santé Canada, *Le nitrate et le nitrite*, 1987. Disponible sur : http://www.hc-sc.gc.ca/ewh-semt/pubs/water-eau/nitrate_nitrite/index-fra.php (consulté le 25 mars 2010).

56. Société canadienne du cancer, *Concentrations de résidus de pesticides dans les aliments*, 2009. Disponible sur : http://www.cancer.ca/canada-wide/ prevention/specific % 20environmental % 20contaminants/pesticides/ pesticides % 20on % 20vegetables % 20and % 20fruit/levels % 20of % 20pesticide % 20residues % 20in % 20food. aspx ? sc_lang = fr-ca (consulté le 24 mars 2010).

57. EWG, *People Can Reduce Pesticide Exposure by 80 Percent Through Smart Shopping and Using the Guide*, 2009. Disponible sur : http://www.ewg.org/ newsrelease/EWG-New-Pesticide-Shoppers-Guide (consulté le 25 mars 2010).

58. Ministère de l'Économie, des Finances et de l'Industrie. Synthèse des résultats des plans de surveillance et de contrôle des résidus de pesticides dans les denrées d'origine végétale. Données 2004. Annexe 2. Plan de surveillance fruits et légumes : présentation détaillée des résultats.

59. DGCCRF, *Surveillance et contrôle des résidus de pesticides dans les produits d'origine végétale en 2007*, 2009. Disponible sur : http://www.dgc-crf.bercy.gouv.fr/actualites/breves/2009/brv0109_pesticides.htm (consulté le 24 mars 2010).

60. *Ibid.*

61. Société canadienne du cancer, *Concentrations de résidus de pesticides dans les aliments, op. cit.*

Chapitre VII
LES MATIÈRES GRASSES
ET LES MODES DE CUISSON

1. Shields P. G., Xu G. X., Blot W. J., Fraumeni J. F. Jr, Trivers G. E., Pellizzari E. D., Qu Y. H., Gao Y. T., Harris C. C., « Mutagens from heated Chinese and US cooking oils », *J. Natl. Cancer. Inst.*, 1995, 87 (11), p. 836-841.

2. Yu I. T., Chiu Y. L., Au J. S., Wong T. W., Tang J. L., « Dose-response rela-tionship between cooking fumes exposures and lung cancer among Chinese nonsmoking women », *Cancer Res.*, 2006, 66 (9), p. 4961-4967.

3. PNNS, *Matières grasses : à limiter. Bien les choisir pour vraiment en profiter.* Disponible sur : http://www.mangerbouger.fr/menu-secondaire/manger-mieux-c-est-possible/les-9-reperes-essentiels/matieres-grasses-a-limi-ter.html (consulté le 19 mars 2010).

4. Afssa, « Table CIQUAL 2008 », *op. cit.*

5. PNNS, *Matières grasses : à limiter, op. it.*

6. Afssa, « Table CIQUAL 2008 », *op. cit.*

7. World Cancer Research Fund, *Food, Nutrition, Physical Activity, and the Prevention of Cancer : a Global Perspective, op. cit.*

8. *Ibid.*

9. Thiébaut A., Chajès V., Clavel F., Gerber M., « Apport en acides gras insatu-rés et risque de cancer du sein : revue des études épidémiologiques », *Bulletin du cancer*, 2005, 92 (7-8), p. 658-669.

10. Pouyat-Leclère J., Birlouez I., *Cuisson et Santé. Guide des bonnes pratiques de cuisson pour une alimentation plus saine*, Alpen, 2005.

11. MacLean C. H., Newberry S. J., Mojica W. A., Khanna P., Issa A. M., Sut-torp M. J., Lim Y. W., Traina S. B., Hilton L., Garland R., Morton S. C., « Effects of omega-3 fatty acids on cancer risk : A systematic review », *JAMA*, 2006, 295 (4), p. 403-415.

12. Sanchez-Muniz F. J., « Oils and fats : Changes due to culinary and indus-trial processes », *Int. J. Vitam. Nutr. Res.*, 2006, 76 (4), p. 230-237.

13. Warner K., « Impact of high-temperature food processing on fats and oils », *Adv. Exp. Med. Biol.*, 1999, 459, p. 67-77.

14. Centre international de recherche sur le cancer, *Évaluations globales de la cancérogénicité pour l'homme*, Disponible sur : http://monographs.iarc.fr/FR/Classification/crthall.php (consulté le 07 mars 2010).

15. DGCCRF, *Qualité des huiles de friture*, 2001. Disponible sur : http://www.dgccrf.bercy.gouv.fr/fonds_documentaire/dgccrf/04_dossiers/consom-mation/controles_alimentaires/actions/friture0902.htm (consulté le 19 mars 2010).

16. The Culinary Institute of America, *The New Professional Chef*, John Wiley & Sons, 1996.

17. Shields P. G., Xu G. X., Blot W. J., Fraumeni J. F. Jr, Trivers G. E., Pellizzari E. D., Qu Y. H., Gao Y. T., Harris C. C., « Mutagens from heated Chinese and US cooking oils », *J. Natl. Cancer Inst.*, 1995, 87 (11), p. 836-841.

18. Lee C. H., Yang S. F., Peng C. Y., Li R. N., Chen Y. C., Chan T. F., Tsai E. M., Kuo F. C., Huang J. J., Tsai H. T., Hung Y. H., Huang H. L., Tsai S., Wu M. T., « The precancerous effect of emitted cooking oil fumes on pre-cursor lesions of cervical cancer », *Int. J. Cancer.*, 9 décembre 2009, epub.

19. Metayer C., Wang Z., Kleinerman R. A., Wang L., Brenner A. V., Cui H., Cao J., Lubin J. H., « Cooking oil fumes and risk of lung cancer in women in rural Gansu, China », *Lung Cancer*, 2002, 35 (2), p. 111-117.

20. *Ibid.*

21. Lin S. Y., Tsai S. J., Wang L. H., Wu M. F., Lee H., « Protection by quercetin against cooking oil fumes-induced DNA damage in human lung adenocar-cinoma CL-3 cells : Role of COX-2 », *Nutr. Cancer*, 2002, 44 (1), p. 95-101.

22. Centre international de recherche sur le cancer, *Évaluations globales de la cancérogénicité pour l'homme, op. cit.*

23. Afssa, *Acrylamide : point d'information n° 2*, 2003. Disponible sur : http://www.afssa.fr/Documents/RCCP2002sa0300.pdf (consulté le 19 mars 2010).

24. Health Canada, *Acrylamide levels in selected Canadian foods*, 2009. Disponible sur : http://www.hc-sc.gc.ca/fn-an/securit/chem-chim/food-aliment/acrylamide/acrylamide_level-acrylamide_niveau-eng.php (consulté le 19 mars 2010).

25. EFSA, *Acrylamide*, 2010. Disponible sur : http://www.efsa.europa.eu/fr/contamtopics/topic/acrylamide.htm (consulté le 19 mars 2010).

26. Mottram D. S., Wedzicha B. L., Dodson A. T., « Acrylamide is formed in the Maillard reaction », *Nature*, 2002, 419 (6906), p. 448-449.

27. Afssa, *Acrylamide : point d'information n° 2, op. cit.*

28. *Ibid.*

29. *Ibid.*

30. Lin S. Y., Tsai S. J., Wang L. H., Wu M. F., Lee H., « Protection by quercetin against cooking oil fumes-induced DNA damage in human lung adenocarcinoma CL-3 cells : Role of COX-2 », *op. cit.*

31. Afssa, *Acrylamide : point d'information n° 2, op. cit.*

32. *Ibid.*

33. Afassa, *La Cuisson au barbecue.* Disponible sur : http://www.afssa.fr/index.htm (consulté le 19 mars 2010).

34. Afssa, *Étude individuelle nationale des consommations alimentaires 2 (INCA 2) 2006-2007*, 2009. Disponible sur : http://www.afssa.fr/Documents/PASER-Ra-INCA2.pdf (consulté le 15 mars 2010).

Chapitre VIII
LES SUCRES ET PRODUITS SUCRÉS,
À NE PAS SUPPRIMER COMPLÈTEMENT

1. N'Diaye C. (sld), *La Gourmandise. Délices d'un péché*, Paris, Autrement, « Mutations/Mangeurs », n° 140, 1993.

2. Guy-Grand B., « Les sucres dans l'alimentation : de quoi parle-t-on ? », *Cah. Nutr. Diét.*, 2008, hors-série 2.

3. World Cancer Research Fund, *Food, Nutrition, Physical Activity, and the Prevention of Cancer : a Global Perspective, op. cit.*

4. Afssa, « Table CIQUAL 2008 », *op. cit.*

5. Cezard J. P., Forgue-Lafitte M. E., Chamblier M. C., Rosselin G. E., « Growth promoting effet, biological activity, and binding of insulin in human intestinal cancer cells in culture », *Cancer Research*, 1981, 41 (3), p. 1148-1153.

6. Mauro L. M., Morelli C., Boterberg T., Bracke M. E., Surmacz E., « Role of the IGF1 receptor in the regulation of cell-cell adhesion : Implications in cancer development and progression », *Journal of Cellular Physiology*, 2003, 194 (2), p. 108-116.

7. Plymate S. R., Jones R. E., Matej L. A., Friedl K. E., « Regulation of sex hormone binding globulin (SHBG) production in Hep G2 cells by insulin », *Steroids*, 1988, 52 (4), p. 339-340.

8. Silvera S. A. N., Rohan T. E., Jain M., Terry P. D., Howe G., Miller A., « Glycemic index, glycemic load, and pancreatic cancer risk (Canada) », *Cancer causes et control*, 2005, CCC 16 (4), p. 431-436.

9. Augustin L. S., Franceschi S., Jenkins D., Kendall C., La Vecchia C., « Glycemic index in chronic disease : A review », *European Journal of Clinical Nutrition*, 2002, 56 (11), p. 1049-1071.

10. Cust A., Slimani N. *et al.*, « Dietary carbohydrates, glycemic index, glycemic load, and endometrial cancer risk within the European prospective investigation into cancer and nutrition cohort », *American Journal of Epidemiology*, 2007, 166 (8), p. 912-923.

11. Larsson S., Bergkvist L., Wolk A., « Glycemic load, glycemic index and breast cancer risk in a prospective cohort of Swedish women », *Int. J. Cancer*, 2009, 125, p. 153-157.

12. Lajous M., Boutron-Ruault M. C., Fabre A., Clavel-Chapelon F., Romieu Y., « Carbohydrate intake, glycemic index, glycemic load, and risk of postmenopausal breast cancer in a prospective study of French women », *The American Journal of Clinical Nutrition*, 2008, 87 (5), p. 1384-1391.

13. Mulholland H. G., Murray L. J., Cardwell C. R., Cantwell M. M., « Glycemic index, glycemic load, and risk of digestive tract neoplasms : A systematic review and meta-analysis », *The American Journal of Clinical Nutrition*, 2009, 89 (2), p. 568-576.

14. Michaud D. S., Fuchs C. S., Liu S., Willett W. C., Colditz G. A., Giovannucci E., « Dietary glycemic load, carbohydrate, sugar, and colorectal cancer risk in men and women », *Cancer Epidemiology, Biomarkers & Prevention*, publié par l'*American Association for Cancer Research*, 2005, 14 (1), p. 138-147.

15. Mulholland H. G., Murray L. J., Cardwell C. R., Cantwell M. M., « Glycemic index, glycemic load, and risk of digestive tract neoplasms : A systematic review and meta-analysis », *op. cit.*

16. Howarth N. C., Murphy S. P., Wilkens L. R., Henderson B. E., Kolonel L. N., « The association of glycemic load and carbohydrate intake with colorectal cancer risk in the Multiethnic Cohort Study », *The American Journal of Clinical Nutrition*, 2008, 88 (4), p. 1074-1082.

17. American Cancer Society, *Prevention and Early Detection : Aspartame*, 2007. Disponible en ligne sur : http://www.cancer.org/docroot/PED/content/PED_1_3X_Aspartame.asp (consulté le 17 mars 2010).

18. *Ibid.*

19. Phillips K. M., Carlsen M. H., Blomhoff R., « Total antioxidant content of alternatives to refined sugar », *Journal of the American Dietetic Association*, 2009, 109 (1), p. 64-71.

20. Afssa, *Avis de l'Agence française de sécurité sanitaire des aliments relatif à une autorisation provisoire, pour une durée de deux ans, d'emploi de stéviol, extraits de Stevia rebaudiana, en tant qu'édulcorant en alimentation humaine dans le cadre de l'article 5 de la directive 89/107/CEE*, 2007. Disponible sur : http://www.afssa.fr/Documents/AAAT2006sa0231.pdf (consulté le 25 mars 2010).

21. *Arrêté du 26 août 2009 relatif à l'emploi du rébaudioside A (extrait de Stevia rebaudiana) comme additif alimentaire.* Disponible sur : http://www.legifrance.gouv.fr/affichTexte.do?cidTexte=JORFTEXT000021021759 (consulté le 24 mars 2010).

Chapitre IX
LES BOISSONS, LESQUELLES ?

1. CNRS, *Découvrir l'eau. L'eau dans l'organisme*. Disponible sur : http://www.cnrs.fr/cw/dossiers/doseau/decouv/usages/eauOrga.html (consulté le 17 mars 2010).

2. OMS, Communiqué de presse : *Selon un nouveau rapport, la réalisation des cibles en matière d'assainissement et d'eau potable serait compromise*, 2006. Disponible sur http://www.who.int/mediacentre/news/releases/2006/pr47/fr/index.html (consulté le 17 mars 2010).

3. OMS, *La Santé et les services d'approvisionnement en eau de boisson salubre et d'assainissement de base*. Disponible sur : http://www.who.int/water_sanitation_health/mdg1/fr/index.html (consulté le 17 mars 2010).

4. Direction générale de la santé, Bureau de la qualité des eaux, *Bilan de la qualité de l'eau au robinet du consommateur vis-à-vis des pesticides en 2008*, 2008. Disponible sur : http://www.sante-sports.gouv.fr/IMG/pdf/bilan_-national_pesticides_2008.pdf (consulté le 17 mars 2010).

5. *Ibid.*

6. OMS, *L'Arsenic dans l'eau de boisson*, 2001. Disponible sur http://www.who.int/water_sanitation_health/mdg1/fr/index.html (consulté le 17 mars 2010).

7. *Ibid.*

8. World Cancer Research Fund, *Food, Nutrition, Physical Activity, and the Prevention of Cancer : a Global Perspective, op. cit.*

9. Sénat, *Rapport de l'OPECST*, n° 2152 (2002-2003) de M. Gérard Miquel, fait au nom de l'Office parlementaire d'évaluation des choix scient. tech., déposé le 18 mars 2003. *La Qualité de l'eau et assainissement en France. Annexe 63. L'arsenic dans les eaux de boisson*. Disponible sur : http://www.senat.fr/rap/l02-215-2/l02-215-256.html#toc124 (consulté le 17 mars 2010).

10. *Ibid.*

11. Centre international de recherche sur le cancer, *Évaluations globales de la cancérogénicité pour l'Homme*. Disponible sur : http://monographs.iarc.fr/FR/Classification/crthall.php (consulté le 07/03/2010).

12. DGS, *Résultats du contrôle sanitaire de la qualité de l'eau potable*, 2009. Disponible sur : http://www.sante-sports.gouv.fr/resultats-du-controle-sanitaire-de-la-qualite-de-l-eau-potable.html (consulté le 17 mars 2010).

13. *Ibid.*

14. Institut national du cancer, *Alcool et risque de cancer*, 2007. Disponible sur : http://www.e-cancer.fr/la-sante-publique/prevention/alcoolisme (consulté le 17 mars 2010).

15. Haut Conseil du ministère de la Santé, *Avis relatif aux recommandations sanitaires en matière de consommation d'alcool*, 2009. Disponible sur : http://www.hcsp.fr/docspdf/avisrapports/hcspa20090701_alcool.pdf (consulté le 17 mars 2010).

16. World Cancer Research Fund, *Food, Nutrition, Physical Activity, and the Prevention of Cancer : a Global Perspective, op. cit.*

17. *Ibid.*

18. Fakhry C., Gillison M. L., « Clinical implications of human papillomavirus in head and neck cancers », *J. Clin. Oncol.*, 2006, 24 (17), p. 2606-2611.

19. World Cancer Research Fund, *Food, Nutrition, Physical Activity, and the Prevention of Cancer : a Global Perspective, op. cit.*

20. *Ibid.*

21. *Ibid.*

22. Haut Conseil du ministère de la Santé, *Avis relatif aux recommandations sanitaires en matière de consommation d'alcool, op.cit.*

23. Sun W., Wang W., Kim J., Keng P., Yang S., Zhang H., Liu C., Okunieff P., Zhang L., « Anticancer effect of resveratrol is associated with induction of apoptosis via a mitochondrial pathway alignent », *Adv. Exp. Med. Biol.*, 2008, 614, p. 179-186.

24. Aprifel, *Rôle bénéfique des polyphénols et du resvératrol du vin*, 2001. Disponible sur : http://www.aprifel.com/articles-sante,detail.php?m=3&rub=54&a =769 (consulté le 17 mars 2010).

25. Adrian *et al.*, *Am. J. Enol. Viti c.*, 2000, 51, p. 37-41.

26. Renaud S., Lorgeril M. de, « Wine, alcohol, platelets, and the French paradox for coronary heart disease », *Lancet*, 1992, 339 (8808), p. 1523-1526.

27. Brisdelli F., D'Andrea G., Bozzi A., « Resveratrol : A natural polyphenol with multiple chemopreventive properties », *Curr. Drug Metab.*, 2009, 10 (6), p. 530-546.

28. Athar M., Back J. H., Kopelovich L., Bickers D. R., Kim A. L., « Multiple molecular targets of resveratrol : Anti-carcinogenic mechanisms », *Arch. Biochem. Biophys.*, 2009, 486 (2), p. 95-102.

29. Yusuf N., Nasti T. H., Meleth S., « Elmets CA. Resveratrol enhances cell-mediated immune response to DMBA through TLR4 and prevents DMBA induced cutaneous carcinogenesis », *Mol. Carcinog.*, 2009, 48 (8), p. 713-723.

30. Seeni A., Takahashi S., Takeshita K., Tang M., Sugiura S., Sato S. Y., Shirai T., « Suppression of prostate cancer growth by resveratrol in the transgenic rat for adenocarcinoma of prostate (TRAP) model », *Asian Pac. J. Cancer Prev.*, 2008, 9 (1), p. 7-14.

31. Sengottuvelan M., Deeptha K., Nalini N., « Influence of dietary resveratrol on early and late molecular markers of 1,2-dimethylhydrazine-induced colon carcinogenesis », *Nutrition*, 2009, 25 (11-12), p. 1169-1176.

32. Ding X. Z., Adrian T. E., « Resveratrol inhibits proliferation and induces apoptosis in human pancreatic cancer cells », *Pancreas*, 2002, 25 (4), p. 71-76.

33. Woodall C. E., Li Y., Liu Q. H., Wo J., Martin R. C., « Chemoprevention of metaplasia initiation and carcinogenic progression to esophageal adenocarcinoma by resveratrol supplementation », *Anticancer Drugs*, 2009, 20 (6), p. 437-443.

34. Afssa, « Table CIQUAL 2008 », *op. cit.*

35. Direction générale de la Santé, *Cancer de la peau. Mélanome*, 2003. Disponible sur : http://www.sante.gouv.fr/htm/dossiers/losp/34cancer_peau.pdf (consulté le 18 mars 2010).

36. Afsset, *FAQ Rayonnement ultraviolet*. Disponible sur : http://www.afsset.fr/ index.php?pageid=634 & parentid=265&ongletlstid=427 (consulté le 17 mars 2010).

37. Sayre R. M., Dowdy J. C., « The increase in melanoma : are dietary furocoumarins responsable ? », *Med Hypotheses*, 2008, 70 (4), p. 855-859.

38. Feskanich D., Willett W. C., Hunter D. J., Colditz G. A., « Dietary intakes of vitamins A, C, and E and risk of melanoma in two cohorts of women », *Br. J. Cancer.*, 2003, 88 (9), p. 1381-1387.

39. Malik A., Afaq F., Sarfaraz S., Adhami V. M., Syed D. N., Mukhtar H., « Pomegranate fruit juice for chemoprevention and chemotherapy of prostate cancer », *Proc. Natl. Acad. Sci.*, 2005, 102 (41), p. 14813-14818.

40. Pantuck A. J., Leppert J. T., Zomorodian N., Aronson W., Hong J., Barnard R. J., Seeram N., Liker H., Wang H., Elashoff R., Heber D., Aviram M., Ignarro L., Belldegrun A., « Phase II study of pomegranate juice for men with rising prostate-specific antigen following surgery or radiation for prostate cancer », *Clin. Cancer Res.*, 2006, 12 (13), p. 4018-4026.

41. Zhang Y., Seeram N. P., Heber D., Chen S., Adams L. S., « Pomegranate ellagitannin-derived compounds exhibit antiproliferative and antiaromatase activity in breast cancer cells *in vitro* », *Cancer Prev. Res.* (Phila Pa), 2010, 3 (1), p. 108-113.

42. Khan G. N., Gorin M. A., Rosenthal D., Pan Q., Bao L. W., Wu Z. F., Newman R. A., Pawlus A. D., Yang P., Lansky E. P., Merajver S. D., « Pomegranate fruit extract impairs invasion and motility in human breast cancer », *Integr. Cancer Ther.*, 2009, 8 (3), p. 242-253.

43. Seeram N. P. *et al.*, « *In vitro* antiproliferative, apoptotic and antioxidant activities of punicalagin, ellagic acid and a total pomegranate tannin extract are enhanced in combination with other polyphenols as found in pomegranate juice », *J. Nutr. Biochem.*, 2005, 16 (6), p. 360-367.

44. Gil M. I., Tomás-Barberán F. A., Hess-Pierce B., Holcroft D. M., Kader A. A., « Antioxidant activity of pomegranate juice and its relationship with phenolic composition and processing », *J. Agric. Food Chem.*, 2000, 48 (10), p. 4581-4589.

45. Khan N., Afaq F., Kweon M. H., Kim K., Mukhtar H., « Oral consumption of pomegranate fruit extract inhibits growth and progression of primary lung tumors in mice », *Cancer Res.*, 2007, 67 (7), p. 3475-3482.

46. Gil M. I., Tomás-Barberán F. A., Hess-Pierce B., Holcroft D. M., Kader A. A., « Antioxidant activity of pomegranate juice and its relationship with phenolic composition and processing », *op. cit.*

47. Khan N., Afaq F., Kweon M. H., Kim K., Mukhtar H. « Oral consumption of pomegranate fruit extract inhibits growth and progression of primary lung tumors in mice », *Cancer Res.*, 2007, 67 (7), p. 3475-3482.

48. Pantuck A. J., Leppert J. T., Zomorodian N., Aronson W., Hong J., Barnard R. J., Seeram N., Liker H., Wang H., Elashoff R., Heber D., Aviram M., Ignarro L., Belldegrun A., « Phase II study of pomegranate juice for men with rising prostate-specific antigen following surgery or radiation for prostate cancer », *Clin. Cancer Res.*, 2006, 2 (13), p. 4018-4026.

49. Gil M. I., Tomás-Barberán F. A., Hess-Pierce B., Holcroft D. M., Kader A. A., « Antioxidant activity of pomegranate juice and its relationship with phenolic composition and processing », *op. cit.*

50. MacMahon B., Yen S., Trichopoulos D., Warren K., Nardi G. « Coffee and cancer of the pancreas », *N. Engl. J. Med.*, 1981, 304 (11), p. 630-633.

51. Nkondjock A., « Coffee consumption and the risk of cancer : An overview », *Cancer Lett.*, 2008, 277 (2), p. 121-125.
52. World Cancer Research Fund, *Food, Nutrition, Physical Activity, and the Prevention of Cancer : a Global Perspective, op. cit.*
53. Pelucchi C., Tavani A., La Vecchia C., « Coffee and alcohol consumption and bladder cancer », *Scand. J. Urol. Nephrol.*, 2008, 218, suppl., p. 37-44.
54. Baker J. A., Beehler G. P., Sawant A. C., Jayaprakash V., McCann S. E., Moysich K. B., « Consumption of coffee, but not black tea, is associated with decreased risk of premenopausal breast cancer », *J. Nutr.*, 2006, 136 (1), p. 166-171.
55. Nkondjock A., Ghadirian P., Kotsopoulos J., Lubinski J., Lynch H., Kim-Sing C., Horsman D., Rosen B., Isaacs C., Weber B., Foulkes W., Ainsworth P., Tung N., Eisen A., Friedman E., Eng C., Sun P., Narod S. A., « Coffee consumption and breast cancer risk among BRCA1 and BRCA2 mutation carriers », *Int. J. Cancer*, 2006, 118 (1), p. 103-107.
56. Shanafelt T. D., Lee Y. K., Call T. G., Nowakowski G. S., Dingli D., Zent C. S., Kay N. E., « Clinical effects of oral green tea extracts in four patients with low grade B-cell malignancies », *Leuk. Res.*, 2006, 30 (6), p. 707-712.
57. Tsao A. S., Liu D., Martin J., Tang X. M., Lee J. J., El-Naggar A. K., Wistuba I., Culotta K. S., Mao L., Gillenwater A., Sagesaka Y. M., Hong W. K., Papadimitrakopoulou V., « Phase II randomized, placebo-controlled trial of green tea extract in patients with high-risk oral premalignant lesions », *Cancer Prev. Res.* (Phila Pa), 2009, 2 (11), p. 931-941.
58. Tsao A. S., Liu D., Martin J., Tang X. M., Lee J. J., El-Naggar A. K., Wistuba I., Culotta K. S., Mao L., Gillenwater A., Sagesaka Y. M., Hong W. K., Papadimitrakopoulou V., « Phase II randomized, placebo-controlled trial of green tea extract in patients with high-risk oral premalignant lesions », *op. cit.*
59. World Cancer Research Fund, *Food, Nutrition, Physical Activity, and the Prevention of Cancer : a Global Perspective, op. cit.*

Chapitre X
NUTRIMENTS ET COMPLÉMENTS ALIMENTAIRES, BIENFAITS OU MÉFAITS ?

1. Vidal, *Le Guide Vidal des compléments alimentaires disponible en librairie*, Communiqué de Presse, 2010. Disponible sur : http://www.vidal.fr/presse/espace-grand-public/363-guide-complements-alimentaires (consulté le 15 mars 2010).
2. Afssa, *Étude individuelle nationale des consommations alimentaires 2 (INCA 2) 2006-2007*, 2009. Disponible sur : http://www.afssa.fr/Documents/PASER-Ra-INCA2.pdf (consulté le 15 mars 2010).
3. Ferrucci L. M., McCorkle R., Smith T., Stein K. D., Cartmel B., « Factors related to the use of dietary supplements by cancer survivors », *J. Altern. Complement. Med.*, 2009, 15 (6), p. 673-680.
4. Cassileth B. R., Heitzer M., Wesa K., « The public health impact of herbs and nutritional supplements », *Pharm. Biol.*, 2009, 47 (8), p. 761-767.
5. Kimura Y., Ito H., Ohnishi R., Hatano T., « Inhibitory effects of polyphenols on human cytochrome P450 3A4 and 2C9 activity », *Food Chem. Toxicol.*, 2009, 48 (1), p. 429-435.

6. Goodman G. E., Thornquist M. D., Balmes J., Cullen M. R., Meyskens F.L. Jr, Omenn G. S., Valanis B., Williams J. H. Jr., « The beta-carotene and retinol efficacy trial : Incidence of lung cancer and cardiovascular disease mortality during 6-year follow-up after stopping beta-carotene and retinol supplements », *J. Natl. Cancer Inst.*, 2004, 96 (23), p. 1743-1750.

7. Virtamo J., Pietinen P., Huttunen J. K., Korhonen P., Malila N., Virtanen M. J., Albanes D., Taylor P. R., Albert P., ATBC Study Group, « Incidence of cancer and mortality following alpha-tocopherol and beta-carotene supplementation : A postintervention follow-up », *JAMA*, 2003, 290 (4), p. 476-485.

8. Cook N. R., Le I. M., Manson J. E., Buring J. E., Hennekens C. H., « Effects of beta-carotene supplementation on cancer incidence by baseline characteristics in the Physicians' Health Study (United States) », *Cancer Causes Control*, 2000, 11 (7), p. 617-626.

9. Lee I. M., Cook N. R., Manson J. E., Buring J. E., Hennekens C. H., « Beta-carotene supplementation and incidence of cancer and cardiovascular disease : The Women's Health Study », *J. Natl. Cancer Inst.*, 1999, 91 (24), p. 2102-2106.

10. De Klerk N. H., Musk A. W., Ambrosini G. L., Eccles J. L., Hansen J., Olsen N., Watts V. L., Lund H. G., Pang S. C., Beilby J., Hobbs M. S., « Western perth asbestos workers, Vitamin A and cancer prevention II : comparison of the effects of retinol and beta-carotene », *Int. J. Cancer*, 1998, 75 (3), p. 362-367.

11. Hercberg S., Kesse-Guyot E., Druesne-Pecollo N., Touvier M., Favier A., Latino-Martel P., Briançon S., Galan P., « Incidence of cancers, ischemic cardiovascular diseases and mortality during 5-year follow-up after stopping antioxidant vitamins and minerals supplements : A postintervention follow-up in the SU.VI.MAX Study », *Int. J. Cancer*, 2010, epub.

12. Meyer F., Galan P., Douville P., Bairati I., Kegle P., Bertrais S., Estaquio C., Hercberg S., « Antioxidant vitamin and mineral supplementation and prostate cancer prevention in the SU.VI.MAX trial », *Int. J. Cancer*, 2005, 116 (2), p. 182-186.

13. Hercberg S., Ezzedine K., Guinot C. *et al.*, « Antioxidant supplementation increases the risk of skin cancers in women but not in men », *J. Nutr.*, 2007, 137, p. 2098-2105.

14. Omenn G. S., Goodman G. E., Thornquist M. D., Balmes J., Cullen M. R., Glass A., Keogh J. P., Meyskens F. L. Jr, Valanis B., Williams J. H. Jr, Barnhart S., Cherniack M. G., Brodkin C. A., Hammar S., « Risk factors for lung cancer and for intervention effects in CARET, the beta-carotene and retinol efficacy trial », *J. Natl. Cancer Inst.*, 1996, 88 (21), p. 1550-1559.

15. National Cancer Institute, *Selenium and Vitamin E Cancer Prevention Trial (SELECT)*, 2008. Disponible sur : http://www.cancer.gov/newscenter/pressreleases/SELECTQandA (consulté le 15 mars 2010).

16. Nelson R. L., « Iron and colorectal cancer risk, human studies », *Nutr. Rev.*, 2001, 59, p. 140-148.

17. Duffield-Lillico A. J., Dalkin B. L., Reid M. E., Turnbull B. W., Slate E. H., Jacobs E. T., Marshall J. R., Clark L. C., « Nutritional Prevention of Cancer Study Group. Selenium supplementation, baseline plasma selenium status and incidence of prostate cancer : An analysis of the complete treatment

period of the Nutritional Prevention of Cancer Trial », *BJU Int.* 2003, 91 (7), p. 608-6012.

18. Clark L. C., Combs G. F. Jr, Turnbull B. W., Slate E. H., Chalker D. K., Chow J., Davis L. S., Glover R. A., Graham G. F., Gross E. G., Krongrad A., Lesher J. L. Jr, Park H. K., Sanders B. B. Jr, Smith C. L., Taylor J. R., « Effects of selenium supplementation for cancer prevention in patients with carcinoma of the skin. A randomized controlled trial », *JAMA*, 1996, 276 (24), p. 1957-1963.

19. *Ibid.*

20. World Cancer Resarch Fund, *Food, Nutrition, Physical Activity and the Prevention of Cancer. A Global Perspective, op. cit.*

21. *Ibid.*

22. Jenab M., Bueno-de-Mesquita H. B., Ferrari P., Van Duijnhoven F. J., Norat T., Pischon T., Jansen E. H., Slimani N., Byrnes G., Rinaldi S., Tjønneland A., Olsen A., Overvad K., Boutron-Ruault M. C., Clavel-Chapelon F., Morois S., Kaaks R., Linseisen J., Boeing H., Bergmann M. M., Tichopoulou A., Misirli G., Trichopoulos D., Berrino F., Vineis P., Panico S., Palli D., Tumino R., Ros M. M., Van Gils C. H., Peeters P. H., Brustad M., Lund E., Tormo M. J., Ardanaz E., Rodríguez L., Sánchez M. J., Dorronsoro M., Gonzalez C. A., Hallmans G., Palmqvist R., Roddam A., Key T. J., Khaw K. T., Autier P., Hainaut P., Riboli E., « Association between pre-diagnostic circulating vitamin D concentration and risk of colorectal cancer in European populations : A nested case-control study », *BMJ*, 2010, 340, p. b5500.

23. Ahn J., Albanes D., Peters U., Schatzkin A., Lim U., Freedman M., Chatterjee N., Andriole G. L., Leitzmann M. F., Hayes R. B., « Prostate, lung, colorectal, and ovarian trial project team. Dairy products, calcium intake, and risk of prostate cancer in the prostate, lung, colorectal, and ovarian cancer screening trial », *Cancer Epidemiol Biomarkers Prev.*, 2007, 16 (12), p. 2623-2630.

24. Ruhul Amin A. R. M., Kucuk O., Khuri F. R., Shin D. M., « Perspectives for cancer prevention with natural compounds », *Journal of Clinical Oncology*, 2009, 27 (18).

25. *Ibid.*

26. Hussain M., Banerjee M., Sarkar F. H. *et al.*, « Soy isoflavones in the treatment of prostate cancer », *Nutr. Cancer*, 2006, 106, p. 1260-1268.

27. *Ibid.*

28. Pendleton J. M., Tan W. W., Anai S. *et al.*, « Phase II trial of isoflavone in prostate-specific antigen recurrent prostate cancer after previous local therapy », *BMC Cancer*, 2008, 8 (132).

29. Chao J. C., Chiang S. W., Wang C. C., Tsai Y. H., Wu M. S., « Hot water-extracted *Lycium barbarum* and *Rehmannia glutinosa* inhibit proliferation and induce apoptosis of hepatocellular carcinoma cells », *World J. Gastroenterol.*, 2006, 12 (28), p. 4478-4484.

30. Luo Q., Li Z., Yan J., Zhu F., Xu R. J., Cai Y. Z., « *Lycium barbarum* polysaccharides induce apoptosis in human prostate cancer cells and inhibits prostate cancer growth in a xenograft mouse model of human prostate cancer », *J. Med. Food*, 2009, 12 (4), p. 695-703.

31. Mao F., Xiao B., Jiang Z., Zhao J., Huang X., Guo J., « Anticancer effect of *Lycium barbarum* polysaccharides on colon cancer cells involves G0/G1 phase arrest », *J. Med. Oncol.*, 2010, epub.
32. Miao Y., Xiao B., Jiang Z., Guo Y., Mao F., Zhao J., Huang X., Guo J., « Growth inhibition and cell-cycle arrest of human gastric cancer cells by *Lycium barbarum* polysaccharide », *J. Med Oncol.*, 2009, epub.
33. Li G., Sepkovic D. W., Bradlow H. L., Telang N. T., Wong G. Y., « *Lycium barbarum* inhibits growth of estrogen receptor positive human breast cancer cells by favorably altering estradiol metabolism », *Nutr. Cancer*, 2009, 61 (3), p. 408-414.
34. Chao J. C., Chiang S. W., Wang C. C., Tsai Y. H., Wu M. S., « Hot water-extracted *Lycium barbarum* and *Rehmannia glutinosa* inhibit proliferation and induce apoptosis of hepatocellular carcinoma cells », *op. cit.*
35. Ruhul Amin A. R. M., Kucuk O., Khuri F. R., Shin D. M., « Perspectives for cancer prevention with natural compounds », *op. cit.*

Chapitre XI
L'ACTIVITÉ SPORTIVE
EST UTILE À LA SANTÉ

1. Reeves G. K., Pirie K., Beral V., Green J., Spencer E., Bull D., « Cancer incidence and mortality in relation to body mass index in the million women studio : Cohort studio », *BMJ*, 2007, 335 (7630), p. 1134.
2. Renehan A. G., Soerjomataram I., Tyson M., Egger M., Zwahlen M., Coebergh J. W., Buchan I., « Incident cancer burden attributable to excess body mass index in 30 European countries », *Int. J. Cancer*, 2010, 126 (3), p. 692-702.
3. OMS, *Obésité et surpoids*, 2006. Disponible sur : http://www.who.int/mediacentre/factsheets/fs311/fr/index.html (consulté le 8 février 2009).
4. *Ibid.*
5. *Ibid.*
6. Stone R. J., *Atlas of Skeletal Muscle*, William C. Brown, 3e éd., 1999.
7. InVs, *Étude nationale nutrition santé 2006. Des consommations en fruits et légumes encourageantes chez l'adulte mais pas chez l'enfant. Vers une stabilisation du surpoids chez l'enfant mais encore un adulte sur six obèse*, Communiqué de presse, 2007. Disponible sur : http://www.invs.sante.fr/presse/2007/communiques/nutrition_sante_121207/(consulté le 19 mars 2009).
8. *Ibid.*
9. Wu Y., « Overweight and obesity in China », *BMJ*, 2006, 333 (7564), p. 362-363.
10. Bray G. A. « The epidemic of obesity and changes in food intake : The fluoride hypothesis », *Physiol. Behav.*, 2004, 82 (1), p. 115-121.
11. Burdette H. L., WIthaker R. C., « Neighborhood playgrounds, fast food restaurants, and crime : Relationships to overweight in low-income preschool children », *Pev. Med.*, 2004, 38, p. S7-63.
12. *Ibid.*
13. Marshall S. J., Biddle S. J., Gorely T., Cameron N., Murdey I., « Relationships between media use, body fatness and physical activity in children

and youth : A meta-analyses », *Int. J. Obes. Relat. Metab. Disord.*, 2004, 28 (10), p. 1238-1246.

14. Von Kries R., Toschke A. M., Wurmser H., Sauerwald T., Koletzko B., « Reduced risk for overweight and obesity in 5- and 6-y-old children by duration of sleep-a cross-sectional studio », *Int. J. Obes. Relat. Metab. Disord.*, 2002, 26 (5), p. 710-716.

15. Miles L., « Physical activity and health », *Nutrition Bulletin*, 2007, 32 (4), p. 314-363.

16. Courneya K. S., Karvinen K. H., Campbell K. L., Pearcey R. G., Dundas G., Capstick V., Tonkin K. S., « Associations among exercise, body weight, and quality of life in a population-based sample of endometrial cancer survivors », *Gynecol. Oncol.*, 2005, 97 (2), p. 422-430.

17. Holmes M. D., Chen W. Y., Feskanich D., Kroenke C. H., Colditz G. A., « Physical activity and survival after breast cancer diagnosis », *JAMA*, 2005, 293 (20), p. 2479-2486.

18. Pierce J. P., Stefanick M. L., Flatt S. W., Natarajan L., Sternfeld B., Madlensky L., Al-Delaimy W. K., Thomson C. A., Kealey S., Hajek R., Parker B. A., Newman V. A., Caan B., Rock C. L., « Greater survival after breast cancer in physically active women with high vegetable-fruit intake regardless of obesity », *J. Clin. Oncol.*, 2007, 25 (17), p. 2345-2351.

19. Knols R., Aaronson N. K., Uebelhart D., Fransen J., Aufdemkampe G., « Physical exercise in cancer patients during and after medical treatment : A systematic review of randomized and controlled clinical trials », *J. Clin. Oncol.*, 2005, 23 (16), p. 3830-3842.

20. Cramp F., Daniel J., « Exercice for the management of cancer-related fatigue in adults », *J. Clin. Oncol.*, chez *Cochrane Database*, 2008, epub.

21. Irwin M. L., Smith A. W., McTiernan A., Ballard-Barbash R., Cronin K., Gilliland F. D., Baumgartner R. N., Baumgartner K. B., Bernstein L., « Influence of pre- and postdiagnosis physical activity on mortality in breast cancer survivors : The health, eating, activity, and lifestyle study », *J. Clin. Oncol.*, 2008, 26 (24), p. 3958-3964.

22. Holick C. N., Newcomb P. A., Trentham-Dietz A., Titus-Ernstoff L., Bersch A. J., Stampfer M. J., Baron J. A., Egan K. M., Willett W. C., « Physical activity and survival after diagnosis of invasive breast cancer », *Cancer Epidemiol. Biomarkers Prev.*, 2008, 17 (2), p. 379-386.

23. Pierce J. P., Stefanick M. L., Flatt S. W., Natarajan L., Sternfeld B., Madlensky L., Al-Delaimy W. K., Thomson C. A., Kealey S., Hajek R., Parker B. A., Newman V. A., Caan B., Rock C. L., « Greater survival after breast cancer in physically active women with high vegetable-fruit intake regardless of obesity », *op. cit.*

24. Knols R., Aaronson N. K., Uebelhart D., Fransen J., Aufdemkampe G., « Physical exercise in cancer patients during and after medical treatment : A systematic review of randomized and controlled clinical trials », *op. cit.*

25. Rennie M. J., « Exercise- and nutrient-controlled mechanisms involved in maintenance of the musculoskeletal mass », *Biochem. Soc. Trans.*, 2007, 35 (Pt 5), p. 1302-1305.

26. Holmes M. D., Chen W. Y., Feskanich D., Kroenke C. H., Colditz G. A., « Physical activity and survival after breast cancer diagnosis », *JAMA*, 2005, 293 (20), p. 2479-2486.

27. Pierce J. P., Stefanick M. L., Flatt S. W., Natarajan L., Sternfeld B., Madlensky L., Al-Delaimy W. K., Thomson C. A., Kealey S., Hajek R., Parker B. A., Newman V. A., Caan B., Rock C. L., « Greater survival after breast cancer in physically active women with high vegetable-fruit intake regardless of obesity », *J. Clin. Oncol.*, 2007, 25 (17), p. 2345-2351.

28. Haskell B., *The Compendium of Physical Activities*. Disponible sur : http://www.prevention.sph.sc.edu/tools/.../documents_compendium.pdf (consulté le 29 mars 2010).

29. Holmes M. D., Chen W. Y., Feskanich D., Kroenke C. H., Colditz G. A., « Physical activity and survival after breast cancer diagnosis », *op. cit.*

30. Pierce J. P., Stefanick M. L., Flatt S. W., Natarajan L., Sternfeld B., Madlensky L., Al-Delaimy W. K., Thomson C. A., Kealey S., Hajek R., Parker B. A., Newman V. A., Caan B., Rock C. L., « Greater survival after breast cancer in physically active women with high vegetable-fruit intake regardless of obesity », *op. cit.*

31. Holick C. N., Newcomb P. A., Trentham-Dietz A., Titus-Ernstoff L., Bersch A. J., Stampfer M. J., Baron J. A., Egan K. M., Willett W. C., « Physical activity and survival after diagnosis of invasive breast cancer », *op. cit.*

INDEX

Votre aide-mémoire
anticancer

• **Les 5 règles d'or
pour réduire le risque de cancer**

1. **Ne fumez pas :** n'oubliez pas que le tabac est cancérigène dès la première cigarette.

2. **Diversifiez votre alimentation :** ne vous privez de rien. Il peut y avoir danger à consommer trop régulièrement, en trop grandes quantités certains produits potentiellement cancérigènes.

3. **Diversifiez vos modes de cuisson :** les cuissons vapeur ou mijotée sont bien meilleures pour la santé.

4. **Consommez de préférence des produits artisanaux, de terroir, issus d'une agriculture raisonnée :** préférez toujours des produits avec le moins possible de pesticides.

5. **Adaptez votre bilan énergétique :** augmentez votre activité physique et réduisez votre apport de calories. Ne grignotez pas entre les repas. Faites du sport.

• Le top 10 des aliments et des comportements indispensables à la prévention

1. **Le jus de grenade :** à acheter dans le commerce.

2. **Le curcuma :** n'hésitez pas, mettez-en partout.

3. **Le thé vert :** tous les thés verts sont excellents.

4. **Le vin :** il est plein de resvératrol.
   À consommer en petites quantités.

5. **Le sélénium :** son efficacité dans la prévention du cancer a été démontrée. Demandez conseil à votre pharmacien ou à votre médecin traitant.

6. **Les tomates :** riches en lycopène, préférez-les cuites ou sous forme de sauce tomate ou de jus de tomates.

7. **Les fibres alimentaires :** très importantes, comme prébiotiques et ensuite comme accélérateurs du transit intestinal.

8. **L'ail et l'oignon :** remarquables agents anticancer, ajoutez-en chaque fois que vous pouvez.

9. **La quercétine :** présente dans les câpres, la livèche, le cacao et le piment fort. Excellente si vous fumez.

10. **L'exercice physique :** choisissez le sport qui vous convient. Pratiquez régulièrement.

• Les produits et les habitudes à éviter

1. **Saumon, espadon, thon rouge, flétan :** ne les consommez pas en excès.

2. **Lait, fromages et yaourts :** excellents pour les enfants et les femmes. Leur consommation doit être fortement réduite pour les hommes après 50 ans.

3. **Le bêta-carotène :** si vous fumez, ou même si vous avez fumé, évitez ce produit nuisible à votre santé. Faites aussi attention si vous avez l'habitude de consommer beaucoup de mangues, carottes, abricots, courges, pêches, potiron, patates douces.

4. **La vitamine E :** les hommes devraient y faire très attention. De nombreux cocktails vitaminiques vendus aussi bien en pharmacie ou sur Internet en contiennent : méfiance.

5. **L'alcool fort :** une consommation régulière peut entraîner une augmentation des risques de certains cancers. Ne dépassez jamais 30 g d'éthanol pur en moyenne par jour.

6. **Surveillez votre poids :** attention, vous ne pouvez plus l'ignorer, aussi bien pour vous que pour vos enfants.

7. **L'arsenic dans l'eau de boisson, les nitrites et les nitrates dans l'eau et dans certaines charcuteries industrielles :** à éviter systématiquement.

8. **Le sang contenu dans la viande :** videz le sang de la viande avant de la faire cuire.

9. **Les matières grasses riches en acides gras polyinsaturés :** surtout l'huile de colza, de périlla et de graines de chanvre surtout à haute température.

10. **Les grillades et la cuisine au wok :** ces cuissons à température très élevée doivent rester tout à fait occasionnelles.

• Les risques ou les bénéfices anticancer des aliments

Poissons et crustacés	Intérêt ou risque	Classement/cancer
Bulots	Souvent contaminés par les métaux lourds et les PCB.	Attention
Cabillaud	Poisson maigre, moins contaminé que les poissons gras.	Bon
Crabe	Souvent contaminé par les métaux lourds et les PCB.	Attention
Crevette	Peu contaminée. Pauvre en matières grasses.	Très bon
Flétan	Souvent contaminé par les métaux lourds et les PCB.	Attention
Huîtres	Riches en sélénium.	Bon
Lieu	Poisson maigre, moins contaminé que les poissons gras.	Bon
Oursin	Riche en iode.	Très bon
Poisson fumé	Riche en sel et en hydrocarbures aromatiques polycycliques.	Pas bon
Poissons panés	Attention au mode de cuisson et au choix du poisson (souvent maigre). Souvent de la graisse de palme.	Pas bon du tout
Sardines à l'huile de tournesol	Mauvais équilibre oméga-3 et oméga-6.	Bon
Saumon	Souvent contaminé par les métaux lourds et les PCB.	Attention
Sushis	Riches en acides gras polyinsaturés mais aussi souvent contaminés.	Attention
Tarama de saumon	Fort apport énergétique. Riche en matières grasses et source d'oméga-3 (selon l'origine de l'huile utilisée).	Moyen
Thon	Souvent contaminé par les métaux lourds et les PCB.	Attention, surtout le thon rouge

Viandes et charcuteries	Intérêt ou risque	Classement/ cancer
Abats	Souvent riches en hémoglobine.	Modération
Boudin noir	Riche en fer héminique.	Pas bon
Charcuterie	Riche en nitrates (si charcuterie industrielle).	Attention
Foie gras	Riche en fer.	Bon
Grillades	Riches en hydrocarbures polycycliques.	Pas bon
Lardons	Riches en sel et en AGS.	Moyen
Rillettes	Riches en acides gras saturés.	Pas bon
Saucisses de Strasbourg	Riches en graisses saturées, en nitrites et polyphosphates.	Pas très bon
Steack tartare	Viande crue, riche en fer héminique.	Bon
Travers de porc	Viande grasse : 23,6 % de matières grasses et cuisson cancérigène.	Pas bon du tout
Viande de bœuf	Essayer d'éviter le sang.	Pas de problème
Viande de gibiers	Teneur en acides gras saturés assez faible.	Très bon
Viande de lapin	Quantité intéressante d'acides gras polyinsaturés.	Très bon
Viande de porc	Taux de matières grasses variable selon les morceaux.	Éviter le gras
Viande de poulet	Faible taux de matières grasses.	Très bon

Œufs, lait, fromages	Intérêt ou risque	Classement/ cancer
Crème	Riche en matières grasses saturées.	Modération chez l'homme après 50 ans
Crème fraîche épaisse	Contient des lactobacilles, peut être riche en matières grasses.	Moyen
Crème glacée	Riches en matières grasses et notamment en graisses saturées. Riches en sucres.	Pas bon

Œufs, lait, fromages	Intérêt ou risque	Classement/cancer
Fromage	Riche en calcium et en vitamine D.	Très bon pour les enfants. Bon pour les femmes (attention au % de MG). Modération chez l'homme après 50 ans
Fromage fondu	Riche en acides gras saturés et en sodium.	Pas bon
Lait	Contient du lactose, du calcium et de la vitamine D.	Très bon pour les enfants. Bon pour les femmes. Modération chez l'homme après 50 ans
Lait concentré	Riche en calcium mais attention au sucre.	Pas bon
Lait fermenté	Riche en probiotiques.	Bon
Œuf	Contient de la lutéine et de la zéaxanthine, deux caroténoïdes.	Très bon
Yaourt	Présence de bactéries vivantes : les probiotiques.	Bon

Légumes, légumes secs, féculents, herbes aromatiques, algues	Intérêt ou risque	Classement/cancer
Agar-agar (algues rouges)	Gélifiant pouvant avoir une action bénéfique sur la digestion.	Moyen
Ail	Présence de composés sulfurés.	Extraordinaire

Légumes, légumes secs, féculents, herbes aromatiques, algues	Intérêt ou risque	Classement/cancer
Algues	Contient des fucoxanthines et fucoïdanes aux propriétés antioxydantes.	Très bon
Aneth	Stimulant digestif.	Très bon
Artichaut	Contient de l'inuline, un prébiotique.	Très bon
Aubergine	Riche en fibres insolubles	Bon
Avocat	Riche en acides gras polyinsaturés et en vitamines du groupe B.	Très bon
Basilic	Contient des polyphénols aromatiques aux propriétés antioxydantes et de l'acide ursolique anti-inflammatoire.	Très bon
Betterave	Source d'anthocyanines.	Très bon
Bouillon de légumes	Sources de vitamines, minéraux et antioxydants.	Très bon
Brocolis	Teneur importante en folates.	Excellent
Câpres	Riches en quercétine.	Excellent
Carotte	Riche en bêta-carotène.	Pas trop
Céleri-rave	Contient des polyacéthylènes à effet inhibiteur sur la croissance des cellules cancéreuses.	Attention aux résidus
Champignons	Densité énergétique faible et apport vitaminique intéressant.	Très bon
Chicorée	Riche en inuline, un prébiotique.	Attention à l'acrylamide
Chou chinois	Source de composés indols.	Très bon
Chou rouge	Contient des anthocyanines.	Bon
Chou-fleur	Caroténoïdes presque absents. Contient des composés indols.	Très bon

Légumes, légumes secs, féculents, herbes aromatiques, algues	Intérêt ou risque	Classement/cancer
Choux de Bruxelles	Présence importante de composés indols.	Très bon
Conserves de légumes	Source de vitamines, minéraux (dépendant du légume). Attention à la teneur en sel des conserves.	Très bon, surtout si tomates
Coriandre	Action détoxifiante des métaux lourds. Contient des polyphénols aromatiques.	Très bon
Courgette	Contient des caroténoïdes.	Très bon
Cresson	Source de composés indols.	Très bon
Épinards	Riches en caroténoïde et en calcium.	Bon
Fenouil	Source de fibres et de vitamine B9, peu d'apports caloriques.	Très bon
Frites	Forte teneur en matières grasses et en composés toxiques issus du chauffage de l'huile.	Modération. Surveiller la qualité de l'huile
Glutamate	Exhausteur de goût qui permet de remplacer le sel (3 fois moins de sodium que le sel de table classique) mais possibilité d'effets secondaires : insensibilité de la nuque, palpitations cardiaques…	Moyen
Guacamole	Avocat riche en acides gras polyinsaturés et en vitamines du groupe B. Préférez le guacamole fait maison à celui du commerce, souvent riche en matières grasses.	Pas mal

Légumes, légumes secs, féculents, herbes aromatiques, algues	Intérêt ou risque	Classement/ cancer
Haricots rouges	Source d'anthocyanines.	Bon
Herbes aromatiques	Riches en antioxydants.	Bon
Houmous	Riche en glucides complexes, mais le plus souvent riche en graisses et en calories. Privilégiez les recettes maison.	Pas très bon
Laitue	Source de lutéine.	Bon
Lentilles	Bonne source de protéines végétales.	Très bon
Livèche	Riche en flavonoïdes et notamment en quercétine.	Très bon
Menthe	Bon apport en antioxydants. Antidouleur, antiseptique. Stimulant digestif.	Très bon
Navet	Contient des composés indols. Contient des hétérosides soufrés.	Très bon
Oignon blanc	Contient du sélénium aux propriétés antioxydantes.	Excellent
Oignon rouge	Source d'anthocyanines.	Excellent
Oignon rose	Sources de composés phénoliques.	Excellent
Olives vertes	Moins grasses que les olives noires (12,5 g vs 30) et riches en acides gras monoinsaturés. Présence de composés phénoliques.	Très bon
Olives noires	Riches en acides gras monoinsaturés. Présence de composés phénoliques.	Bon
Panais	Contient de l'apigénine, un antioxydant.	Bon

Légumes, légumes secs, féculents, herbes aromatiques, algues	Intérêt ou risque	Classement/ cancer
Patate douce	Glucides complexes. Présence d'anthocyanines aux propriétés antioxydantes. Riche en bêta-carotène.	Bon
Persil	Riche en vitamine C et en calcium.	Très bon
Petits pois	Source de lutéine.	Bon
Piment	Source de quercétine.	Très bon
Poivron	Contient des bioflavonoïdes.	Très bon
Pomme de terre	Glucides complexes et vitamine C dans la peau aux propriétés antioxydantes.	Bon
Potiron	Riche en caroténoïdes.	Bon
Radis noir	Contient des composés soufrés.	Très bon
Roquette	Contient des flavonoïdes et en particulier de la quercétine et des caroténoïdes aux propriétés antioxydantes.	Très bon, mangez-en
Rutabaga	Source de composés indols.	Bon
Soja	Contient des phytoœstrogènes.	Bon
Tapenade (ail + olives noires)	Riche en acides gras monoinsaturés mais souvent riche en graisses.	Pas très bon
Tofu	Contient des phytoœstrogènes.	Très bon
Tomate	Source de lycopène.	Excellent, surtout chez l'homme
Tomates séchées dans l'huile	Lycopène très biodisponible.	Très bon
Topinambour	Contient de l'inuline qui possède une action prébiotique.	Bon

Fruits, fruits secs, baies	Intérêt ou risque	Classement/ cancer
Abricot	Riche en bêta-carotène.	Attention aux pesticides
Airelles	Contiennent des tocotriénols et des polyphénols aux propriétés antioxydantes.	Très bon, allez-y
Amandes	Riches en vitamines.	Bon
Ananas	Contient des bioflavonoïdes.	Bon
Baies de goji	Contiennent du *Lycium barbarum*, un polysaccharide aux propriétés antioxydantes.	Bon
Banane	Riches en fibres prébiotiques.	Très bon
Cassis	Contient des anthocyanines.	Excellent
Cerises	Source d'anthocyanines antioxydantes et de folates.	Bon
Cranberries	Source d'anthocyanines antioxydantes.	Très bon
Fraises	Contiennent du calcium et du fer, ainsi que des anthocyanines.	Bon
Framboises	Riches en anthocyanines et forte densité minérale.	Bon
Fruits secs	Riches en sucre.	Moyen
Goyave	Source de lycopène.	Bon
Grenade	Contient des ellagitanins, antioxydants puissants.	Très bon
Kiwi	Source de lutéine.	Très bon
Mangue	Riche en bêta-carotène.	Bon
Melon	Source de lutéine.	Bon
Mûres	Sources d'anthocyanines.	Très bon
Nectarine	Contient des bioflavonoïdes.	Très bon
Noix	Contient des oméga-3.	Très bon
Orange	Riche en vitamine C et en calcium.	Bon

Fruits, fruits secs, baies	Intérêt ou risque	Classement/ cancer
Pamplemousse	Source de lycopène.	Très bon
Pastèque	Source de lycopène.	Très bon
Pêche	Riche en bêta-carotène.	Attention aux pesticides
Poire	Contient des bioflavonoïdes.	Attention aux pesticides
Pomme	Contient de la quercétine, riche en fibres.	Attention aux pesticides
Prunes	Source de polyphénols importante.	Bon
Raisin	Contient de nombreux polyphénols, dont le resvératrol.	Très bon

Huiles, matières grasses, sauces	Intérêt ou risque	Classement/ cancer
Beurre noir	Contient beaucoup de péroxydes lipidiques.	Pas bon
Graisse d'oie	Riches en AGS.	Bon
Huile d'arachide	Composée majoritairement d'acides gras monoinsaturés.	Bon
Huile d'olive	Composée majoritairement d'acides gras monoinsaturés.	Très bon
Huile de foie de morue	Riche en oméga-3.	Bon
Huile de tournesol	Contient des acides gras polyinsaturés, instables à la lumière et à la chaleur.	Bon
Huile de colza	Contient des acides gras polyinsaturés, instables à la lumière et à la chaleur.	Moyen
Ketchup	Riche en lycopène.	Bon
Mayonnaise	Très riche en matières grasses.	Pas bon

Sucre, édulcorants, produits sucrés	Intérêt ou risque	Classement/cancer
Aspartame	Goût sucré. Zéro calorie.	Pas de problème
Beignets	Forte teneur en matières grasses et en composés toxiques issus du chauffage de l'huile.	Pas bon
Bonbons	Riches en glucides et sans valeur nutritionnelle.	Pas bon
Confitures	Riches en sucres simples et ne présentant pas les intérêts des fruits (vitamines, fibres et minéraux).	Attention aux calories
Miel	Riche en fructose.	Très bon
Pâte à tartiner	Concentré de graisses et de sucre.	Pas très bon
Pâtes de fruits	Riches en sucre.	Pas bon
Saccharose	Apport calorique élevé (400 kcal aux 100 g).	Pas de problème
Sirop d'agave	Pouvoir antioxydant bas, équivalent au sucre.	Sans intérêt
Sorbet	Souvent riche en sucres simples. Privilégiez les recettes maison à base de fruits riches en antioxydants.	Moyen, ne pas abuser
Stévia	Pouvoir sucrant important.	À voir

Biscuits salés et sucrés	Intérêt ou risque	Classement/cancer
Chips	Forte teneur en acrylamide.	Très mauvais
Croissant au beurre	Riche en graisses saturées.	Moyen
Croissant industriel	Risque de présence d'acides gras trans.	Vraiment pas bon
Gâteaux apéritifs salés	Forte teneur en acrylamide.	Pas bon
Pain d'épice	Riche en sucre.	Pas très bon

Céréales	Intérêt ou risque	Classement/cancer
Biscotte	**Forte teneur en acrylamide.**	**Pas bon**
Céréales	Risque de présence d'aflatoxines mais riches en fibres.	Pas mal
Épeautre, graines de	Riches en fibres, en protéines végétales et en magnésium.	Très bon
Lin, graines de	Riches en lignanes (ne peuvent pas se manger tel quel, il faut les broyer).	Bon
Maïs	**Source d'anthocyanines.**	**Moyen**
Müesli	Riche en fibres. Attention cependant à la teneur en sucres de certaines références.	Pas mal
Orge	Riche en prébiotiques.	Très bon
Paillettes de levure de bière	Riches en vitamines de groupe B (optimise l'immunité).	Très bon
Pain blanc	Apport en fibres restreint.	Bon
Pain complet	Riche en fibres et en glucides complexes.	Très bon
Pop-corn	**Riche en glucides complexes et en lipides. Attention à la quantité de sel et/ou de sucre ajouté. Risque d'acrylamide.**	**Pas bon du tout**
Quinoa, graines de	Très riches en magnésium, en fer non héminique, source de protéines végétales. Riches en fibres.	Très bon
Riz	Riche en glucides complexes.	Très bon
Semoule	Source de protéines et riche en glucides complexes. Privilégier la semoule complète car l'enveloppe contient des composés antioxydants.	Bon
Sésame graines de	Riches en protéines et en fibres.	Très bon

Boissons	Intérêt ou risque	Classement/cancer
Alcools forts	Forte concentration d'éthanol. À consommer avec modération.	Moins de 30 g par jour d'éthanol pur en moyenne
Café	La caféine et les polyphénols du café semblent expliquer ses propriétés anticancérigènes.	Plutôt bien
Eau du robinet	Présence de nitrates, pesticides et d'arsenic selon les zones.	À vérifier avant de boire
Eau embouteillée	Pas de pesticides mais certaines d'entre elles contiennent des polluants comme l'arsenic.	À vérifier avant de boire
Jus d'ananas	Contient une enzyme, la broméline, qui permet une digestion plus rapide des viandes et du poisson.	Plutôt bon
Jus d'orange	Contient des fucoumarines, suspectés d'être impliqués dans le développement du mélanome malin.	Attention à ceux qui s'exposent au soleil ou qui sont à risque de mélanome
Jus de carotte	Riche en bêta-carotène.	Pas bon
Jus de grenade	Extrêmement riche en antioxydants ; plus que le vin et le thé vert.	Le meilleur ! À consommer sans limites
Jus de pomme	Riche en polyphénols antioxydants et en pectine.	Bon
Jus de raisin	Riche en flavonoïdes.	Bon
Kéfir	Riche en probiotiques.	Bon
Lait de coco	Riche en matières grasses (21 %) et en acides gras saturés (18 %).	Moyen
Sirop de fruit	Riche en sucre.	Pas bon
Smoothie	Riche en antioxydants mais aussi en sucres simples.	Moyen
Sodas	Très riches en sucres simples.	Pas bon

Boissons	Intérêt ou risque	Classement/ cancer
Thé	Contient de l'épigallocatéchine-3-gallate.	Très bon
Verveine, tisane	Intérêt de varier les sources de tisane. Effet tranquillisant et sur la digestion.	Très bon
Vin	Contient du resvératrol, un puissant antioxydant aux propriétés anticancer reconnues.	Très bon. À consommer avec modération

Épices et condiments	Intérêt ou risque	Classement/ cancer
Badiane	Stimulant digestif et action antiseptique.	Très bon
Cannelle	Anti-infectieux.	Bon
Chocolat noir	Contient des antioxydants.	Très bon
Curcuma	Pigment jaune contenant de la curcumine.	Excellent
Gingembre	Teneur intéressante en vitamine C lorsqu'il est frais.	Excellent
Moutarde	Très acide.	Bon
Noix de muscade	Stimulant digestif.	Très bon
Poivre	Contient de la pipérine qui augmente l'efficacité du curcuma.	Excellent
Réglisse	Stimulant digestif, diurétique et hypertenseur.	Attention
Sauce soja	Très salé.	Pas très bon
Sel	Incriminé dans certains cancers de l'estomac.	Modération
Vanille, extraits de	Antioxydant.	Bon
Vinaigre	Stimulant digestif.	Pas de problème

• Les poissons recommandés

Mes recommandations de consommation

	À éviter	À privilégier
Poissons	Espadon Empereur Marlin Sirki Thon rouge Anguilles Roussette Saumonette	Maquereau Anchois Sardines Dorade Bar Sole
Crustacés et fruits de mer	Bulots Araignées	Crevettes Coques

• Les fruits et les légumes recommandés

Top 10 des fruits et légumes les plus antioxydants

Fruits		Légumes	
Nom	Score antioxydant (ORAC/100 g)	Nom	Score antioxydant (ORAC/100 g)
Pruneaux	5 770	Chou frisé	1 770
Raisins secs	2 830	Épinards	1 260
Myrtilles	2 400	Choux de Bruxelles	980
Mûres	2 036	Pousses d'afalfa	930
Fraises	1 540	Brocolis	890
Framboises	1 220	Betterave	840
Prunes	949	Poivron rouge	710
Orange	750	Oignon	450
Raisin rouge	739	Maïs	400
Cerises	670	Aubergine	390
Kiwi	602		
Pamplemousse rose	483		

• Les gestes simples de prévention

1. Choisissez des produits du terroir de préférence, bio éventuellement ou bien issus de l'agriculture raisonnée.

2. Lavez soigneusement les fruits et légumes, et même avec un peu de savon avant de les rincer et de les éplucher.

3. De préférence, épluchez les fruits et les légumes, impérativement les choux et les salades.

4. Videz le sang de la viande avant de la faire cuire. Et même si cela peut surprendre, passez-la sous l'eau avant de la préparer.

• Choisissez vos fruits et vos légumes en fonction de leur couleur

Couleur	Principaux produits
Vert	Brocolis Chou Choux de Bruxelles Chou chinois Chou-fleur Chou frisé Cresson Rutabaga
Orangé	Abricot Carotte Courge Citrouille Mangue
Rouge	Cerises Fraises Goyave Pomme rouge Oignon rouge Pamplemousse rose Pastèque Tomate Tomate en sauce Tomate en jus
Rouge-violet	Airelles Betterave Chou rouge Framboises Haricots rouges Mûres Myrtilles

Couleur	Principaux produits
Jaune-orangé	Ananas Citron Clémentine Mandarine Melon Nectarine Orange Papaye Pêche Poire Raisin jaune Pamplemousse Poivron jaune
Jaune-vert	Avocat Épinards Kiwi Laitue romaine Maïs Melon miel Navet Petits pois
Blanc et crème	Ail Chicorée Oignon Radis Soja (tofu)
Bleu	Aubergine Cassis Chou frisé Prunes Pruneaux Mûres Raisin rouge

• Pour bien consommer les fruits et les légumes

1. Le matin : consommez les produits jaune-orangé, orangés, fruits et jus de fruits.

2. Le midi : vous pouvez manger les aliments rouges et les blancs, vous pouvez d'ailleurs les prendre aux différents repas de la journée.

3. Le soir : évitez les aliments rouge-violet, bleus, et consommez les aliments verts.

• Vos nutriments anticancer

Sources, mécanismes d'action et cancers sur lesquels agissent différents composants naturels promoteurs[1]

Principe actif	Source naturelle	Mécanisme d'action	Activité sur les cancers de...
Thé vert (polyphénols, EGCG)	Thé vert (*Camellia sinensis*).	Antioxydant, antimutagène, antiprolifération, anti-inflammation, antiangiogenèse, immunomodulation.	Peau, poumon, cavité orale, tête et cou, œsophage, estomac, foie, pancréas, intestin grêle, côlon, vessie, prostate, glande mammaire.
Curcuma	Poudre de curcuma (*Curcuma longa*).	Antioxydant, antiprolifération, anti-inflammation, antiangiogenèse, immunomodulation.	Peau, poumon, cavité orale, tête et cou, œsophage, estomac, foie, pancréas, intestin grêle, côlon, vessie, prostate, glande mammaire, lymphome, voile du palais, col de l'utérus.
Lutéoline	Artichauts, brocolis, céleri, chou, épinards, poivron vert, feuilles de grenade, menthe poivrée, tamarin et chou-fleur.	Anti-inflammation, antiallergie, antiprolifération, antioxydant.	Ovaire, estomac, foie, côlon, sein, buccal, adénocarcinome de l'œsophage, prostate, poumon, nasopharynx, col de l'utérus, leucémie, peau et pancréas.

Principe actif	Source naturelle	Mécanisme d'action	Activité sur les cancers de...
Resvératrol	Vin rouge, raisin (surtout dans la peau), mûrier, arachides, vignes, pins.	Antioxydant, antiprolifération, antiangiogenèse, anti-inflammation.	Ovaire, sein, prostate, foie, utérus, leucémie, poumon, estomac.
Génistéine	Soja et produits issus du soja, trèfle rouge (*Trifolium pretense*), pistaches de Sicile (*Pistachia vera*).	Antioxydant, antiprolifération, antiangiogenèse, anti-inflammation	Prostate, sein, peau, côlon, estomac, foie, ovaire, pancréas, œsophage, tête et cou.
Grenade	Grenade, jus de grenade, pépins de grenade et huile de pépins de grenade (*Punica granatum*).	Antioxydant, antiprolifération, antiangiogenèse, anti-inflammation.	Prostate, peau, sein, poumon, côlon, buccal, leucémie.

Principe actif	Source naturelle	Mécanisme d'action	Activité sur les cancers de...
Lycopène	Tomate, goyave, églantine, pastèque, papaye, abricot et pamplemousse rose. Abondant surtout dans les tomates rouges et dans les produits préparés à base de tomates.	Antioxydant, antiprolifération, antiangiogenèse, anti-inflammation, immunomodulation.	Prostate, poumon, sein, estomac, foie, pancréas, cancer colorectal, tête et cou, peau.
Acide ellagique	Jus de grenade et huile de pépins de grenade, différentes noix, chèvrefeuille vert (*Lonicera caerulea*), fraises et autres baies, écorces d'Arjun (*Terminalia arjuna*), feuilles et fruits de *T. bellerica* et écorce, feuilles et fruits de *T. muelleri*.	Antioxydant, antiprolifération, anti-inflammation.	Neuroblastome, peau, pancréas, sein, prostate, côlon, intestin, œsophage, vessie, buccal, leucémie, foie.
Lupéol	Mangue, olive, figue, fraise, raisin rouge.	Antioxydant, antimutagenèse, anti-inflammation, antiprolifération.	Peau, poumon, leucémie, pancréas, prostate, côlon, foie, tête et cou.

Principe actif	Source naturelle	Mécanisme d'action	Activité sur les cancers de...
Acide bétulinique	Largement répandu dans le règne végétal. Les sources les plus abondantes sont *Betula spp* (bouleau), *Ziziphus spp*, *Syzigium spp*, *Diospyros spp*, et *Paeonia spp*.	Anti-inflammation, apoptose, immunomodulation.	Peau, ovaire, côlon, cerveau, carcinome cellulaire du rein, utérus, prostate, leucémie, poumon, sein, tête et cou.
Ginkolide B	Ginko biloba.	Antioxydant, antiangiogenèse.	Ovaire, sein, cerveau.

[1] Ruhul Amin A. R. M., Kucuk O., Khuri F. R., Shin D. M., « Perspectives for cancer prevention with natural compounds », *Journal of Clinical Oncology*, 2009, 27 (18).

• Des conseils adaptés à chaque profil

**Si vous êtes une femme
préménopausée :**

1. Consommez en grande quantité des laitages et pensez à vous supplémenter en calcium.

2. Favorisez les fruits et légumes verts et blancs, mangez des aliments riches en fibres.

3. En cas de règles abondantes, mangez de la viande rouge, des lentilles, des haricots, du tofu, des pois chiches, des figues et des abricots.

4. Renforcez l'absorption du fer par une supplémentation en vitamine C.

5. Pas trop de fruits et de légumes orange, surtout si vous êtes fumeuse.

6. Privilégiez le jus de grenade.

• Teneur en calcium de certains produits laitiers par portions

	Portion	Teneur en calcium (mg)	Quantité à consommer pour dépasser 2 g de calcium par jour
Lait de brebis entier	1 verre de 125 ml	188	11 verres, soit 1,3 l
Lait de chèvre entier	1 verre de 125 ml	120	17 verres, soit 2,2 l
Lait de vache demi-écrémé UHT	1 verre de 125 ml	115	18 verres, soit 2,3 l
Lait fermenté	1 pot de 125 g	97,3	21 pots, soit 2,5 kg
Yaourt nature au lait entier	1 pot de 125 g	126	16 pots, soit 2 kg
Petits suisses 20 % MG	2 unités	117	35 petits suisses
Fromage blanc 20 % de MG	100 g	123	17 portions de 100 g, soit 1,5 kg
Emmental	30 g	1 055	60 g
Camembert	30 g	456	150 g
Roquefort	30 g	608	100 g
Fromage fondu	30 g	346	180 g

Si vous êtes une femme postménopausée :

1. Privilégiez les aliments riches en calcium et sélénium.

2. Ne négligez pas les aliments riches en fibres.

3. Consommez beaucoup de fruits et légumes, notamment verts, blancs et foncés.

4. Surveillez les matières grasses.

5. La quercétine est bonne pour vous (câpres, cacao, livèche, piment fort).

6. Buvez du thé vert.

7. Buvez du jus de grenade.

Si vous êtes un homme :

1. Évitez le bêta-carotène surtout sous forme de compléments alimentaires.

2. Évitez aussi tous les complexes multivitaminés qui contiennent du rétinol.

3. Limitez les apports de vitamine E.

4. Pas trop de calcium, donc pas trop de fromages !

5. Mangez le plus possible de fruits et légumes blancs – ail, oignons, cébettes, échalotes – et rouges (tomates). Buvez du jus de grenade.

6. Privilégiez le sélénium, très bon pour vous aussi, ainsi que la quercétine.

• Pratiquez des activités physiques, les écologyms

Bougez, marchez, dépensez-vous dans vos activités quotidiennes ou choisissez des activités plus ciblées.

1. **L'aquagym :** une gymnastique aquatique très efficace, particulièrement recommandée en cas de surpoids. Excellente également pour les articulations.

2. **La randonnée :** marcher en groupe dans un environnement serein est un excellent moyen de faire une activité physique modérée sans vous en rendre compte.

3. **Le stretching postural :** idéal si vous souffrez de tensions musculaires et si vous avez besoin de vous relaxer.

4. **Le pilates :** une excellente méthode pour reprendre vos muscles profonds bien en main et retrouver un bon schéma corporel.

5. **Le tai-chi et le qi-qong :** fluidité, équilibre, concentration, rythmés par une respiration profonde, des disciplines asiatiques très relaxantes.

6. **Le power yoga :** un yoga très physique qui fait tomber toutes les tensions, physiques et psychologiques.

TABLE

Chapitre I
LE CANCER :
LE CHOIX DE LA PRÉVENTION

TABLE 351

Chapitre VIII
LES SUCRES ET PRODUITS SUCRÉS,
À NE PAS SUPPRIMER COMPLÈTEMENT

Chapitre IX
LES BOISSONS, LESQUELLES ?

Chapitre X
NUTRIMENTS ET COMPLÉMENTS ALIMENTAIRES,
BIENFAITS OU MÉFAITS ?

TABLE   353

Chapitre XI
L'ACTIVITÉ SPORTIVE
EST UTILE À LA SANTÉ

Chapitre XII
LES CONSEILS ANTICANCER

DU MÊME AUTEUR
CHEZ ODILE JACOB

Les Chemins de l'espoir, 2003.

Guide pratique du cancer (avec Odilon Wenger, Dominique Delfieu), 2007.

Les Recettes gourmandes du Vrai Régime anticancer (avec Caroline Rostang et la collaboration de Nathalie Hutter-Lardeau), 2011.